好妈妈陪孩子走过小学6年的100个细节

元元/主编

朝華出版社

图书在版编目(CIP)数据

好妈妈陪孩子走过小学6年的100个细节/元元主编.—北京:朝华出版社,2013.6

ISBN 978-7-5054-3457-8

Ⅰ.①好… Ⅱ.①元… Ⅲ.①小学生-家庭教育 Ⅳ.①G78

中国版本图书馆CIP数据核字(2013)第116079号

好妈妈陪孩子走过小学6年的100个细节

作　者　元　元

选题策划　杨　彬　王　磊
责任编辑　张世昌
责任印制　张文东
封面设计　荆棘设计

出版发行　朝华出版社
社　址　北京市西城区百万庄大街24号　邮政编码　100037
订购电话　(010)68413840　68996050
传　真　(010)88415258(发行部)
联系版权　j-yn@163.com
网　址　www.blossompress.com.cn
印　刷　三河市灵山装订厂
经　销　全国新华书店
开　本　787mm×1092mm　1/16　字　数　357千字
印　张　23
版　次　2013年7月第1版　2013年7月第1次印刷
装　别　平
书　号　ISNB 978-7-5054-3457-8
定　价　39.80元

前言

小学，孩子人生梦想的起点

进入小学校园的孩子终于可以被称为学生了。这个称呼对于孩子和父母而言，有着特别重要的意义。

对于6～12岁进入小学阶段的孩子，已经成为了学龄儿童，智力发育较学龄前有明显的进步，但学习缺乏持久性、自我控制能力仍然很弱。

在这个个性心理发展的关键时期，孩子在学校里学习知识、接受教育，在认知、情感、意志、性格等诸多方面发生了巨大的变化。情绪情感比较单纯，与学龄前时期相比，他们的自我意识更加自觉，更加明确地意识到自己作为独立个体的存在；而与中学生相比，他们的自我意识更多地依赖他人对自己的评价，尤其是作为权威人物存在的父母、老师的评价。

也就是说，小学阶段孩子的自我意识社会化程度有了较大提高，但是仍然不够客观、全面，带有明显的主观色彩。

而在孩子“幼升小”之后，不少父母认为，孩子进入小学就不再是幼儿园、学前班的小朋友了，而应当像个学生的样子专心于学习。于是，家长就开始对孩子严格要求，期待孩子放下玩具、背起书包就变成一个爱学习、守规则、懂自护的小学生。可是，这好像并不容易。

对于孩子来说，从“宝宝”的角色转变为“学生”，无论从生理还是心理上都需要很长一段时间的适应和调节。他会在上小学之后面临种种和幼儿园完全不同的问题或困境：记不住作业、做作业拖拉；不知道自己整理书包、丢三落四；上课坐不住，经常因为纪律问题被老师批评；对学习缺乏兴趣，也缺乏方法；不知道怎样结交新朋友，甚至会遭受欺负；不懂得自我保护，常令父母感到担忧……

父母的严格要求和不恰当的方式不仅不能让孩子变得懂事、听话，而且还会使他对父母的“变化”感到无所适从，甚至产生抵触心理：为什么以前我起晚了父母可以不紧不慢地送我上幼儿园，而现在却一遍遍催促、责怪我磨蹭？为什么以前我可以随心所欲地使用画笔，可现在却必须要用一种让我难受的固定姿势握笔？为什么以前妈妈会帮我整理房间，而现在却必须由我自己整理……

或许是孩子的转变速度赶不上父母的脚步、达不到父母的要求，亲子之间出现摩擦或矛盾在所难免。如果作为孩子的引导者的父母不能了解并接纳孩子的身心变化和需求，不能给予孩子所需要的具体帮助和指导，不仅亲子关系会因此出现问题，孩子的学习和生活也会受到一定的影响。

鉴于小学是持续时间相对较长的基础教育时期，在本书中，通过100个日常生活中的细节，以丰富的案例和真实的生活场景，细心地为家长们揭示了小学阶段孩子的诸多问题和切实有效的应对及处理方式。让父母们明白，在孩子的小学阶段，父母对孩子的影响最大。在与孩子的共同生活中，作为家长的父母们，应当及时调整自己的心态，认识到对孩子过分呵护、强制学习、命令打骂等都是不好的教育方式，必须了解孩子的年龄特点，根据不同的特点采取不同的教育方法。

此外，还要重视孩子的心理需求，在细节上给予孩子切合实际的具体帮助。父母要以教练的身份对孩子进行各方面的引导，从日常的生活细节上指导孩子认清自己的性格优劣，学会如何结交朋友并与朋友友好相处，逐渐养成良好的生活习惯和学习习惯；在日常生活中，父母对孩子就“自护”问题应当进行具体的指导，而不是笼统地告诫孩子“不要和陌生人说话”“要注意安全”，要让孩子逐渐通过实践认识到自我保护的重要性，具备自护意识，学会照顾自己。

最为重要的是，在小学阶段，孩子的独立意识逐渐增强。父母自己也要和孩子一起成长，应当放手让孩子做力所能及的事情，使孩子在动手的过程当中，各项能力和素质也得到不断提高。

通过本书的分析与建议，父母们应当相信：小学，作为孩子人生和梦想的起点，此时形成的习惯和培养起来的各种能力将影响孩子的一生。只有充分认识到小学阶段孩子的年龄特点和心理需求，以包容、鼓励、赏识、信任的心态在生活细节上对孩子进行培养和指导，孩子才能在小学阶段享受到有别于学龄前的快乐和成长带来的成就感。

目录

第1章

适应：当孩子由“宝宝”变成“学生”

从游戏式教学的幼儿园进入以学习为主的小学，会面临一些新的问题。理想的幼小衔接，应贯穿至整个学前教育，培养孩子扎实的综合能力和良好的生活、学习习惯，才能让孩子不光赢在小学一年级，更赢得整个人生长跑。

1. 父母必知的“幼小衔接”工作

再过一个多月，小悦悦就要变成小学一年级的新生了。妈妈感到既欣喜又紧张。悦悦从幼儿园走向小学，能够适应吗？悦悦能和同学们处理好关系吗？悦悦会听老师的话吗？

和悦悦的妈妈一样，很多的父母都有这样的困惑，不知开学前应做哪些有效的准备工作。这里有一份小学新生入学“备忘录”。

◎了解小学和幼儿园的不同。

从学习环境看：幼儿园的教室一般布置得都非常美观、形象、富有童趣。而小学教室一般由课本、黑板、桌椅、多媒体展台等教学设施构成，对孩子的吸引力降低。

从学习方式看：幼儿园教育以游戏为基础活动。小学则以学习为主，要根据国家统一规定的教学大纲来学好课程。

从师生关系上看：在幼儿园，老师对孩子生活照顾比较多。而在小学，老师的主要精力放在了教学上，在生活上对学生的关心要比幼儿园老师相对减少。

从教学方法上看：幼儿园提倡在玩中学、学中玩。小学则以书面语言为主，强调文化知识的系统教育，课堂大多以老师的讲解为主，孩子还必须完成一定量的作业。

从行为规范上看：通常在幼儿园被认为是理所当然的个人要求，如喝水、上厕所、说话、玩玩具，在升入小学以后都不再被重视。孩子在上课期间，抱臂坐正，不随便说话、发言先举手、学习用品放整齐、课本作业不准撕、上课不准喝水、在指定地方等家长接送等规定都纳入学生的日常行为规范中。

◎给孩子准备需要的学习和生活用品。

与孩子共同准备学习用品。共同准备，一是让孩子体验即将作为学生这一快乐的过程，二是从现在开始让孩子知道学习是自己的事，培养他们自己的事自己做的习惯。准备的学习用品包括：双肩书包，颜色要鲜艳、醒目，便于汽车司机识别，可以保证孩子过马路时的安全；文具盒，功能不要太多，简单为好，以免分散孩子的注意力；铅笔，以 2H 为最好，软硬适中，同时在铅笔上用不干胶贴上孩子的姓名，因为据老师反映，有时一天课上下来能捡到许多铅笔，又无人认领；橡皮，最好是绘图用的较软的那种，孩子能擦得干净；一个 16K 的垫纸板等。

准备一个小闹钟，并教会孩子看钟。父母要有意识地规划好孩子的作息时间，调整孩子的生活起居习惯，养成准时就寝、准时起床的习惯。

为孩子制作一张作业正确率统计表。做完作业由孩子自己检查，全对的，给孩子画一颗星，不要养成家长代孩子检查作业的不良习惯。

◎不要让孩子在心理上产生很大的落差。

父母有必要抽出时间带孩子到小学去看一看，让孩子熟悉一下校园环境。如果孩子自己上学，你可以让孩子熟悉去学校的路，帮助他记住一些比较明显的标志，再告诉他一些交通规则。

尝试着让孩子能静心地坐下来。孩子在幼儿园以游戏活动为主要的学习形式；到了小学，将被正规的分科课程代替，游戏变成了长达 40 分钟的课堂教学。家长可以有意识地培养孩子静心地坐下来，开始时可以是 20 分钟，以后再逐渐延长。还可以布置一些小作业，如看书、画画等。

◎**培养好的习惯，为上小学做准备。**

培养孩子自己收拾东西的习惯。教会孩子每天按着课程表自己整理书包、收拾文具，带齐学习用品。开始孩子会手忙脚乱，丢三落四，家长要耐心地从旁多加指点，可先做示范，再让他重复着做一做，孩子就不再依赖父母了。

教会孩子吃饭时的好习惯。每学期开学后，老师都会发现有的孩子自己不会吃饭，地上桌上到处撒，而且一顿饭磨蹭很长时间，影响午休时间。老师们特别提出，希望家长在假期中逐渐缩短孩子吃饭的时间，培养孩子自己吃饭的良好习惯。

开学前几天，父母可与孩子坐下来开个家庭座谈会，告诉孩子从上学起，就要努力学会自己的事自己做，要养成以下学习习惯：放学回家做完作业后再玩；独立思考完成作业；做作业前先复习老师讲课的内容；预习明天将要学的内容等。

入学前，检查孩子的学习进度。

孩子入学前，一些家长往往担心自己孩子的知识储备不足，难以应对小学的学习。其实这样的顾虑是完全没有必要的。不要在意孩子掌握知识的多少，而是关注孩子入学后能否获得其学习基础的东西，诸如，学习兴趣、学习方法与能力、学习的情感和态度等。以下几方面您可以尝试着做。

让孩子说出自己所做事情的名称和内容，能够看图说话和复述所经历的事情。您还可以通过命名游戏、谈话、讲述、唱歌、猜谜、词语接龙等活动引导孩子运用口语大胆、流畅地表达自己的想法。

每天晚上安排一定的时间与孩子一同阅读。给孩子一些可以自己读的书（您可以从一页一幅的、语句简单的故事书开始），和孩子一起大声朗读。并仔细地倾听孩子对故事的描述，问一些和故事有关的问题。您就会知道孩子到底对故事理解了多少，从而了解孩子的阅读能力。

与孩子一起创设学习文字的环境。您可以和孩子一起为玩具、家里的物品贴上文字标签，在孩子的房间中有随手可取的带字书籍和书写工具，随时随地和孩子一起认读周围生活中遇到的有趣的汉字。注意，不是为了追求认字的数量多少，而是培养孩子对汉字的兴趣与敏感。

从周围生活中引导孩子对数字、形状、数量关系等的感知和学习。您可以利用超市的排队长龙、屋顶的模样、餐前餐具摆放等事情来和孩子一起学习。最重要的是要保持孩子对数学世界的好奇、兴趣和探究的冲动。

在很多家长眼中，“幼小衔接”这个词就代表着知识的承接和过渡。这种理解不无道理，幼儿园大班的教学会为孩子上小学做一些知识方面的准备。但是，知识的准备并不是幼小衔接的重点或者全部。孩子提前学的内容也要有选择，不然与小学的教学内容产生冲突，有时甚至存在不一致，那只会搞混孩子的正误判断，也降低了孩子的学习兴趣，给小学教师的正常教学工作带来困难。

对于学龄前的孩子，家长可以根据孩子的学习兴趣选择两项加以培养，保持孩子对知识探索的热情才是最重要的。

2. 让孩子在课堂上“坐得住”

不少父母对自己孩子在小学课堂上的表现十分担忧，“为什么我的孩子上课坐不住，老是说话、做小动作”“孩子多半得了多动症，屁股上像长了钉子，整天坐不住”“我的孩子并不比别的孩子笨啊！可就是没耐性，做事总是虎头蛇尾，半途而废”“唉！孩子今天又因为上课乱动被老师留下来了，我每天都会苦口婆心地跟他讲道理，孩子都表现得很懂事，也知道自己错了，可是一到上课的时候就管不住自己了”……父母们口中的孩子似乎一个个都得了多动症，而这种让父母忧虑的状况绝大多数都发生在小学低年级阶段的孩子身上。

不少孩子刚进入小学时从相对自由的“顽童”到受到约束的“小学生”，“坐不住”是十分正常的现象。随着对周围环境的逐渐适应，有的孩子很快就进入了角色，适应了小学的学习生活，但有的孩子仍然在较长的时间内还不太适应，这就是孩子的个性差异。孩子在身心逐步适应小学校园的生活过程中，表现出的一些正常的动作，在家长眼里被扩大成了多动症、坐不住、喜欢打闹、不知道着急等大问题，这是对孩子的误解。

作为父母，要了解孩子上课“坐不住”的具体原因，在理解孩子的基础上对孩子适当进行一些引导和教育。

小学低年级的孩子以前的生活都是以玩耍为主，进入小学之后要做到以学习为主，这需要一个过程。如果强求他们连续坐个半小时以上，孩子肯定会坐不住。而且，孩子喜欢追逐打闹也是年龄特点所致。父母要和老师保持良好的沟通，了解孩子是所有的课都坐不住，还是在某一些课里坐不住，和孩子进行坦诚地谈话，通过聊天获悉孩子是听不懂坐不住还是什么都会了才坐不住。只有对此有了认识和了解，父母才能够对孩子“坐不住”的情况有比较客观的认识，而不会有失偏颇地认定孩子上课不专心、没耐心。

总的来讲，对于孩子的“坐不住”的情况，父母不妨遵循鼓励多于批评的原则，让孩子感受到被尊重，使孩子在相对宽松的环境中逐步调节自己的生活状态和学习状态，尽量融入到小学阶段的学习生活当中，没耐心，坐不住的情况自然而然得到改观。

◎为孩子营造良好的家庭氛围。

在日常生活中，父母要努力为孩子营造宽严有度的家庭教育氛围。大人在教育子女的问题上要保持一致。如果意见不一致，要采取背后协商的办法，达成一致意见之后再面对孩子，不能出现爸爸主张严厉而妈妈却为孩子撑起保护伞的情况。这样会让孩子对父母双方的教育认知产生差异性的理解。如果妈妈容忍孩子一边吃饭一边看电视而爸爸却严格禁止，不仅父母双方会陷入争吵，而且会使孩子更逐渐倾向于对自己有利的一方：在妈妈表现得宽松时，孩子就听妈妈的话；在爸爸对饭前不洗手、不收拾书包表现容忍时，孩子就听爸爸的话。这样必然会使孩子在不同的教育指挥棒下养成做事随着性子、三心二意的坏习惯。

所以，父母要对孩子有统一的要求和评价，并给孩子做好榜样。比如要合力杜绝孩子一边吃饭一边看电视的做法：吃饭时，关掉电视，放下报纸，大家统一端坐在饭桌前专心用餐；吃饭时，姿势端正，不跷腿、不抖腿、嘴里有食物时不讲话、没吃完饭不离开座位等。如果父母把这些细节潜移默化地在平常的生活中加以规范，孩子自然会得到一些锻炼和约束，在课堂中学习时也会把在家里受到的训练效果继续发挥。

◎及时表扬孩子的进步。

父母平时要与老师保持沟通，及时向老师了解情况，只要孩子有进步就要表扬。父母可以通过与老师的接触了解到孩子的某些课堂上的优点，着重对这些优点加以夸奖，同时以不经意的语气对孩子提出勉励。比如父母可以对孩子说："某某老师跟我说，你上语文课很专心，妈妈很为你骄傲。要是你在上数学课也能这么专心，就更好了。"这样的表述能够让孩子明显地感觉到自己的优点被老师和家长关注到了，会产生一定的自豪感。而妈妈的后半句话语的激励作用也能使孩子有新的努力目标，孩子就会朝这个由父母设定的看似不经意的目标自觉自愿地努力前进。

◎给精力旺盛的孩子一些发泄的机会。

小宁精力旺盛，运动能力特别强。每次下课，他是第一个冲出教室的人，而上课总是最晚一个进教室。课间十分钟，别的孩子会一起玩一些老师教的校园游戏，而小宁觉得做游戏守规则太麻烦了，不如满操场奔跑痛快，于是小宁常常跑得满头大汗，才依依不舍地离开操场回教室。

让精力如此旺盛的小宁上课真是一件异常折磨的事情，因为他怎么也"坐不住"。小宁上课很少安安静静地坐在座位上听讲，要么一只脚垫在屁股下面坐着，要么只坐凳子的前半截，而把后半截高高翘起；要么索性跪在座位上不时地插嘴表达自己的想法。几乎每一节课，小宁的凳子都会发出"咚咚"的声响，文具盒也时常摔到地上发出刺耳的声响。

对于像小宁这样精力旺盛的孩子，父母可以为孩子设计一些耗费体力的活动，多给他们一些发泄精力的机会。比如，指导孩子玩一些类似羽毛球、篮球这些具有技术含量的体育运动，能使他们在练习掌握运动技能的过程中，多余的体力和能力得到消耗、释放。父母也可以为孩子安排一些相对比较安静的活动，像下棋、练书法等，可以有效缓解、疏导孩子的多动状态，使得他们的身心得到平衡。

◎着重培养孩子的倾听能力。

孩子上课听讲时许多不良的习惯不仅影响他自己的学习，而且还影响周围同学专心听讲，如果孩子养成了良好的倾听习惯，就能逐渐养成专注做事的习惯。所以，倾听习惯的培养很重要。

父母可以教孩子在倾听别人说话时，眼睛要看着对方，别人讲话时不急于插话，不打断对方的话，即便对别人的话不感兴趣，也要耐心地听人家把话说完；听到别人的批评意见时，不要激动，要平静地听别人把话说完。平时可以根据孩子的年龄特点每天给孩子讲一个他爱听的故事，要求孩子坐着认真听，一旦孩子打岔或是出现坐不住的情况，故事就要暂停。通过训练逐步适当延长故事时间，让孩子逐渐养成专注的习惯。

3. 自己的事情要由自己决定

有研究表明，总是由父母做决定的孩子，不仅缺乏自理能力和独立意识，更缺乏判断力和选择的能力，而且缺乏责任感，甚至不知道如何对自己负责。

现在的父母从孩子上幼儿园就开始为孩子忙碌：上哪个幼儿园更好、去哪所小学学得东西更多，考哪个大学牌子硬一些、学什么专业将来好找工作、选何种职业既能多赚钱又不会太辛苦、甚至对孩子选什么样的对象也要指手画脚制定择偶标准。总而言之，父母对孩子的一切选择都放心不下，认为孩子的眼光看不长远、思考也不全面，父母为他做的选择才是对的，唯恐有所疏漏地替孩子做好万全准备，还苦口婆心地教育孩子："世界上的人都有可能会伤害你，而只有爸爸妈妈才是永远爱你的人。你要理解我们的苦心啊，都是为了你好啊!"然而，父母能为孩子考虑一时，却不能为孩子规划一辈子，别说一辈子，就是10年、20年父母也未必能够规划，谁也不知道自己的孩子10年、20年后的样子。没有谁能够预见未来，保护性地让孩子走父母规划的路，看起来似乎很稳妥、保险，实际上却遏制了孩子无限的能力，使孩子不能自由地享受广阔的天空。

父母控制着孩子的"选择权"和"决定权"，使孩子不得不放弃自己感兴趣的事情而遵从父母的意愿做他们没有兴趣的事情。这样不仅让孩子变得胆小、怕事、没主见，遇到事情只会依赖父母，没有责任感；而且很容易引起孩子的逆反心理，和父母对着干，跟父母"较劲"，父母让孩子往东，孩子偏要朝西。久而久之亲子之间必然出现

“代沟”。

所以，父母不要把自己的情感和观点强加在孩子身上，要鼓励孩子自己做决定，给予他们最大的信任和支持，相信他们的抉择。即使孩子最后失败了，也要看到孩子经历失败得到的宝贵经验，相信孩子能从中得到深刻的教训，为他以后的成长打下良好的基础。

◎相信孩子的能力并让他承担一定的责任。

读小学二年级的女儿吃完早饭后和妈妈一起匆匆往学校赶去。刚到校门口，女儿突然“哎呀”地叫了起来。妈妈以为女儿哪里受伤了，赶忙查看。只听女儿说：“哎呀，惨了！我忘记拿笔袋了！”妈妈觉得很奇怪：“怎么会忘记拿笔袋呢？昨天晚上写完作业没放回书包里？”

女儿默默地点头，突然拉过妈妈的手说：“妈妈，你帮我回家拿吧！我先进教室，一会儿你给我送来！”

妈妈回答：“我也要赶着上班啊！爸爸也出差了，家里没人给你送。你昨天就应该收拾好文具的。这样吧，今天你先向同学借用，以后就要长记性了。”

见妈妈态度坚决，女儿也不好说什么，只好默默地进学校了。

从此以后，女儿每次写完作业后都认真收拾书包，再也没有出现过忘带书本文具的情况了。

这位妈妈做得很好，她没有立刻折返回家为女儿拿笔袋，也没有责怪孩子丢三落四，而是和女儿讲明道理，并为女儿指了一条“明路”——向同学借用。虽然妈妈没有滔滔不绝地说教，也没有责怪孩子，但女儿通过这件事，以后就知道如何对自己的事情负责任了，也懂得了自己的事情自己做主，提前决定、提早准备，不要等着父母或别人来为自己收拾残局。

而下面这个案例中的老奶奶，虽然不对孩子的事情横加干涉，但她无微不至的照顾却让孙子失去主见，不会自己拿主意。

嘉琦是个乖巧的小男孩，由于爸爸妈妈工作忙，常常是早出晚归，嘉琦的生活几乎都是和奶奶一起度过的。

奶奶对唯一的孙子特别宠爱，每天按时接送嘉琦时，为孙子变着花样做可口的饭菜，就连喝牛奶插吸管这样的事都是为孙子摆弄好了，从不让嘉琦动手。

进入小学后的嘉琦由于性格内向，从不主动和同学说话，更不会举手回答老师的提问。下课后也是呆坐在教室里。班主任老师注意到嘉琦的情况，提醒他下课要去户外活动，或是引导他进行一些选择的时候，嘉琦总是犹豫不决，眼巴巴地望着老师，期盼着由老师做决定。虽然嘉琦执行老师的决定还是很准确迅速的，但由于没有半点自主精神，没有自觉性，老师也常常对这个不爱说话的小男孩感到忧虑。

嘉琦的奶奶十分细心，在嘉琦的成长过程中，她总是事无巨细地替嘉琦考虑得周到细致，凡事都事先考虑到，并替孩子做好了，从不让孩子自己做，更别说让孩子自己做决定了。奶奶溺爱孙子的做法实际上是没有给孩子任何自己做事、思考、说话的机会。奶奶按大人的意志去左右孩子，使孩子的手脚受到束缚，思想也受到局限，逐渐把嘉琦变成了一个没有主见、胆怯怕事、依赖性强的人。

◎让孩子自己做决定。

让孩子自己做决定，并不是说默认了父母推卸责任的合理性，而是在非原则性或不危险的事情上放手让孩子自己拿主意。

在生活中，不要让孩子一味地服从父母的决定，也不要以大人的思维和意志来左右、影响孩子做决定，要给孩子以单独思考、学习和玩耍的时间和机会，要让孩子用自己的意志选择或取舍事物。使孩子决定事物的同时培养出肩负责任的自主性与积极性，变得逐渐成熟、果敢，最终成长为一个独立、有主见的人。

◎尊重孩子的意愿。

孩子再小，他也是独立的一个人。父母要尊重孩子，尊重孩子在家庭中的地位，把他像其他家庭成员那样平等地对待，任何涉及到孩子的事情，都要征求、听取孩子的意见。对于孩子的个人见解，也要予以尊重，即使不赞同但也要及时鼓励孩子说出内心的真实想法，可以用商量的语气和孩子进行讨论，不能因为大人的面子问题而使孩子必须服从大人的安排。

如果孩子做的决定使他陷入了被动甚至难堪的境地，父母要对孩子采取多鼓励、多疏导的方式，不能幸灾乐祸地指出孩子的错误，不要对孩子说“早知道当初听我的就不会出这样的事了”；要帮助孩子选择另一条适合他的道路，换个方法，换种思维解决问题。

4. “逼”着孩子独立思考

现如今，绝大多数家庭都是独生子女家庭，孩子在生活中受到的照顾几乎是无微不至的。父母对孩子事无巨细地考虑和关注，让孩子的自理能力得不到锻炼，孩子往往表现出动手能力差、依赖性强的问题。更有不少孩子面对生活中的问题，即使那些问题原本应该由他自己解决，他也不愿动脑筋，因为他知道反正爸爸妈妈会帮他解决的。于是，孩子从幼儿园跨进小学校园，由小宝宝变成小学生之后，种种问题接踵而来：有的孩子写完作业就万事大吉了，妈妈自然会帮他收拾书包。要是妈妈没看课程表给孩子装错、装少了书本，孩子必定责怪妈妈没给自己收拾好，要求妈妈必须送到学校去。而有的孩子鞋带松了让父母帮忙系，连衣服拉链卡住了也等着让父母来帮忙。而绝大多数时候，父母忙不迭地为孩子解决这样那样的问题，更助长了孩子不愿独立思考，不肯动脑筋的坏毛病。

孩子认识世界、融入世界的根本途径除了观察就是思考。只有肯动脑、爱动脑的孩子才会从日常生活中学到很多书本上没有的知识，了解很多只有靠体验或接触才能获得的经验，才能越来越聪明伶俐。父母要在平常的生活中刻意避免对孩子大包大揽，不要代替孩子思考，要给孩子多点时间独立思考，哪怕他做一个决定需要很长时间，哪怕他耍脾气、使性子等着父母替他解决，而他完全能够处理的问题，父母要适当懒一点儿，适时地对孩子自己的事情视而不见，从一定程度上“逼”孩子独立思考。

◎孩子的事情交由孩子自己去处理。

在父母眼中，孩子永远长不大，永远都需要大人操心。即使孩子进入小学阶段，已经能够独立离开父母生活了，父母仍然认为孩子年纪小，不能照顾自己，在思考问题方面没有经验，需要经验丰富的大人来帮他处理。其实，这等于完全代替孩子思考。

父母不能以“孩子小，做不好”、“与其大人等着收拾残局，还不如大人一次到位就做好”等理由擅自剥夺孩子独立思考的机会，那样势必会使孩子产生浓重的依赖性，在心理上永远都长不大。

所以，对于孩子的事情，父母不要代替孩子进行思考，而是交由孩子去处理。特别是在孩子做错事的时候，不要直接教孩子不能这么做，不能那么做，而要教孩子如何做才是对的。否则只会限制孩子的思维，使他逐渐变成唯唯诺诺、按部就班、没有独立思维和个性的人。

◎给孩子留下更多的思考时间。

不少父母认为，孩子对问题的反应速度很快，说明他的思考力很强。所以，许多父母不仅称赞孩子脑筋转得快，还常常有意识地锻炼孩子速答、速记。这样做的弊端是显而易见的。孩子往往会为了得到大人的赞赏而一味追求回答问题的速度，孩子没有足够的时间让大脑开启思维程序。没有通过足够的思考张嘴即来的回答，凭借下意识地作出回应，没有经历深思熟虑地筹划，会让孩子渐渐失去思考能力，还会让孩子流于凭直觉来回答或者处理事件，孩子必定会在行为做事时有失偏颇，造成失误。

所以，父母要尽量为孩子提供宽松的环境，给孩子留下更多的独立思考的时间，激发孩子的创造性和思考欲望。不要急于夸奖孩子反应快，也不要着急替正在冥思苦想的孩子作答，而是耐心地等待孩子开口陈述；或是启发孩子想出解决问题的方法，把思考的机会和权力还给孩子，让孩子逐渐爱上动脑筋，养成凡事多动脑、勤动手的好习惯。

◎激发孩子的求知欲，让孩子爱上独立思考。

父母是孩子的启蒙老师。为了让孩子爱上独立思考，父母要着重激发孩子的好奇心和求知欲。在平时生活中，父母要关注孩子的敏感点，了解能够引发孩子兴趣的焦点，用自己对周围事物的态度和情趣积极地感染和影响孩子，引导孩子愿意独立地通过自己的努力解决遇到的困难。

在日常生活中，父母不妨为孩子创造动脑筋的环境，开展一些孩子喜欢的、简单易操作的活动。比如猜谜、智力游戏等，让孩子在活动中得到启发，使孩子逐渐养成凡事先动脑的好习惯。

为了让孩子在思想上更加独立，父母要让孩子多接触大自然，多参加户外活动，让孩子到社会中去感受生活，拓宽生活空间，鼓励孩子自己动手动脑解决一些身边发生的小事。对孩子的努力和成功表示赞赏，使孩子尝到不依赖大人依然可以凭自己的努力做好事情的甜头，享受到成功的喜悦。

5. 重视上小学后的“如厕问题”

刚上小学一年级的小米上课时尿了裤子，同学们都笑话他。小米感到很难为情，一连几天都不乐意去上学。妈妈担心小米因此产生心理阴影，更害怕这么大的孩子还尿裤子是不是有什么疾病，于是小米的妈妈带着孩子特意到儿童医院就诊。通过一番检查，医生认为小米尿裤子的原因是他多次憋尿后情绪紧张导致的结果。

其实，孩子憋尿的现象不在少数，而且多出现在小学一、二年级，这个年龄段的孩子刚从幼儿园进入小学，一切都还不太适应。就如厕的问题来讲，幼儿园的厕所一般是和教室相连的，孩子们上厕所很方便，如果感到有便意可以随时去。而小学的厕所多数在教学楼外，如果孩子三三两两地经常往外跑自然会影响老师讲课和其他同学听课。所以，小学阶段一般会有给孩子休息、活动、如厕的课间休息时间。但是，有的孩子上课憋了很多话想和同学说，到了下课时间忙着说话去了，等想起来要去厕所可上课铃又响起来了；有的老师爱拖堂，短短的课间休息时间被老师给占用了，孩子即使有尿意也得硬憋着。这些自己或外界的因素都造成了孩子出现憋尿的现象。

孩子憋尿对他的生长发育是十分有害的。

由于小便是一种条件反射，受中枢神经系统的控制，孩子憋尿会使他的精神感到紧张，小腹胀痛而坐立不安，这样很容易造成孩子注意力分散，思维活动紊乱，从而影响孩子的学习和活动。而且，孩子憋尿时，胃肠功能和交感神经也会发生暂时性紊乱；尿在膀胱里停留时间过长，尿里面含有的有毒物质被肾小管重新吸收，会加重肾脏的负担；体内的细菌不能通过尿液排出体外而留在尿道中，就会引发尿路感染。尤其是女孩，憋尿不仅容易引起括肌系统感染，还会使子宫在充盈的膀胱压迫下发生移位对女孩的生理及心理产生不利影响。

7岁的莹莹近段时间莫名出现腹痛。妈妈一开始以为是阴雨的天气导致莹莹受凉感冒引起的，就找了一些中成药给女儿服用。没想到持续4天，莹莹的肚子还是疼得厉害，妈妈赶紧带她到医院儿科就诊。

经过检查，医生最终确诊莹莹得了“泌尿道感染”。原来，莹莹平时比较贪玩，经常憋尿，为了少上厕所她喝水很少，这正是引起莹莹腹部疼痛的元凶。

女孩憋尿产生的不良后果往往比男孩更为严重，妈妈要特别注意对孩子加以引导：

1、跟孩子讲讲憋尿的种种害处，让孩子明白憋尿不仅仅是当时不舒服，更会对身体产生不良影响。

2、引导孩子合理安排时间，什么时间该做什么事。上课的时候认真听讲，下课的时候要离开座位到教室外面呼吸新鲜空气，上厕所排尿。教育孩子不能因为贪玩而憋尿，要尽量先上完厕所之后再和同学玩耍。

3、鼓励孩子有便意要主动举手报告老师，不要担心老师不同意或别的同学笑话。要让孩子知道，如果憋尿尿湿了裤子，才更会让别人嘲笑。而憋尿伤了身体，就更是令孩子自己、父母和老师同学感到难过的事情了。

4、让孩子明白，在上课前、考试前、课外活动前、排队集合前、乘车前都应当先去厕所排尿，慢慢养成好习惯，对孩子的身体和心理都是有好处的。

6. 记得把自己的物品带回家

有的父母看见孩子把家里搞得乱七八糟就很生气，要求孩子马上放下手中正在进行的事情去收拾“烂摊子”。孩子正饶有兴趣地看书，却被毫不留情地打断，他一定会撇着嘴，愤愤不平地收拾、归置，心里还不停抱怨。孩子还会出现消极情绪，为了能够赶紧收完东西回到书桌前继续看他那本故事书，孩子会急冲冲把散乱的东西乱七八糟地凑到一起就算收拾妥当了，这样的归置有何意义？

有的父母希望孩子做事有始有终，不停地提醒孩子“记得写完作业把笔盖好了放文具盒里”“你别又像昨天那样忘记把语文书放书包里，害得我上班迟到，急急忙忙给你送去”。父母的反复督促往往让孩子感到很烦，而效果也不见得有多好。

而不少父母也已经习惯于一边唠叨“怎么不知道收拾？简直像个垃圾场”，一边跟在孩子后面帮他收拾书本玩具。这样的习惯可不好，难道父母们希望成为今天为孩子收拾玩具书包，明天为他打理公文包的全职保姆？父母们一定要改掉这个习惯，看到孩子的房间像被打劫过的犯罪现场也要按捺住收拾清理的冲动，把这件原本就属于孩子自己做的分内之事留给他自己处理。

孩子进入小学，成为一名小学生了，生活、学习中的许多琐事和细节自然无法由父母和老师帮忙或代替完成，这就要求孩子必须养成及时、有序地收纳、整理等良好习惯。那么，父母应该怎么样引导孩子主动地、有条理地把文具或书本放回原位呢？

◎父母做好示范作用。

如果妈妈回家把钥匙乱扔，第二天上班时才急得满头大汗到处找钥匙；爸爸习惯把袜子随手脱扔，在妈妈打扫卫生时才从犄角旮旯翻出来。孩子生活在这样的家庭，有这样的父母，他也一定不是一个会收纳的人。父母要对自己的私人物品摆放有序，按时整理，对家里的物品收纳作出很好的示范作用，才能帮助孩子树立正确的物品归置观念，才能引导孩子合理处理他的物品。

我们要让家里的物品或孩子的玩具有固定的存放位置。由于学龄前孩子的秩序感很强，我们这么做是符合他们的天性特点的，也会让他们有足够的安全感。所有的玩具每次都能顺利找到，才能保证孩子每次取用的玩具从哪里拿来再重新放回到哪里去。

◎不要包办孩子的个人生活。

不少父母包办孩子的个人生活，使得原本该孩子自己动手做的事情全部由父母代劳。像前文所讲，妈妈抱怨孩子总是不记得盖紧笔盖，每次妈妈都要检查，发现孩子没盖紧就自己动手帮孩子拧紧笔盖；孩子学习完后粗心大意没有把书放进书包里，第二天上学后才发现，要父母赶紧把书送到学校，而每次父母中的一人总是担负着这个“救火队员”的角色。父母的这种包办使孩子的自理能力得不到锻炼，更让孩子不能体会到收纳、整理、归位给自己带来的影响。

父母不妨放手让孩子自己承担后果。不要为孩子拧紧笔盖，那是他自己的事，如果因为忘记拧紧笔盖造成了墨水漏出弄脏了文具盒或书包，就要让孩子自己承担他的过错；如果孩子忘记带书，央求父母回家拿，父母可以让孩子和同学一起共同看书，提醒他下一次一定不要忘记，让孩子独自面对老师的责备和同学的窃笑。深刻的教训才能让孩子将这些事情铭记于心。

◎给孩子多一份耐心、多一份肯定。

在孩子学习收拾的过程中，父母要学会容忍孩子初学时的慢速度和整理得不太好的状况，给孩子多一份耐心，让他有条不紊地进行。尽量不要因为看到孩子的慢动作就忍不住上前帮忙，也不要因为孩子收拾得差强人意就着急。要给孩子多一份肯定，看到孩子收拾物品时的努力和专注，而不要过于在意那些不完美的细节，让孩子在肯定和鼓励当中增强信心，更加自信而自然地参与到物品收纳活动中去。

◎培养良好卫生习惯也能锻炼孩子物品归位的能力。

有良好卫生习惯的孩子往往爱整洁，做事情井井有条，看不惯目光所及的区域里有脏、乱、差的东西存在。如果父母从小就注意培养孩子把自己的玩具送回家，让孩子叠自己的衣服，孩子会在练习当中学会把衣服叠得整整齐齐，并在潜移默化中形成做事的规矩和规范，逐渐增强对周围事物的观察力。这样才能让孩子在收纳物品时能够敏锐地发现物品与周围的不和谐之处，更快更好地对物品进行归类整理。

7. 鼓励孩子在学校大胆一点儿

有一位母亲对自己的儿子有这样的担忧：

我家的孩子胆子特别小，别的孩子都无所谓的事情，他却害怕得要命。他不敢跟生人主动说话，家里来客人了他都躲进自己的房间。有时候我临时出门一会儿让他一个人在家，他都怕。他的胆子一直都小。我原来以为他年龄大一点儿，读小学之后自然就会好，可是现在刚读小学不到三个月就嚷嚷着要回家，不愿上学了，说怕老师、怕同学、怕上课铃声、怕写作业，反而变得更胆小了。他这种性格以后肯定不适应这个社会，怎么办呢？

胆小指人（心理状态）过于害怕有威慑力的事物而（不敢于面对现实）不能自拔，做事畏首畏尾。

的确，生活中有不少的孩子胆小怕事。不少父母，特别是男孩的父母，会抱怨自己的孩子胆小：不敢跟其他小朋友一起玩游戏，尤其是不跟着妈妈时显得更加胆小；不敢在被别的小朋友欺负的时候保护自己，一味忍受而回家对父母大哭；不敢一个人呆在家里，总说害怕，怕什么也说不清楚；对家里来的客人会躲闪、羞怯，被父母逼迫才会小声地打招呼……

虽然孩子的性格和遗传有很大关系，但也在相当大的程度上取决于后天的成长环境和父母的教养态度。如果父母对孩子要求太严格甚至苛刻，或者父母脾气暴躁，会让孩子变得胆小谨慎；有的孩子还因为由祖父母抚养转而由父母亲自抚养，感到不适应而逐渐变得沉默内向。

此外，父母对孩子过度的保护更会让孩子变得胆小。如今，绝大多数家庭都是独生子女，全家人对这唯一的孩子呵护备至，不管是生活还是学习，各种细节都由大人考虑得面面俱到。一些本该由孩子自己处理解决的问题，也都由父母包办代劳了，使孩子不知道如何照顾自己，更不知道如何为人处世。而父母们过多地灌输安全意识和安全知识更让孩子对陌生人和外面的世界感到害怕，认为只有家、只有和父母在一起才是安全的。一旦孩子不得不因外出玩耍或上幼儿园而离开家，他们就会表现出胆小、退缩、自我保护过强。如果父母对孩子的畏缩行为反应过激并拿孩子的胆小和别人相比较，更会让孩子感到无地自容，会严重伤害孩子的自尊心，使孩子更加自卑、胆怯。

孩子胆小会引发其他的连锁反应，比如过分地害羞、沉默、缺乏自信、没有主见等。这样会严重影响孩子的社会交往和健康、健全性格的形成，对孩子的人生产生不良影响。父母要不断鼓励孩子坚强起来，以科学的方式培养出大胆、大方的孩子。

◎不要对孩子太过宠溺。

目前，胆小的孩子绝大多数都是在家被父母宠溺惯了的孩子，他们在熟悉的环境中表现得很自信，可以随性地表达自我、抒发感情，在家人面前很开朗、热情。可一旦置身于相对陌生的环境或是面对生人，他们就会立刻变得沉默寡言，不敢表达，好像突然之间丧失了所有的聪明伶俐和热情。特别是进入小学之后，孩子如果没有较好的适应能力，学龄前又被父母呵护备至，面对陌生的环境自然会心生恐惧，感到新同学、新老师、新校园里“危机四伏”。

平时，父母不要对孩子太过宠溺，别让孩子由着性子想干什么就干什么，或者凡事都替孩子包办代替，而要学着适时放手，让孩子多做一些力所能及的事情。对进入小学的孩子而言，更要让他们学会如何融入新的环境，即使在学校里受了委屈，也要尽量鼓励孩子自己去解决。

◎减少外界刺激对孩子的心灵伤害。

有些父母为了让孩子听话，就给孩子讲一些“你快睡觉吧！外面有大灰狼来巡逻啦！只要它发现哪个孩子还没睡就要进来把那个小孩抓走”这样的故事，如果父母在讲故事时加上表情动作的渲染，孩子会更加害怕。所以，父母平时不要给孩子讲恐怖的故事来吓唬他，为了让孩子按时睡觉，可以采取其他方式适当加以引导。

有些父母不知道要给孩子选择电视内容，电视节目或光碟中出现女巫、鬼怪、凶残画面和打打杀杀的血淋淋的镜头，这些都会使孩子出现恐惧心理。曾经有新闻报道过一位父亲在家看恐怖片，没注意8岁的女儿也在看，父亲有事下楼，受到惊吓的女儿从恐怖的剧情中清醒过来发现身边没有亲人，便挨个房间发疯似的寻找爸爸妈妈，最后竟直接从楼上跳了下去。所以，父母要注意电视的选片，不要让孩子接触到恐怖、血腥的影片，更要告诉孩子并没有什么鬼怪，平时也不要用鬼怪来吓孩子，以免给孩子造成伤害。

◎耐心和鼓励才会使孩子变得大胆。

乐乐比较胆小，无论在外面玩得有多兴奋，天稍一黑就央求妈妈赶紧带他回家。即使在家里，也不敢离开父母独自到别的房间玩耍，去哪儿都要妈妈陪着，特别是上卫生间，也让妈妈陪着。有时候妈妈上卫生间，乐乐也要跟着，还要搬个小板凳端坐在妈妈跟前，或是爬到妈妈身上，妈妈又好气又好笑，对乐乐说：“你不嫌臭臭吗？出去等妈妈吧！”可乐乐一副无所谓的样子说：“不臭，我陪着妈妈。”

随着时间的流逝，转眼乐乐就上小学了，本以为上了小学之后乐乐会变得大胆一些，可他依然是“黑暗的奴隶”，看着揪着妈妈衣角的儿子，妈妈逐渐意识到问题的严重性，于是她开始考虑锻炼儿子的胆量。

晚上，乐乐又要妈妈陪他上厕所。这一次妈妈没有陪着，而是把厕所的灯打开后对乐乐说：“自己去吧！”乐乐以为妈妈说着玩，非缠着妈妈带他去。妈妈坚决地说：“从今天起，我不会陪你上厕所了。”乐乐的哭声也没打动“铁石心肠”的妈妈。直到乐乐终于忍不住了才冲进了厕所，并且快快地“解决问题”赶紧冲出来。回到客厅后，妈妈立即表扬乐乐：“乐乐真勇敢！能一个人上厕所了。其实厕所一点儿都不可怕，对吧？”乐乐点点头。为了巩固成果，妈妈接着激他：“乐乐敢不敢每天自己上厕所？”乐乐一时豪气顿起：“敢！”虽然第二天上厕所时乐乐仍然有一点儿怕，但妈妈适时的鼓励让乐乐的胆子变大起来。此后，妈妈也常给乐乐讲一些故事，也让乐乐逐渐明白黑暗并不可怕，床下不会藏着怪物。渐渐地，乐乐变得更加开朗了。

乐乐妈妈没有因为儿子胆小而给孩子扣上“胆小鬼”的帽子，而是理解孩子的感受，耐心地安慰和鼓励乐乐，使乐乐感受到温暖，逐渐增强信心和勇气，直到能够独立地面对并解决以前看似恐怖的难题。

在生活中，孩子难免会做错事情，我们也不要总以成人的要求来对待孩子，不能总批评孩子这也做不好；那也做不好，而要注意尊重孩子的自尊心，提高孩子的自信心，及时发现孩子身上的闪光点并多加表扬。这样会使孩子的勇气逐步提升，变得大胆而开朗。

在引导孩子变得大胆、勇敢、乐观的过程中，有一个重要的问题要引起父母们的注意，就是不要操之过急。

我们尽可能地为孩子提供与人交往的机会，鼓励孩子出门和其他小朋友一起玩耍，在与同龄孩子交流的过程中找到自己的榜样，从而模仿对方健康积极的行为，逐渐变得大胆起来。这比父母耳提面命地说教“你要大胆一些啊”要有效而持久得多。

但是，父母不要一味地怂恿孩子勇往直前，如果孩子不愿意和其他孩子相处，父母不能硬逼着孩子去和小朋友一起玩。当孩子不愿意称呼长辈时，也不要勉为其难，更不要当着外人的面说：“这孩子怎么这么没礼貌啊！快说‘爷爷好’啊！”当孩子不愿意在客人面前表现时，也不要胁迫他和客人聊天。以上种种都会加剧孩子的紧张，增加恐惧感，使孩子以更多的沉默和拒绝来应对父母的威胁，变得更加沉默、胆小。

8. 告诉孩子不能再万事靠父母了

眉清目秀、天真活泼的甜甜在老师和同学眼里是个典型的“马大哈”。经常抄错题，写错数，笔画颠倒，阅读时增字、漏字、串行；做作业时书写速度慢，课堂作业经常不能按时写完；还总是在不该错的地方出错，更常常在做作业的时候不专心，边写边玩。

老师向甜甜的妈妈反映情况，可甜甜妈妈嘴上说得很好，心里却认为老师总拿这些鸡毛蒜皮的东西来说事儿，一点儿也不把甜甜的马大哈问题放在心上。

由于甜甜的成绩差，拖了全班的后腿，同学们都有意无意地不愿和她接触，各科老师也不太喜欢她。渐渐的，甜甜变得沉默寡言，甚至产生了厌学情绪。

生活中像甜甜这样的孩子并非少数。很多孩子在进入小学一年级之后，缺少了平时赖以生存的父母、爷爷奶奶、外公外婆，什么事情都得靠自己来处理，孩子往往觉得特别孤独无助，在学习上没有动力，做起事情也变得没自信、拖拉。

现代家庭的独生子女，居住在高楼大厦，邻里交往少，孩子缺少伙伴。家长的百般呵护，让孩子逐渐产生了很强的依赖性，认为不管自己做得怎么样，总有父母来帮自己收拾“烂摊子”。无论自己的语文算数做得对不对，反正有家长帮助检查。久而久之，孩子就变得粗心大意，成了“马大哈”。一离开父母的帮助就什么都做不成、做不好，父母成了帮孩子查漏补缺、弥补过失的“修理工”。

每一个父母都希望在自己离开人世的时候，自己的孩子过得健康、幸福、美满。可是，一个丢三落四、忘记锁门、不记得关灯的“马大哈”如何让父母放心呢？有位妈妈自嘲说：“我是为我儿子‘鞠躬尽瘁’了，等哪天我不在了，听见儿子家的水烧开了还是会忍不住从棺材里爬出来帮他关燃气灶。”从这位妈妈无奈的话语里看出了她对儿子的爱和对儿子的不放心。“可怜天下父母心”，说的就是这样以儿女的幸福为幸福的父母。当然，在父母离开人世之后是不可能继续为儿女排忧解难充当“万能钥匙”的，父母唯有让孩子成为独立的，能够自理、自立、自强的个体才能放心，唯有孩子能够独立生存并过得很好才是父母最大的心愿。

如何帮助孩子克服依赖性强而产生的“马大哈”现象？

◎父母不做孩子的拐杖。

孩子依赖性太强的原因很多，但其中最重要、最直接的因素在于父母的教育。正是由于父母不给孩子留一点儿自由支配的时间，而使孩子自觉不自觉地按照父母设定的所有程序按部就班地生活，才使孩子逐渐失去主动性和自主选择的积极性。如果父母过于强势，什么都包办了，什么都替孩子想到了，孩子就没有机会也懒得动脑筋，大脑和身体也都得不到很好的锻炼，会直接影响到孩子思维和动手能力的发展。孩子如果长久受到父母过分的保护，会丧失自信心，孩子自信心不足，就会严重影响他的学业和个性的发展，造成孩子从幼儿园到小学的“幼小衔接”的磨合出现很多问题。

所以，父母不能做孩子的拐棍，不要事事都大包大揽，要让孩子自己做自己的事情，让他们亲自经历处理不当造成各种问题的难堪和挣扎，让他们在自己的错误中得到成长。

◎根据孩子身心发展规律培养良好习惯。

对孩子百依百顺、溺爱放纵、包办替代的父母，教育出来的孩子社会适应性就会差，独立生活能力也会很弱。所以，父母应该及时改变教育观念，放手让孩子做力所能及的事情。不仅让孩子参与适当的家务劳动，还要根据孩子的身心发展规律，培养孩子自我劳动与学习的兴趣和习惯。

具体说来，就是要让小学一、二年级的孩子洗自己的内衣裤和袜子，即使洗得不干净、干活速度太慢，我们也要耐心指导、多加鼓励。学龄前和小学低年级是各种习惯养成的阶段，父母要让孩子独立洗漱、整理书包、选择第二天要穿的服装鞋袜。对于小学三、四年级这样中年级的孩子，让他们自己刷洗运动鞋、整理书桌、房间、学会削铅笔、包书皮。而五、六年级的高年级孩子应该会帮父母洗菜、做饭、招待客人、到超市商场购物等，并能独立完成学习中的预习、复习。只有相信孩子的能力，放手给予孩子练习的机会，才能使孩子自己动手，不再依赖父母。

此外，对学习上的问题进行具体的指导，培养孩子养成良好的学习习惯。比如，保持草稿纸的整洁，在草稿纸上书写要整洁易辨；抄题后检查题目的数字、符号是否错误，认真确认加、减、乘、除符号，每一步确认之后再进行下一步。

◎卸下所有高大全的外表，用父母的脆弱激发出孩子的坚强。

不少依赖性强的孩子背后都有个无所不能的父母。“我爸是李刚”的事件震惊了全国，在生活中不乏这样到处闯祸、父母忙着出钱出力收拾烂摊子的孩子。不少父母都想在孩子面前塑造完美的自己，这并没有错。每个人很小的时候都会听自己的爸爸妈妈拥抱着我们说：“别怕，天塌下来还有爸妈顶着。”爸爸生病了也扛着，让儿子觉得爸爸像超人，从不生病；妈妈再忙再累也收拾家务，让女儿认为妈妈干活儿干惯了，歇着不干活才不习惯呢。久而久之，孩子不仅产生了依赖，还不懂得体谅父母。

其实，父母可以适当地在孩子面前表现出自己的脆弱，让孩子知道父母也会生病，也会有情绪，也需要发泄，也需要关心和疼爱。如果妈妈哭泣了，请不要背过孩子擦拭眼泪，要等待孩子的拥抱和安慰，父母的脆弱会换来孩子的坚强。孩子的爱心和孝心就是这样在一点一滴中培养出来的。

9. 可以开始对孩子讲“目标”了

两只小蚂蚁结伴出门找食物，可前面一段矮墙挡住了它们的去路。于是，它们只好开始翻越这段长 20 米的墙。一只蚂蚁来到墙角，毫不犹豫地向上爬去，但是，虽然它不停地努力攀爬，可是每当它爬到大半时就会因为劳累、疲倦跌落下来。但它并不气馁，它相信只要付出就会有回报。所以，即使它一次次跌落下来，也会很快振作，又迅速地调整自己重新向上爬去。

而它的同伴呢？刚开始也和它一起往上爬，可当它尝试过几次都毫无例外地跌落下来之后，它开始审视自己的行动，仔细观察了周围的环境，虽然这段墙不高，但它还是决定绕过这段墙。

最后的结果是：绕过墙的蚂蚁最终得到了美味的食物，而那只坚定攀爬的蚂蚁仍然还在不停地重复着跌落又爬起的动作。

这个小故事告诉我们：光有努力是不够的，必须要有明确的方向。有了方向，一切努力才会有意义。

孩子将来要走什么样的路，要往哪方面发展，归根结底还是得由他自己来做决定。但是，不管他今后的具体选择如何，父母的责任就是为孩子把好关，引导孩子朝他所向往的方向努力。

为了让孩子有努力的方向，父母不妨帮助孩子制定一定的目标，促进孩子不断进步。

◎确定努力方向，把长远目标分成小目标后各个击破。

日本选手山田本一曾在两次国际马拉松邀请赛中夺取过世界冠

军。当他谈到自己的成功经验时说："起初我把目标定在四十几公里处的终点上，结果我跑到十几公里时就疲惫不堪了，我被前面那段遥远的路程给吓倒了。于是，在每次比赛前，我都会有意识地把比赛的路线先乘车仔细看一遍，并把沿途比较醒目的标志画下来，比如第一个标志是银行；第二个标志是一棵大树；第三个标志是一座房子……这样一直画到赛程的终点。比赛开始后，我就以百米的速度奋力向第一个目标冲去，然后我又以同样的速度向第二个目标冲去。四十几公里的赛程，就被我分解成几个小目标轻松地跑完了。"

心理学家研究表明：人们有了明确目标时，就能把行动与目标不断地加以对照，能够清楚地知道自己的前进速度与目标之间的距离，使行动的动机得到维持和加强，会自觉地克服一切困难，努力达到目标。

要达到目标，就要像山田本一那样把大目标分解为多个易于达到的小目标，每前进一步，达到一个小的目标，他就能体验到了一次小小的成功。就这样信心不断增强，并在不断达到小目标之后源源不断地为他获得"助推力"，推动他发挥潜能最终实现目标。

生活中，不少孩子一开始都有各种各样的远大理想和目标，有的想做飞行员，有的要做科学家，还有的希望长大之后成为设计师、发明家等。但是，因为过程漫长，实现起来又艰难无比，天性爱动好玩的孩子渐渐发觉自己离向往的目标遥不可及，离那个一心为之努力的方向越来越远甚至背道而驰，于是不少孩子慢慢放弃了。所以，父母在培养教育孩子的过程中，要帮助孩子制订目标，不仅要注意目标的可行性，还要把远期目标与近期目标相结合。具体说来，就是要引导孩子把长期目标分解成为一个个容易实现的阶段性的小目标。

◎分解后的目标要以"跳一跳就能够着"为宜。

让孩子有努力的方向和目标之后把目标进行划分还不够，还要考虑分解后的目标是否具有一定意义。有的目标即使分解之后也仍然具有很高的难度，孩子在向目标奔进时往往由于过于困难而丧失自信，继而对终极目标产生动摇，片面地认为目前这么一个小目标我都无法完成，怎么可能实现最终的目标？孩子在心里上就已经放弃了。

有的父母对孩子的目标不明确或是过低，便对孩子说：“你只要别给我拿倒数第一就行了。”这样分解的目标会一下降低孩子的心理底线，丧失进取和竞争的斗志。所以，协助孩子把长远的目标进行分解，还要注意把小目标设置为“努力了才能达到”的标准。

◎给孩子适当的压力促进目标的实现。

有一个看起来比较陈旧的故事，故事是这样说的：

一个动物园的鹿们因为安逸而面临蜕化和死亡，于是，一个专家想出了绝妙的主意——引进狼！于是，在狼的追逐与扑杀中，鹿们为了活命不得不终日奔跑跳跃，渐渐地恢复了原有的健康和野性。

这个故事看似老旧，但给我们的启迪却仍然很深刻。生命的存在需要稳定的环境，但如果没有了一定的危机感，很容易就会由安逸而走向灭亡。人也同样如此，如果一个人始终处于顺境，没有任何压力，感觉不到危机意识，很容易就被别人赶超，失去了竞争的能力。对于孩子而言，没有努力的方向固然可怕，但没有压力同样可怕。压力和动力是并存的，压力常常可以转化成动力。如果孩子没有压力，他就没有竞争的动力，实现目标更是天方夜谭。父母在鼓励孩子时要让孩子感受到一定压力，要让他知道，人的一生中，大多数的时间都是在学习、工作中度过的，学习是持续一辈子的事，不是凭一时的冲动或暂时的兴趣就能完成的，引导孩子在压力中保持自我，坚定努力的方向，不被暂时的压力和困难打倒。要让孩子懂得，长远目标是可以划分成容易实现的小目标的，而在面临压力的时候，把眼光集中在长远目标之上反而更能激起孩子的斗志和信心，因为那个目标是孩子为之付出一切努力与艰辛的终极成就。

第2章

交友：别忽视孩子与人交往的重要性

进入小学后，有的孩子会感到孤独，没有好朋友。其实让孩子更快地适应小学生活、感受到学校带给他的快乐，一个很有效的方法就是指导孩子学会与人交往。

10. 不要过多干涉孩子间的交往

现代中国家庭大多数孩子都是独生子女，没有兄弟姐妹，独门独户的居住方式又使孩子与邻里接触很少，孩子的交往圈基本仅限于身边围绕的一群大人——为孩子服务的父母及其他亲人。

有的孩子由老人从小带大，不仅在学龄前时期很少被老人抱出来玩耍，进入小学后也被老人要求“外面危险，放学就赶紧回家”。因此，现代的孩子几乎没有什么朋友。即使孩子在幼儿园或小学里与同学做朋友，有些父母还往往有意无意地为自己的孩子选择朋友，并以大人的眼光“斟酌”“掂量”孩子朋友的家庭，随意限制孩子之间的自由交往。

父母们担心自己的孩子会被别的孩子欺负，担心别人的缺点、毛病、不良习气会“传染”给自己的孩子。为了让孩子能够拥有“益友”，父母可谓是用心良苦：性格太外向、过于聪明、打扮太漂亮、太过瘦小、眼神太灵活、家庭条件悬殊等孩子，都入不了父母的“法眼”。如果孩子交的每一位朋友都要经过父母严格的“资格审查”，孩子还能交到真朋友，还能有朋友吗？

皮皮写完作业后就下楼和小区里的几个男孩一起玩了，那堆孩子里有奶奶最不喜欢的那个话最多、最坏、最狡猾的男孩。

奶奶不放心，在楼上远远观望。这一看不要紧，奶奶的怒火顿时蹭蹭往上冒。

奶奶看到几个男孩把自己的孙子皮皮围在中间，领头的那个“坏孩子”拽过皮皮手里的新冲锋枪，对着皮皮假装瞄准、扫射，而皮皮居然一点儿都不生气，还和其他几个孩子一起笑得前仰后合。

“皮皮真是傻到家啦！”奶奶气得赶紧扒着窗口扯着嗓子喊：“皮皮，你快给我回来！”皮皮听见奶奶的呼喊，愣愣的不知道出了什么事。见奶奶不停地挥手，还是拿回了枪，懂事地往家里跑。

皮皮刚到家奶奶就开始责怪他了，“皮皮，你傻不傻啊？别人拽你玩具你就让他抢走啦？人家拿枪指着你，你不知道躲啊？你被人欺负了你不知道吗？还在那里傻乐！”见皮皮低头不说话，奶奶又心疼起来，一把搂过孙子说：“唉，奶奶还不是为你好啊！不想你吃亏。”

吃晚饭时，奶奶义愤填膺地跟爸爸说起这事，没想到爸爸却说：“妈，孩子们在一起玩我们不用干涉，就算皮皮吃亏了，也要他自己去处理自己的事。我也知道您是为他好，担心他吃亏，但我们不能帮他一辈子啊！如果怕他吃亏就不让他和别人玩，那肯定对他没啥好处。”

奶奶听了，觉得自己的儿子说得在理，可每次遇到这样的问题，奶奶还是忍不住喋喋不休地数落皮皮的软弱，然后再教皮皮如何反击别人，常常使皮皮不知所措。

有不少成年人不善交际，和同事之间没有融洽的关系，有想法不敢和上司建议。这不仅仅是性格问题，也是小时候父母干涉太多，使孩子没有从和同伴们玩耍的过程中积累经验，语言表达能力和与人相处的能力也得不到锻炼提升，才造成了孩子长大成人融入社会之后与人交往存在障碍。

每个家长都怕自己的孩子吃亏、受委屈，这是护犊之情，是人之常情，是可以理解的。但是，孩子不能缺少朋友，不能缺少玩伴，虽然父母的陪玩很重要，但父母不能代替同龄伙伴，如果怕孩子被欺负而时刻锋芒尖锐地防范或者不让孩子有自己的朋友圈，就只能让孩子不断远离别人，继而把自己封闭起来。

其实，孩子之间吃亏上当并没有什么原则性的大问题，绝大多数是孩子被对方的不礼貌、侮辱性的话语弄哭，或是被别人抢了东西，或是有违自己意愿被迫听命于“孩子王”。这些相对于成人世界中的“吃亏上当”简直太小儿科了。就算孩子吃亏了上当了，我们也可以把这种体验看作是孩子的个人经验，孩子自然会在和同伴间的不断磨合中悟出处理这个问题的方法，这是父母教不了的。如果父母盲目干涉，也只能让孩子难堪或者无所适从。

所以，让孩子在安全的范围内，让他自己去交朋友，不要太介意交朋友初期的对或是错，谁欺负了谁，更不要苛刻地为孩子选择朋友。一般情况下，父母为自己的孩子选择的朋友多半是老实、听话、胆小的孩子，因为和这些孩子玩，不用太过担心孩子发生意外事故。这种保护性的选择是爱孩子的表现，但却不利于孩子的身心发展。他们可能会安静地呆在父母身边聊天、玩耍，而不会撒欢地奔跑跳跃；可能会做一些让父母放心的事，而在遇到胳膊粗、力气大的孩子时赶紧跑到父母身边。这样的保护会使孩子缺少运动，缺乏必要的锻炼，遇到问题或困难往往会不知所措，不知如何保护自己，对外界的环境感到害怕，甚至会因此封闭自己而变得孤独、沉默。

孩子要从小学习如何结交伙伴。父母不仅不能苛刻地为孩子选择朋友，更不能干涉孩子与朋友之间的交往，要让孩子自己自由地结交朋友。引导他们进入一个由性格各异的孩子组成的团体，而不要干涉孩子交友。当孩子在与小伙伴们发生纠纷时，父母尤其不要代替孩子对朋友关系进行思考，不能代替他们分析、抉择“这个朋友是否适合我”，更不要代替他们和伙伴“算账”。这样不仅会把自己的孩子推到孤立的境地，还会使孩子产生强烈的依赖性，认为遇到任何麻烦都可以求得父母的庇护，这对孩子极为不利。

在孩子与朋友交往的过程中，难免因为各种原因受到冷淡、嘲笑或是排斥。父母要给孩子多一点儿关心，解除孩子心理上的怀疑或恐惧等，让孩子再次勇敢地接触朋友，并逐渐从结交朋友的过程中获得更多的经验。

我们关心孩子间的交往是出于责任、安全的考虑。但关心并不直接等于干涉，我们只需要做好孩子的参谋，让孩子自己作出判断，对孩子的朋友有所尊重，才能既从侧面了解自己的孩子，又能让孩子用自己的方式和途径使择友观渐渐成熟。

11. 善于倾听的孩子才有好人缘

有的妈妈反映，自己的孩子从小就有很强烈的表现欲，特别喜欢成为众人关注的焦点，有时甚至不惜以犯一点儿小错误的方式来博得大家的注意。这样的孩子也让老师头疼，因为他们常常打断老师的讲话或同学的发言，喜欢自作主张地回答老师的公开提问；老师让其他小朋友回答问题时，他们也坐不住，急着或是自作聪明地抢着帮同学回答。孩子的种种表现说明他缺乏倾听的本领。

古希腊先哲苏格拉底说过，上天赐给每个人两耳两目，却只有一口，就是要人多听多见少说。在我国语文新课标中也提到“学会倾听”这个新概念，强调细心听取，有意识地主动地听。无论是好的学习习惯还是良好的行为习惯，都源于最初的倾听。可以说，让孩子学会倾听、懂得倾听的技巧是培养一切良好习惯的基础。如果一个孩子或是成人倾听能力很强，就能抓住别人聊天谈话中的要点，把精华部分吸收融入到自己的知识能力结构中去，一旦在适当的场合得以灵活运用，就会十分出色地完成任务，在众人中脱颖而出。

帕玛尔曾经说过：“专心倾听是一件不容易做到的事情——它在某种程度上耗费我们的心智，令我们的身心疲惫，也令我们大为震惊。”确实，倾听是一种学习技巧，更是一种很难坚持的技能，而事实上的确有许多不懂倾听的成年人盲目自信、失去发展的机会。也有很多不善于倾听的孩子常常不专注于一件事，上课听讲也是听一半就开始走神，尽管父母或老师几次三番地提醒，孩子往往过不了一会儿又开始“神游”了。

其实，让孩子“学会倾听”应该让孩子从两个方面来学习，一是要用心听，细心、耐心地听别人讲话。二是要“会听”，要在听的时候思考别人话语的意思，抽丝剥茧地找到并抓住别人的讲话要点。

◎善于倾听的孩子必定有善于倾听的父母。

现实生活中，许多父母都没有认真倾听孩子说话的习惯，这也直接造成了孩子不能安心、耐心地倾听别人说话。在家庭中，父母的一言一行、一举一动都是孩子学习、模仿的榜样。如果父母在与别人交流时善于倾听，注意交谈的方式和礼仪，孩子也会受到影响，以父母的行为方式为楷模，主动、自觉地学习。

有的父母为了表示认同往往急于开口，以示自己对孩子的理解。在孩子正要开口的时候抢先把孩子要说的话说完了，这样不利于孩子养成良好的说话和听话习惯。

而有的父母性格急躁，做事效率很高，不能容忍孩子的拖沓和延迟，听见孩子说话慢或吞吞吐吐就来气，常常催促孩子“有什么话快说啊”“没想清楚就别说了”。这会使孩子感到很害怕，久而久之，孩子会不愿意和父母交流。

即使是很小的孩子，也有自己的思想和观点，而孩子六七岁之后进入小学开始学习，比幼儿园更为广阔的环境、更多的刺激让孩子有更多的想法迫切需要表达并希望得到肯定和认同。父母只有仔细倾听孩子的心声，才可能进一步了解孩子的变化，理解孩子的身心需要。所以千万不要急于打断孩子，不要急于帮孩子去表达，要耐心地听孩子把话说完。

◎培养倾听的礼仪有助于养成倾听的习惯。

孩子不能认真地倾听他人讲话，往往源于他不懂得如何听。如果父母在家庭教育中有意识地教孩子一些倾听的礼仪，对孩子养成倾听的好习惯会有很大的帮助。

1. 教孩子在倾听别人讲话的时候要看着对方的眼睛，不管是听老师讲课，还是听同学说话。目视对方的眼睛能够控制自己的思维跟着对方的话语前进，而不会随意地开小差。同时，专注的眼神也会让说话的人感到自己受到了尊重，给对方无形的激励，进而营造出良好的沟通环境。

2. 除了要教孩子用专注的眼神看对方的眼睛，还要让孩子明白专心静听并不是完全被动地听。要不时地以点头、表情表示等方式来提醒自己不能走神、不断提高定力，约束自己坚持倾听，也是向对方表示自己正在认真地听。

3. 让孩子明白，倾听并非仅是“听”，还要正确判断和领会说话人的意思，并及时做笔记。“好记性不如烂笔头”，再好的记忆力也会随着时间的流逝忘掉很多关键性的细节。如果能够在上课时认真听讲并及时记录老师的讲课重点、老师书写的板书，对今后的学习或考试是十分有利的。

12. 让孩子学会主动道歉

盖瑞·查普曼博士提醒说："孩子在很小的时候就能学会道歉的语言。随着年龄的增长，他们对道歉的重要性会有更深的领悟和理解，为今后的道德和人际关系发展奠定基础。"但是，当下的独生子女都是全家人的宝贝，很多孩子在被宠爱、迁就的过程中变得霸道、强势、唯我独尊，只要是自己的，别人不能碰；只要自己说过的，别人必须办到；即使自己有错，也是别人的问题；不仅不愿意低头承认错误，不接受别人批评，而且还不会道歉，更不会主动道歉。

6 岁以下的孩子由于年龄小、是非观念薄弱，自我控制能力不强，常常不能正确认识到自己所犯的错误，通常在做错事后不懂得如何道歉。而父母只关注孩子道歉的结果，更会使孩子不知道自己错在哪里而懵懵懂懂地说道歉的话，而下一次继续犯相同的错误。

比如，三四岁的孩子在商场里看到幼儿园的同班同学，高兴地用手拍对方的头，可由于用力过猛弄疼了小朋友而被父母责怪。孩子只不过是在用自己的方式和小朋友打招呼，他并不知道对方不接受他的"友爱方式"，更没有意识到他的行为会给对方造成伤害，而父母一味地要求他"快向你的同学道歉！"而孩子并不知道自己错在哪里，他会认为"他为什么哭呢？或许我不该拍他的头，那下一次我就拍他的背吧！""他爸爸妈妈没给他买新玩具，他才哭的，不关我的事。"这样只注重结果或现象的教育方式是无法让孩子认识错误，更不可能使孩子主动向对方道歉的。

对于6岁以上的孩子，心智发展日趋成熟。父母就要告诉孩子，人与人之间的交往是建立于相互尊重的基础之上的，学会道歉不仅是对对方的尊重，也是有礼貌、有修养的一种表现。而且，能够面对错误，能够向别人道歉也是一种有勇气、敢担当的表现。会主动道歉的人不仅会很快得到对方的谅解，还会在一定程度上赢得别人的好感，获得对方的尊重。

要让孩子主动道歉，首先就要让孩子学会认错。出现了错误并认识到错误，才会以道歉的形式认错并及时改正。对于小学低年级的孩子，刚从幼儿园或学前班步入小学校园，思维和能力等各方面还停留在幼儿园阶段，孩子做错事不知道道歉，可能是因为不懂得是非概念。不知道生活中的对与错，不明白父母教育“不要和陌生人说话”可为什么还要“帮助陌生人”，不清楚“说谎是不好的行为”可为什么“对待别有用心的人可以说谎”，这些都是孩子缺乏生活经验造成的许多生活常识的过错。所以，父母不能随意责备孩子，要耐心地告诉孩子为什么错了，错在哪里，更要具体指导该如何改正。

对于小学中、高年级的孩子，身体素质和思维能力有了很大提高，能够独立完成许多生活琐事。他们往往把自己当成“小大人”看待，也很注重自己的面子。如果自己无心犯下错误，往往会因为面子问题而逃避认错，更不会主动道歉。所以，父母不能一味地批评、指责孩子，这样做只能导致孩子产生逆反心理，以后犯错时不仅不认错，还会找各种借口推脱。父母应当把握孩子的心理，鼓励孩子鼓起勇气认错。如果孩子没有认错或道歉，但已经在默默改错了，父母要看到孩子的进步，不要拘泥于认错或道歉的形式。要让孩子明白，每个人都有犯错误的时候，只要改了就是好孩子。如果给与孩子足够的安全感，就会不断减弱孩子的畏惧，使孩子有足够的勇气承担后果。

孩子不认错，不主动道歉在很大程度上和我们的教育观念有着密切联系。传统的家庭观念认为“父母大于天”，子女要对父母绝对服从，父母即使做错了，也因为出发点是为了孩子好，而可以理所当然地对错误忽略不计。父母不可能有错，谈何认错和道歉呢？而且，如果父母向孩子道歉，会丧失自己的威严，父母为了维护作为大人的面子，就会坚持“即使有错也不向认错”的观念来教育孩子“知错认错”。如果我们依然奉行这样的教育方式，是不可能让孩子感到自己受到了尊重，不可能从思想上认识到主动道歉的意义和对自己的帮助。

有研究显示，父母向孩子认错，可以融洽家庭关系，拉近亲子之间的心理距离，父母是作为“人”而不是“神”、“长官”的形象和孩子交流，会让孩子感到平等与放松。而且，父母犯错后及时道歉，可以现身说法让孩子明白每个人都会有错的时候，还会让孩子认识到认错不是一件丢脸的事情。父母这样做不仅不会因为认错而丧失尊严，反而会让孩子更加尊敬。

一位妈妈正在厨房里炒菜，女儿回家后高声对妈妈说：“我考试得了 97 分！”而妈妈没听清，以为孩子得了 61 分，赶紧到客厅关切地询问孩子怎么考得不理想。孩子丈二和尚摸不着头脑地被询问半天之后，才发现原来是妈妈听错了。妈妈得知孩子是 97 分之后有点不好意思地说：“对不起，错怪你了。是我在厨房炒菜没听清。”而有的妈妈呢？会嚷嚷：“哎呀，谁叫你声音太小，明知道我在炒菜，还不说大声一点儿，害我听错了，都赖你。”

如果父母能够真诚地向孩子道歉，必然会使孩子感受到父母的尊重和浓厚的爱意，也会让孩子学会犯了错误不逃避、不找借口。引导孩子明白道歉实际上是在为自己的行为负责任，让孩子们从成年人的道歉语言中学会该如何正确处理人际冲突，并学会表达歉意，帮助孩子意识到道歉对维持良好人际关系的重要性。

总而言之，道歉不是一句话的形式。我们要关注孩子认错改错的过程，让孩子在以后的过程中自觉地纠正自己的错误，体验为自己的行为负责的责任感，学会放低姿态融入到良好的人际交往关系中去。

13. 别让孩子养成插话的坏习惯

父母总希望孩子在大人聊天时不要插嘴，自己在一旁乖巧安静地做自己的事。可事实恰恰相反，不少孩子总爱在大人说话时随便插嘴，父母让孩子等一会儿可丝毫不起作用。等大人说完了，专门给孩子说话的机会了，孩子却不像刚才插话时那么兴奋而积极了。父母们常常怀疑：孩子插嘴是故意的吧？也太调皮了！父母认为孩子这样做不仅很烦人还不礼貌，可是怎么说也不能使孩子改掉这个毛病。

露露是个聪明伶俐的小姑娘，不仅模样乖巧，嘴巴还特别甜，性格外向，喜欢笑，很讨人喜欢。但就是有一点不好，大人在说话的时候，露露总是按捺不住好奇心，喜欢不断地打断大人说话。

奶奶买菜回来的路上和邻居聊天，还没说上几句露露就不断催促奶奶赶紧走。刚好邻居有事向奶奶请教，一时半会儿说不完，邻居就陪着往回走。一路走一路说，露露一路插话不消停，奶奶不仅要给邻居详细讲解，还要照顾露露不时的发问，好不容易把事情说完，邻居道谢离开，奶奶回头让露露好好把要说的话说完，可露露却不愿说了。

妈妈的同事来家里玩，大人们正坐在沙发上聊天，露露一会儿过来说说这个，一会儿又过来说说那个。妈妈对露露说："露露，我在和客人聊天，你的作业做完了吗？赶紧写作业去吧！"露露皱着眉头说："我要你陪我写作业，你不来我写不了。"露露仍然说个不停，妈妈的同事没坐多久就起身告辞了，妈妈认为同事是被露露弄得很烦，对露露的没礼貌很是生气。

在很多父母看来，大人讲话时小孩插嘴是不礼貌的行为，不仅会被别人看作是“没教养”，还会让孩子觉得大人没有威信。所以，一般情况下，孩子插嘴时大人都会竭力遏制，不许孩子说话或是把孩子赶到一边去玩耍。有的父母对爱插嘴的孩子还会动用武力，打孩子一顿然后勒令他到一边去反省。这样的做法不仅不能有效地禁止孩子插话，还会增加孩子的逆反心理。

孩子插嘴是有原因的。为什么平时乖巧可爱的孩子会变成“人来疯”频繁插嘴？为什么原本通情达理的孩子会突然以插嘴的方式表达不满情绪？这都需要父母仔细观察，了解孩子插嘴的原因，用具体的方式解决特殊的问题。

比如，有的孩子看到父母和客人聊天，不怎么搭理自己，就感到自己被忽视了。针对这种情况，父母不妨多关心孩子，让孩子了解，父母虽然在和客人讲话，但却时刻在关注着他，他完全没有必要通过插话的方式来吸引父母的注意。如果大人在谈很重要的事，最好还是避免孩子在场，可以主动选择一些相对安静的地点谈话。

有的孩子因为和父母约定好了出游计划，却由于客人的临时到访而取消或延期，孩子自然感到很不开心。在大人说话时，孩子就会以不断插嘴的方式表达自己的不满，提醒父母“我们的约定还没完成呢”。面对这种情况，父母要在和客人谈话之前给孩子一个解释，安抚孩子的情绪，并告诉孩子大概什么时候可以重新开始事先约定的那个计划，这样会让孩子感到放心。

还有的孩子因为曾经在大人谈话时插话，不仅没有被制止，父母反而还会以“赶紧堵上孩子的嘴”为目的很快答应孩子要求，这会让孩子感到“有机可乘”，从此之后他就会抓住一切可以插话的机会，故技重施。父母要注意，如果孩子总在大人谈话时提出不合理的要求，这一定是父母之前对孩子的管教有所疏忽的结果，父母应该自我反省，在与孩子的互动中慢慢地进行纠正和引导。

其实孩子插嘴并不一定都是坏事，孩子的思维反应快，想法多，常常憋不住自己的想法，迫切地想要表达，希望得到认同和肯定。这都是很正常的事。如果一概不让孩子插嘴，孩子的观点得不到表达，会使他感到烦躁，孩子会通过其他不良方式甚至极端的形式表达自己的情绪、吸引大人的注意。而在被压抑的过程中，一些错误的想法得不到更正，正确的观点得不到肯定，孩子的是非判断能力便无法得到提高，更不利于孩子的发展。而且，由于孩子的诉求常常被父母压制，亲子之间也会慢慢筑起一道高墙，等到某天父母发现孩子变了，希望孩子和自己聊天，和自己说话时，已经悔之晚矣。所以，一概反对插嘴的做法是有失偏颇的。

那么，父母应该怎样做呢？

◎父母要以身作则，孩子说话时不要随意插话。

要想让孩子不插话，父母首先自己就不要有插话的坏习惯。因为尊重和信任是相互的，孩子感情丰富，也懂得将心比心。父母对孩子的信任和尊重，才会换来孩子对父母的信任和尊重。但是，有些父母常常毫不顾忌地随便打断孩子的话，甚至粗暴地让孩子闭嘴。很多父母常常在与孩子说话时表现得很没耐心，还没等孩子把话说完，就自己补充了后半句。还有的父母眼睛盯着报纸、电视，对孩子说的话也是“唔……嗯……”敷衍了事，久而久之，孩子的语言组织能力得不到锻炼，也容易导致孩子有什么话都憋在心里，不愿表达。

◎尊重孩子的想法和意见。

在平时的生活中，无论孩子的想法有多么可笑、离谱，无论他的意见是否有道理，父母都要予以尊重，因为那是孩子作为一个独立的人的思维结果。

如果孩子的想法是极其错误甚至荒谬的，不要嘲笑他的笨拙，更不能说他“傻”，而是明确地告诉他问题在哪里，为什么不能那么想。不仅照顾了孩子的情绪，尊重了孩子的情感，还能在满足孩子求知欲的同时培养诚实、坦率、开朗的性格，更能通过对比和讲解锻炼孩子的思维能力及处理事务的能力。

◎教给孩子正确地“插话”。

面对孩子的插话，父母不妨明确告诉孩子，要等别人把话说完之后自己才能接着说。和孩子商量：“等爸爸和叔叔讲完了你再说行吗？”让孩子明白只有在别人说话停顿或告一段落时才可以插话。或者停止谈话，让孩子把自己想说的话说完，然后再给孩子讲道理：“你看，爸爸能等你把话说完再接着说，你是否也能像爸爸一样呢？”

此外，还可以教给孩子一些说话技巧。比如告诉孩子，要想加入别人的谈话，首先要听清楚谈话的内容，在头脑中想清楚之后，再有礼貌地用准确完整的话语说清自己的想法。让孩子了解，要想“插话”可以用“妈妈，我可以说一句话吗？”或是“妈妈，我能打断你一下吗？”这样的“插话语”可以让孩子逐渐掌握与人交流的技巧，也会比较容易被人接纳，不会让人产生反感。

14. 分享才会带来更多的快乐

不少孩子在家里受到父母、祖辈的过度疼爱，一人享用所有好吃的、好玩的，“以自我为中心”的意识充斥着孩子的头脑，使孩子慢慢养成了自私自利的不良习惯，更形成了骄横跋扈的性格。他们不仅不能理解父母的辛苦，不知道体贴大人，更不明白与家人分享、与同学分享带来的快乐，反而在一次次与人交往中由于霸道、独占而让家人难过，让朋友生气，让同学鄙夷。

杨俊是家里的独生子，是全家人的小皇帝。家里有什么新鲜好玩、好吃的东西都会被爸爸妈妈、爷爷奶奶拱手奉上，杨俊还挑挑拣拣这也不喜欢，那也不想要。渐渐地，杨俊变得很“独”。

有一次，爸爸下班路上堵车，回家比较晚，在妈妈给爸爸热饭的时候，爸爸顺手拿起杨俊的薯片吃了几片。杨俊看见了，立马生气，不依不饶要爸爸把薯片吐出来还给他，即使爸爸一再表示明天会给他买更多的薯片，杨俊仍然哭闹，还索性躺在地上打滚。最后爸爸真的顾不上吃饭，跑到超市买了薯片回来才止住了杨俊的哭闹。

还有一次，爸爸妈妈带杨俊买水果，满足了孩子的要求买了不少红枣。一路上杨俊就嚷嚷着要吃红枣，可爸爸妈妈觉得没洗过，怕有残留农药对孩子身体不好，就哄着杨俊回家洗了再吃。可杨俊哪里听得进去？哭得一塌糊涂，妈妈赶紧下车买了瓶矿泉水给儿子洗了四个大红枣。回到车上，爸爸对杨俊开玩笑说：“嘿，儿子，给爸爸吃一个吧！”可杨俊不仅不愿意，还把四个红枣分别咬了一口，咧着嘴对爸爸说：“你看，我都啃过了。”爸爸妈妈无奈地看着儿子，不知该说什么好。

杨俊就是我们常说的以自我为中心的典型。正是父母的溺爱和迁就使孩子形成了这种不良心理倾向。父母已经被自己酿的“苦酒”深深伤害，如果父母仍然意识不到孩子的不正常心理，一味让孩子的这种思维继续发展，即使孩子智商再高、能力再强，以后进入社会也是一个不受欢迎的人。而且，孩子自私自利而不自知，多年来形成的习惯让他意识不到自己对待别人的方式是错误的，常常得罪了朋友、同学还不知道自己错在哪里。所以，我们常常看到有不少孩子真心想与别人做朋友可却遭到别人的拒绝或排斥，变得闷闷不乐甚至孤僻。父母希望自己的孩子开心快乐，想尽一切办法讨孩子的欢欣，而“好心办了坏事”。宠溺的结果就是自私，孩子因自私被人排斥而失去快乐，这显然和父母希望哄着宠着孩子让他开心快乐的初衷是相违背的。

为了让孩子获得真挚的友谊，开心地融入到与同学、朋友的交往当中享受到快乐和幸福，父母就要尽早采取一定的方法，让孩子逐渐远离自私，学会与人分享。

有的父母认为，分享就是鼓励孩子把自己的玩具、书籍、零食等物品分给别的孩子，这种“以物易物”只是分享的表面行为。不少父母说自己的孩子太小气，或是强迫孩子把喜欢的东西给别人，那样只能培养出孩子的怨恨情绪，而不是慷慨大方的美好情操，更不会使孩子感受到分享的快乐。

与人分享不是简单的“以物易物”。真正的分享应该是一种自愿的、有满足感和快乐感的合作或分担方式。有人曾说过：“分享就是一份快乐，与他人分享之后就变成了两份快乐。一份痛苦，与他人分享之后就变成了半份痛苦。”如果一位过路的青年携手老人和小孩穿过了繁忙的马路，这个青年就是在分享责任，他是快乐而幸福的；如果我们拖着疲惫的身躯回到家时闻到了美味菜肴的香味，全家人围坐桌边就餐，这就是在分享幸福。关于分享，或许一千个人有一千个答案，但不可否认的是，分享是一种责任，是一种感情，会给自己带来更多的快乐。

在教育孩子过程中，父母不仅不能因为孩子表现出来的小气而惩罚他，甚至要求他“忍痛割爱”，而要适时鼓励、奖励来强化孩子的分享意识。在不断强化分享行为的基础上，使孩子在分享的过程中感受到快乐的体验，并学会站在对方的角度思考问题，在思想上甚至心灵上承担分享的责任。如果孩子学会了分享、理解分享的真正内涵，才会使分享转化为内在的、自发的行为，才能够在与人交往的过程中设身处地为他人着想，能够获得更多的满足感和快乐感，同时也能赢得别人的尊敬和帮助。

15. 学会和朋友一起合作

孤立的人是无法在地球上生存的。每一个人都需要别人的帮助，都需要与人合作，为了共同的目标而努力最终达到双赢。虽然现代科技已经帮人类解决了许多问题，但与人合作这一基本能力仍然是当今世界人才的重要素质之一。只有懂得与人友好相处并携手合作的人才能获得更为广阔的生存空间。然而，作为未来发展的中坚力量，很多孩子都很娇气、任性、自以为是，更别提与人合作的能力了。

10岁的张强成绩很好，考入重点中学之后由于学校离家较远，张强不得不离开父母开始了寄宿生活。可是，开学没多久，他就向父母提出转学的想法。“这才刚开学，孩子就这样，到底出了什么事呢?”妈妈再三追问，可张强要么闪烁其词，要么闭口不答。

妈妈很担心儿子是不是在学校受到了什么刺激或打击，赶紧请假到学校了解情况。张强的班主任老师说，孩子学习成绩确实名列前茅，但不太会和其他同学交往，凡事过于争强好胜，在班里没有朋友，在宿舍里由于一点儿小事和其他人争吵。短短四天时间里，张强已经和同寝室其他五个人都吵过架了。

孩子仅仅是学习好远远不够，他们迟早要走出学校和家庭，走向社会，依靠自己的能力为人处世并在社会中立足。作为父母，一定要改变孩子自私的性格。妈妈回到家后和张强促膝长谈，把合作的重要性慢慢讲给儿子听，还在日常生活中让张强学着帮父母洗菜择菜、装卸被套等。妈妈还鼓励张强邀请同学参加 CS 野战游戏，不仅让张强缓和了与同学间的矛盾，让他赢得了友谊，还使他在游戏中切身感受到合作的重要性，体会到合作的快乐和成就感。这位妈妈了解到儿子不开心的原因，找到了症结所在并开展了一系列“训练”，使儿子逐渐走出了“独”的阴影，学会了与人合作。

我们每一位父母都应该向这位妈妈学习，让孩子尽早地学会与人相处，培养孩子与人合作的意识。

◎为孩子提供和谐的家庭气氛。

父母要努力为孩子营造一个轻松、愉快的生活环境，把他当做家庭中既普通又重要的一员，让孩子在和谐的家庭气氛当中感受到家庭的温暖，又让他学会关心别人，尊重别人。由于父母是孩子的启蒙老师，也是第一合作伙伴，父母可以在生活中有意识地根据孩子的年龄、操作能力等，从实际出发，给孩子安排具体的家务并耐心地进行指导，鼓励孩子的劳动、肯定他的劳动成果。这样不仅可以有效地培养他的合作意识，还能让孩子养成独立、自理的良好生活习惯。

◎教给孩子一些具体的合作技能。

孩子往往因为缺乏社会交往经验而不知如何与人合作，父母可以有的放矢地教给孩子合作的技能，指导孩子怎样去合作。比如，向孩子提出一些“两个小朋友，只有一个玩具怎么办”或“参加集体长绳比赛，有同学绊倒摔跤导致比分落后该不该责怪他”等问题，引导孩子归纳总结出解决问题的正确方法。通过具体的事件，生动形象地向孩子讲明什么是分享合作，让孩子懂得合作过程当中不尽人意的情况应该如何处理，使孩子明白合作时不仅要优化整合资源，更要具有包容合作者失误的宽容心。

◎鼓励孩子多参加合作性活动。

父母要多鼓励孩子参加夏令营、卫生大扫除等集体活动，让孩子在集体中感受到集体的力量和集体对个人的帮助，培养孩子的集体意识，让他在与别人的相处中学会合作。此外，父母也要鼓励孩子多参加足球、篮球等体育运动，在竞争、拼搏中培养孩子的合作意识。

◎让孩子学会赏识别人的优点。

许多合作方式是强强联手或是优势互补的，这样的合作才能把各方的优势发挥到极致最终获得成功，只有接受合作者的差异性，了解自己的缺点并善于发现别人的优点，才能更好地和别人建立合作关系。如果孩子会欣赏别人，懂得赏识他人的优点，他才会发自内心地愿意走近对方，放下架子与别人真诚合作。所以，父母要在日常生活中引导孩子观察别人的优点，特别是让孩子去发掘一些他以前看不起甚至鄙视的孩子身上的闪光点，使他明白，人都有差异性，每个人都有优缺点，要重视并欣赏对方的优点，才不会挑剔别人的毛病，才会在生活中赢得更多的好朋友。

16. 让霸道的孩子学会为他人着想

不少父母把孩子送进小学之后发现，小学的环境和幼儿园相比有太多的不同。小学的校园里确实有一些好打架、好顶嘴、好发脾气、行为霸道的学生。这些孩子过于独立又过分依赖，情绪不稳，当与其他同学发生矛盾冲突时，一定要在言语或行为上占上风，以致产生一些攻击性的行为。如果自己的孩子是霸道的人，他们在进入小学之后也难有好朋友，而缺少同龄的伙伴。

小学阶段的孩子霸道、爱欺负别人的行为大多不会像成年人那样暴力，不会对其他人造成很大的伤害。但是，小学生的霸道行为如果不能得到及时纠正，对孩子良好品德的形成和将来的发展都会有很大的负面影响。有研究资料显示，在小学曾是霸道儿童的男性，到 24 岁止，有 60% 的人至少有一次犯罪记录，有 40% 高达 3 次或 3 次以上的犯罪记录。而那些没有霸道欺负别人行为的孩子在成人后只有 10% 的犯罪记录，由此我们不难看出儿童时期的霸道行为与成年期的犯罪行为是息息相关。

让霸道的孩子走出以自我为中心欺负别人的误区，就要让孩子学会为他人着想，站在别人的角度思考、评估自己的行为，逐渐拥有宽容之心，从而改掉霸道的不良行为。

那么，如何才能让霸道的孩子形成为他人着想的优秀品质呢？

◎不要用极端措施惩治霸道行径。

对具有强烈霸道行为的孩子采取置之不理或一味责罚的极端措

施是不对的。一味责罚不但不利于纠正孩子的错误行为，还会引起他们的逆反心理，他们不仅会继续巩固强化霸道的意识和行为，还会误解父母的引导和教育，导致更为严重的后果。对霸道爱欺负别人的孩子置之不理、听之任之的办法更不是解决问题的明智之举。在对待“小霸王”时，既要晓之以理，又要动之以情，要采取有针对性的平等、民主的教育方法，给予孩子应有的尊重。如果父母见孩子小小年纪就霸道、欺负人，感到事态严重，就赶紧竭力压制。这样的做法是没有考虑孩子的感受，也是一种不站在孩子的角度思考问题、没有为孩子着想的反面榜样。

◎父母要为孩子创造一个良好的家庭环境。

父母在与别人的交往过程当中表现出的关爱、平等、谦虚等处世原则和行为，是对孩子最为直观而生动的教育。孩子会在很大程度上受到潜移默化的影响，逐渐拥有尊重别人、爱护别人的品格。一个整天吵闹不休的家庭，是很难培养出一个会主动为他人着想的孩子的。如果父母之间经常争吵，父母与外人也时常爆粗口甚至动手打架，会给孩子树立不良的榜样，让孩子学会用类似的错误方式处理同学间的冲突，更加不会站在他人的立场考虑问题，不能宽容别人。

◎父母要教孩子如何具体地为他人着想。

在日常生活中，父母不妨对低年级孩子教授一些具体的为他人着想的方式、情境，让孩子学会理解别人，设身处地地为别人着想。这样可以提高孩子的交际能力，为今后处理好人际关系打下坚实的基础，还能使孩子通过学会理解别人让自己心情愉悦，不为一些鸡毛蒜皮的小事烦恼，渐渐地变得心胸开阔、处事得体。

比如，父母和孩子一同乘坐公共汽车，要以身作则，主动给老弱病残幼和抱小孩的乘客让座；

带孩子进影剧院看电影时，不仅准时到场不迟到，在观看时也专心观影不低声交谈，以免影响他人；

在超市或菜市场购物时，父母要让孩子认识到与人方便、不占道行驶或停留的必要性；

在乘直梯时，要站在靠后或侧面位置，方便别人进出；乘扶梯时要站在扶梯的右边，不妨碍有急事的人从左边超过；

在商场推开弹簧门时，要注意身后有没有人，如果有人跟在身后应当等后面的人撑到门之后再离开。

17. 心胸宽广才不会“小家子气”

著名文豪雨果曾说过：“世界上最宽阔的东西是海洋，比海洋更宽阔的是天空，比天空更宽阔的是人的胸怀。”宽容是一种品德，也是一种智慧，孩子没有一个宽广的胸怀，就不能够容忍周围一切不顺心的人和事，就无法快乐地生活。如果父母教会孩子学会宽容，就等于教给了他跟任何人交往的一种智慧的技巧。学会了宽容，不仅会拥有很好的人际关系，还能使自己的心胸更加宽阔，让人的生活变得更快乐。

宽广的胸怀不是天生的，是靠后天的培养和教育。在独生子女的家庭中，更要注意培养孩子拥有一个宽广的胸怀，培养孩子良好的性格和人格。

孩子最初都是从父母那里学习待人接物的方式。如果父母在与人交往的过程中表现出了宽容、大度，与邻里、同事之间融洽相处，遇事不斤斤计较，孩子就会学着父母的样子处理同学、玩伴之间的关系，也会变得宽容、友善，性情温和又惹人喜爱，也就容易受到别人的好评和拥护。也就是说，只有宽容的父母才能培育出宽容的孩子。

有一位妈妈带着女儿在游乐园坐旋转木马，排队买票的时候，小女孩被一名搬凳子的工作人员不小心撞倒了，孩子立刻大哭起来。这位工作人员赶紧放下凳子，一脸歉意地对孩子道歉，也向孩子的妈妈致歉。

妈妈蹲下来安慰自己的女儿的同时也仔细查看了孩子受伤的地

方，除了额头上有一些红肿破皮之外，并没有什么大碍。那个工作人员十分紧张，围观的人也越来越多，有的甚至开始谴责工作人员大意疏忽，恐吓他要是孩子脑部受伤他就得倾家荡产了。

那个工作人员很担心小女孩的伤势，赶忙带母女二人去游乐园的医务室，让大夫仔细为女孩做检查。检查结果，孩子只是皮外伤。两个大人也松了一口气。妈妈转头对女儿说了一番让那位工作人员十分感动的话："好了，医生阿姨检查了，已经没事了。这个叔叔忙着搬凳子，他不是故意的，他也不想你受伤的，你不要怪他哦！"

女孩望着叔叔，笑了，"叔叔，别担心了，我没事的，原谅你啦！"

母女两人的宽容之心让这个工作人员感到了温暖，妈妈的引导和表率也使小女孩变得善良、宽容。有这样的妈妈相信小女孩一定能够拥有良好的心态和应对各种环境的能力，拥有快乐的人生。

为了让孩子拥有宽广的心胸，父母更要让孩子多和同伴交往，在与别人的交流、沟通中发现别人的优点、容忍别人的缺点和错误，在交往中体会到宽容给自己带来的快乐。父母可以引导孩子向别人学习，称赞同伴的优点，庆贺别人的成功，主动帮助有困难的朋友，采纳别人的合理建议，这样使孩子在分享别人的成功的同时也使自己获得进步。

现在不少专家学者都在提倡对孩子进行"富养"，有的父母也很奉行"男孩穷养，女孩富养"，认为"从来富贵多淑女，自古纨绔少伟男"。男孩"穷"养，就是不要给他提供优厚的生活条件，培养男孩坚强的品质；女孩"富"养，就是为女孩提供最好的物质生活，用一位妈妈的话说，就是"我会尽量给我女儿提供最漂亮的衣服、最好的鞋子、最美味的食物，让她像一个公主一样生活，这样才不会被别人用一根棒棒糖就骗走了。"

父母的想法和初衷并没有错，但把"穷养""富养"的真实含义曲解了。穷养男孩，并不是简单地让男孩适应简单、普通甚至恶劣的生活，而是要让他明白经历过坎坷磨砺，性情坚忍的人才能担当大任，只有“穷”过的男孩才明白优裕生活的可贵，才知道如何去创造财富，才懂得珍惜来之不易的幸福生活。而富养女孩，不仅仅只是在物质上开阔视野，更要在精神上丰富女孩的思想，这样的女孩才能在知识上见多识广，能够独立而自主地主宰自己的生活。

其实，无论男孩女孩，都要“富养”，这个“富”就是指精神上的富足。父母平时要多带孩子出门，增长见识，可以利用各种节假日，带孩子游览祖国的大好河山，对外面形形色色的人和事都有所接触。增长了知识、开阔了眼界，孩子的心胸也就自然开阔了。孩子就不会对一些鸡毛蒜皮的小事斤斤计较，更不会因为日常小事的纠缠产生无谓的烦恼了。孩子会在与人交往、待人接物上自然而然地流露出大方、识体、乐观、宽容的心态。孩子一旦见多识广，就会习惯于接受新事物，能够灵活应变，对世间的事与物也就会宽容对待。同时也让孩子明白，宽容并不是对坏人坏事的妥协，更不是懦弱、盲从的表现，而是明辨是非之后的包容。

18. 别让孩子变成一个冷漠的人

我们先来看四个镜头：

镜头一：爸爸出差回来，刚到家卸下沉重的行李，还没来得及换拖鞋，儿子便从房间冲出来高呼："嘿！老爸你终于回来啦！太好啦！我一直等你呢！"爸爸听了儿子的话，看着儿子兴奋的小脸，心里一阵感动。孩子没有为爸爸找拖鞋，也没问爸爸是否需要再吃点东西，更没有为爸爸端来一杯热水，而是埋头开始翻找爸爸的行李，嘴里还嘟囔着："老爸，你答应给我买的IPAD放在哪个包了？"爸爸感到有些不悦，但还是从包里拿出了礼物来。儿子接过手，特别高兴："喔！太好了，我约了同学，先出去啦！"爸爸还没反应过来，儿子已经拿着IPAD出门了。

镜头二：妈妈带女儿上街买东西，遇到一名乞丐在街边乞讨。妈妈准备把身上的零钱给乞丐，女儿却一把摁住妈妈正在掏钱的手，说："妈妈，别理他，肯定是骗子。"妈妈说："你怎么知道他是骗子呢？再说我零钱也不多，也只有五块钱给他。"女儿理直气壮地说："怪不得现在的乞丐越来越多，都是你们太善良了！你是不知道了，现在有专职乞丐，每月挣的钱比你还多呢！他们装出可怜样，专门骗别人的同情心。"妈妈心里一阵难过，尽管这种现象确实存在，但孩子如此冷漠，如此设防，或许以后不容易受骗上当，但连一丁点儿同情心都没有，真让人寒心。

镜头三：在某所寄宿制小学的宿舍里，两个男同学正在打架。人高马大的一个学生对另一个身材瘦小的学生拳打脚踢，而当时宿舍里的其他同学没有一个人上前劝阻。不仅如此，周围几个寝室的孩子都纷纷倚在门口看热闹。闻讯赶来的宿管老师发现并及时制止了这起打架事件，可向在场的其他同学了解情况时，孩子们的话却让老师一阵心寒。老师问他们，当时都在干什么，为什么没有人阻止，也没有人通知老师。而他们的回答是："我在玩游戏呢，戴着耳机没听见。""我在上铺看小说，没注意他们在打架。""我在发短信，刚想叫他们别打了，你们就来了。"

镜头四：5·12汶川地震发生后，一位爸爸每天都在报纸和电视上关注四川灾情。可让他没有想到的是，一向懂事的儿子却对这件大事丝毫不关心，不仅很被动地参加学校或社区组织的捐赠活动，而且对地震中种种催人泪下的感人事件嗤之以鼻。在家里更是不让爸爸看新闻报道，雷打不动地坚持要看动画片。爸爸突然意识到：儿子太冷漠了。

为什么孩子们如此冷漠？这种冷漠像传染病一样，不仅仅局限在个别孩子身上，而且广泛存在于各年龄段的孩子当中。我们不可否认，小学阶段的孩子判断是非的能力还不强，容易受到外界的支配，不善于控制和调节自己的情感，所以在很多事情上比较被动；而父母完全寄希望于学校教育却忽视了家庭对子女的教育，对孩子呵护溺爱，对他们的要求百依百顺，导致了孩子心里只有自己而没有别人，不懂得关爱他人，更没有感同身受的理解和包容。

如果孩子对外界的反应持有冷漠的心态，会使他失去必要的同情心。缺乏起码同情心的孩子不可能产生对美好的真切体验和向往，会对周围的事物产生怀疑态度甚至是敌视情绪。表面冷漠而对外界过于防范，不仅使孩子容易变得孤僻，还会使孩子失去追求幸福和快乐的勇气。所以，父母要注意对孩子进行正确的引导。

◎父母对孩子表达爱意要考虑孩子的需要和感受。

父母往往是最先发现并感受到孩子的冷漠态度或行为的。不少父母反映，自己每天辛苦地为孩子做事，从日常生活的饮食起居到学习辅导、兴趣培养等，都给了孩子无微不至的关心。可孩子却对父母所做的一切毫不领情，不仅不心存感激，反而十分冷漠甚至反感。父母忍不住抱怨孩子不体谅父母的辛苦，而孩子却不耐烦地说："是你自己愿意做的，又不是我让你做的。"

每一位父母都为了孩子付出太多，但我们是否反思过：自己所做的是孩子真正需要的吗？妈妈辛辛苦苦地为孩子选了一套学习桌，可孩子对颜色和造型都不喜欢，妈妈认为自己出钱又出力为了孩子着想，而孩子认为妈妈没有带自己一起去选自己满意的款式，于是就产生了亲子矛盾。生活中不少亲子矛盾都是由一个小小的事件引发的，父母的一片好心得不到孩子理解，孩子的诉求得不到父母的尊重。所以，父母要明白，仅仅爱孩子是不够的，还要把爱以适当的方式传递给孩子，要考虑孩子的需要和感受，使孩子内心真正感受到父母的爱。只有从孩子的内心需要出发的爱，孩子才会发自内心地对父母表示感激。

◎激励孩子但更要让孩子学会承担责任。

父母要尽量取消孩子在家庭里的特殊地位。在日常生活中，尽量不给孩子特殊的待遇，让孩子知道，其他成员和自己一样，大家都是平等的，让孩了逐渐消除自我中心的观念。父母平时不要对孩子的事大包大揽，要让孩子独立地做力所能及的事，教育他勇于承担责任，培养孩子的责任心和抗挫能力。

"没有批评的教育是不负责任的教育"。鼓励和激励是正确的，但如果把鼓励、激励理解为一味的表扬就是有失偏颇的，很容易让孩子骄傲自满，经不起一点儿挫折。所以，对于孩子做错的事，父母也要在尊重孩子的前提下有所批评或惩戒，达到教育的目的。

◎不带功利性地增强情感体验。

由于激烈的竞争环境，父母们在对待孩子的问题上大多数会以是否对学习有用来判断一件事、一本书、一部电影的好坏优劣。我们不妨给孩子一些自由的时间，让他安静地欣赏各类文学作品，带领孩子参加一些公益活动，不带任何功利性地增强孩子的情感体验，使孩子受到潜移默化的影响。

父母可以为孩子创造良好的交流环境，鼓励孩子多与亲戚、邻居、同学交往；让孩子多参与一些有意义的社区服务，使孩子在生活实践中体会合作的快乐，获得更多的情感体验；使孩子在与人交往中对自己有信心，对别人有爱心，逐渐远离冷漠自私的误区。

第3章

性格：让孩子认清自己的性格优劣

小学阶段的孩子，性格特征发展不成熟，性格类型也未形成。家长在对其进行心理教育时，要进行适度的理性引导。

19. 不同的性格有不同的精彩

“我的儿子面容清秀，总有人夸他像韩国明星，可我们却高兴不起来。儿子虽然10岁了，可性格却像个小女孩，平时特别文静不爱表现，也不爱玩其他男孩子喜爱的那种到处奔跑、你追我赶的游戏。平时一般只和一两个要好的朋友一起玩，几乎从不和不太认识的孩子玩，即使有时候玩得好好的有其他孩子加入，他也会直接离开不再参与了。虽然我们也带孩子去过医院，也关注过相关报道，但都说孩子并不是自闭症，也没有精神障碍，只是性格内向罢了。可我们总觉得男孩应该有男孩的样子，我儿子这样发展下去，会不会变成‘同性恋’或是‘伪娘’？会不会和社会格格不入，以后被人欺负？看到他安安静静的样子，真让我们心痛。就这个问题我们一直在讨论一直在教育他，但为什么效果并不是很好呢？性格为什么还是那样？”

许多父母都有过这样的疑问：孩子内向好还是外向好？其实，内向和外向是性格的一个维度，并没有好坏优劣之分。内向的孩子并不是只有胆小、离群等缺点，性格内向的孩子往往比较安静、听话、做事可靠、生活规律、做事严谨；而性格外向的孩子则表现得喜欢交流、适应能力强，但却比内向的孩子更顽皮。很多父母总是希望自己的孩子活泼乐观、喜欢交际、爱说爱笑、能轻松和伙伴打成一片，他们认为只有外向的孩子才能适应社会，将来更有出息。

孩子成长是有个体差异的，外向和内向性格没有好坏之分。任何事物都要一分为二地看待，所以父母不要错误地要求孩子一定要形成外向性格，认为内向的性格对孩子成长不好。只要孩子不是性格古怪、孤僻异常就可以了。人的性格多样，世界才会丰富。

一个男孩生性内向，平时言语不多，他的父亲认为孩子过于安静、纤弱，用了很多方法甚至屡次动用暴力想把他变成一个“真正的男子汉”，可始终未能如愿。男孩的父亲不希望孩子变成娘娘腔，又无力改变孩子的性格，最后对孩子渐渐冷漠。

这个内向的孩子长大以后成了保险公司的职员，每天不得不面对各式各样的顾客、应对各种各样的突发事件，经过一段时间的磨练，他逐渐变得健谈，朋友也多了起来。但是，他仍然喜欢下班后回家独处、对交际应酬缺乏兴趣。虽然每天的工作繁忙，他对思考和写作却十分痴迷，能一个人待在屋里连续写上几十个小时而丝毫不觉疲倦。

这个不被父亲理解、在同事眼中瘦削平凡的年轻人，就是现代派文学的鼻祖卡夫卡。

“世界上没有完全相同的两片树叶”，每个人的长相不同，脾气也不同，每个人的性格更是不一样，性格迥异、个性独特的人使我们的世界丰富多彩。父母对待孩子的一定要慎重，要细心观察孩子的性格是外向还是内向，并且接纳他的性格弱点，引导孩子发挥性格中的积极一面，不要妄图彻底改变孩子的性格。请记住一点：你孩子的性格也许与你的完全不同，但是他也会在生活中获得快乐并且成功，他的生命同样绚丽多彩！

◎如果你有一个内向型的孩子，请参考以下的建议：

1. 父母要为孩子营造开朗的家庭气氛，使孩子在宽松、愉快的成长环境中快乐长大。事实证明，一个家庭成员间充满敌意的家庭是不可能培养出性格开朗的孩子的。如果父母自身性格内向，孩子也会受到影响变得内向。父母的情绪稳定而愉快开朗，孩子必定会在日常生活中耳濡目染，孩子的情绪也会处于愉悦的状态。

2. 对孩子多鼓励，少打击。有的父母见孩子内向，表现得沉默寡言。带孩子出门或有客人登门拜访，孩子的表现远远低于父母的期望，父母就会感到“很没面子”。如果父母把气撒到孩子身上，口无遮拦地说孩子“没出息”，会让孩子的自尊心受到伤害，甚至产生浓重的自卑心理，从而更加封闭自我，不愿意与人交往。所以，父母不要强迫孩子开朗、外向，不要把“主动和别人打招呼”之类的表象当做追求的目标。而要对孩子多鼓励，充分肯定孩子的优点和长处以及不同阶段取得的进步，才能充分提升孩子的表现欲，培养孩子开朗的性格。

3. 内向的孩子一般发言较少，语速较慢，作为父母要尊重孩子的语言习惯，给孩子充足的讲话时间，不能心急地打断他的话，更不能自作聪明地为孩子讲完他准备说的下半段话。这样不仅不能帮助孩子，反而让孩子感到不受重视，会因为着急叙述而出现结巴、语序混乱的现象。性格内向的孩子，他往往不愿与人主动交流，往往口头表达能力相对较差，如果父母平时注重锻炼孩子的语言表达能力，使孩子学会把自己的想法和意愿用清楚、准确的言语进行表达，会逐渐树立起孩子与人交往的信心。父母可以鼓励孩子大声地朗读课本或报纸，并长期坚持，对促进孩子的口头表达有很好的效果。

4. 在日常生活中多和孩子进行交流。可以讲讲最新上映的科幻电影、跟孩子聊聊父母一天的生活、引导孩子说说学校里的见闻，不要对孩子的见解妄加评论，关注孩子的说话过程而不是谈话内容，让孩子渐渐愿意和父母交流，逐渐变得自信、健谈，并慢慢地把这种自信的状态投入到与同龄人、邻居的交流中。

5. 创造条件引导孩子与同龄伙伴接触。性格外向的孩子往往是游戏的焦点，常常化身“孩子王”，指导游戏的进行。而性格内向的孩子往往处于“被领导”地位，他们还常常因为不善交际、不会表达真实想法而被其他孩子排斥在外。所以，我们要多给孩子创造和同龄伙伴接触的机会，使孩子逐渐适应集体游戏，在与其他孩子交往的过程中学到许多父母不能传授的经验和知识，逐步变得合群而自信。

◎如果你有一个外向型的孩子，请参考以下的建议：

1. 性格外向的孩子往往由于反应快、语速快、动作快而给人咄咄逼人的感觉，父母在教育孩子的时候要注重培养孩子学会换位思考，即站在对方的角度思考问题。

2. 性格外向的孩子性格爽朗、倔强，考试不怯场，对事物能直截了当地提出自己的想法，遇到问题敢于向别人请教，这些都是对学习十分有利的性格特点。但是，孩子会认为自己“一学就会，一点就通”而在对待问题时往往不求甚解，即便请教别人也不认真倾听，往往别人的话还没说完，他就觉得自己已经懂了。父母要培养孩子养成好学深思的习惯，不要“半壶水响叮当”，防止遇到问题马上回避或浅尝辄止的不良倾向。

3. 性格外向的孩子看起来好像总是充满朝气、精力充沛，但他们往往缺乏计划性，做事总是凭兴趣或从感情出发，即使制订了计划也难以切实执行。父母要帮助孩子养成什么时间该做什么的习惯，或是协助孩子制订一个他认可并能完成的详细计划，并在具体执行时，监督孩子严格按照计划所规定的进度去做。

4. 父母可以有目的性地为性格外向的孩子选择一些性格较内向的朋友一起玩耍或温习功课，不仅可以有效地提高孩子的学习效率，还能在与人相处的过程中取人性格之长，补己性格之短。

孩子的性格有一定遗传因素，但更多是由后天的环境造就。父母不要片面地认为性格内外向有区别，要看到孩子的长处和优势，其实，哪种性格的孩子都能取得成功。

20. 建立是非观念非常重要

孩子正处于成长期，许多事情都是第一次经历，孩子对行为或语言是对是错难以判断。这就需要父母教他们如何处理，客观地帮孩子分清是非，直接而具体地告诉孩子哪些是对的，要学习、发扬；哪些是错的，要改正、不要模仿。但是，许多父母却在生活中对孩子的是非观念的教育不太重视，而在最佳的教育时期忽视了孩子的需求，甚至有的家长对孩子有意无意地灌输一些错误的是非观念，使孩子变得是非不分，更养成了许多不良习惯，影响到孩子的一生。

一位妈妈到学校接女儿，正领着女儿往外走的时候，女儿突然被从旁边冲出来的男孩撞倒在地。看到女儿摔破的膝盖和手肘，听到女儿痛苦的呻吟，这位妈妈特别生气。可撞人的男孩不仅不道歉，反而冲着女儿做鬼脸。而闻讯赶来的男孩的妈妈一见自己的儿子没吃亏，只是轻描淡写地说了句“对不起”就带着儿子扬长而去。

正在母女俩抱怨时，远远看见事件经过的老师赶来安慰。索性女孩没有大碍，也很大度地说没关系。

没过多久，这位妈妈再次到学校接女儿的时候，听说了那个男孩闯祸的消息。原来他故意伸腿绊倒了同学，致使那个同学手臂骨折，男孩的家长不仅赔礼道歉，还支付一万多元的医药费才把事情了结。

虽然祸是小男孩闯的，但这件事与他父母的教育脱不了关系。从孩子撞倒女孩不主动道歉、男孩的妈妈也态度冷漠的情形看来，男孩的父母不仅没有对孩子灌输正确的道德是非观，还包庇、纵容自己的孩子屡次犯错，才会导致悲剧的发生。如果男孩的父母仍然不吸取教训，下一次男孩犯下的错误或许不是简单地用钱就能解决的了。

生活中，我们经常会听到父母这样教育自己的孩子：

“学校大扫除的时候挑点儿轻松的活儿干，别去扫厕所、抬垃圾，太脏了，更不要去擦玻璃，太危险。”

“晚上放学别跟一楼晒太阳的老太太瞎聊，别吃她给的糖啊！你没看见她皱巴巴的手吗？谁知道干不干净啊！”

如果父母总是这样教育孩子，孩子不但不会有正确的是非观念，而且也很难有责任感。试想，一个在劳动中偷懒、逃避的孩子怎么会有集体荣誉感？一个嫌老人脏的孩子怎么会有同情心？将来怎么孝敬年老体衰、手如树皮的父母？

学龄前和学龄期的孩子正处在黄金教育期，他们受父母的影响巨大，会在父母的言行中潜移默化地受到暗示。如果父母不注重对孩子进行是非观念的培养，总是以错误的行为影响孩子，自然会导致不良后果的出现。

所以，父母对孩子一定要进行正确的是非观的教育，而且还要坚持这项教育，使它一直伴随孩子的成长过程。

教孩子明辨是非需要从生活中的一点一滴做起，而不只是和孩子严肃地讲空洞的大道理。父母要引导和启发孩子去思考和探究事情的对与错、好与坏、美与丑，知道什么是可以做的，什么是不该做的，应该做的就努力去做，不应该做的坚决不做；而不是看他人的脸色行事，以他人的是非为是非。让孩子形成牢固的正确的是非观念和良好的行为习惯。

父母要对孩子的行为举止经常加以规范、纠正，当孩子的行为越过了规范，父母必须理解指出并尽早纠正。对犯下了错误的孩子还要施以一定的惩罚，父母可以自己判断评估一下惩罚的程度，让孩子引以为戒并吸取教训。

在日常生活中，建议父母从以下几方面着手培养孩子的是非观念。

◎具体问题具体分析，客观评判孩子的违规行为。

有时候，孩子的行为可能是模仿性的、非原则性的违规，父母在孩子犯错时不要盲目地判断，更不能主观地下任何结论，要根据实际情况判断孩子的违规行为触及的是道德规范还是社会习俗再作处理。如果孩子的行为违背道德规范，一定要和孩子交谈，让他知道做错的原因并明确指导孩子应该怎么做，而不要以“你自己好好想想”之类的开放性问题来教育孩子。如果孩子的行为有违社会习俗，父母可以多和孩子讨论一些有关社会风俗习惯的知识，并带孩子走出家门，多进行户外的各项活动，增加社会经验和阅历。

◎和孩子讨论道德两难问题。

选择一些道德两难故事，让孩子从不同的角度去思考讨论。比如和孩子一起分析“为了挽救车上孕妇乘客的生命而连闯6个红灯的司机”他的做法是否正确等。逐步让孩子明白，每个人都会遇到两难的问题，而且任何人都会犯错误，没有绝对的好人或坏人。平时还可以鼓励低年级的孩子玩表演游戏或角色扮演游戏，使孩子站在他人的角度思考问题，促进孩子选择能力的提高和发展。

◎鼓励孩子用不同的方式解决问题。

让孩子知道，一件事情是可以用不同的方式解决的，一个游戏也可以有许多不同的玩耍形式。面对同一事件时，要用多种方式进行思考并逐一判断，选择自己认为最适合、最易被大家接受的处理方式。这种锻炼的目的就在于促使孩子在与他切身息息相关的各项活动中多途径思考，增强孩子的思维能力，使孩子在自我否定和确定的过程中通过比较、对比来不断提高判断能力。

21. 过分溺爱孩子会让孩子变得懒惰

最近有这样一则报导：

中国河南省信阳市罗山县有一位23岁的青年叫杨锁，曾是堂兄弟中长得最英俊、最聪明的孩子。因为父母的过分溺爱，致使他懒惰成性，居然活活饿死在自己家中，被当地民众称为“天下第一懒人”。

杨锁是一个神志正常的青年，从小受到父母的百般宠爱。但父母的宠爱实在是过了头。在他8岁时，父母怕他累，就用担子挑着他不让他走路。在家里父母从不让他做任何家务。在他13岁的时候，父亲因肝病去世，母亲包揽了所有事情仍对杨锁呵护备至。即使杨锁想干点什么活也被母亲制止。当母亲年龄渐大不得不依靠儿子时，杨锁连自己都照顾不了，根本就不懂什么是孝顺，甚至一不高兴就打骂母亲。

在杨锁18岁那年，母亲积劳成疾因病去世了。杨锁不得不依靠自己的能力生活。可他从小到大一直被宠惯着，什么也不会，而且特别懒，虽然也打过几份工，但都为期不长。最后不得已只好靠变卖家中的物品和到村里附近人家讨饭吃过活。即使村里人主动给他的肉、菜，他也都挂在屋檐上，一直放臭也不做来吃。

据村里人说，只要能吃到一顿饱饭，杨锁就会一直睡，有时能睡一两天，饿到不行时，再出门讨饭吃。终于有一天，堂兄去给杨锁送饭，结果发现杨锁已经全身僵硬，饿死在家中。

现在，越来越多的父母正在像养大熊猫那样抚养孩子。杨锁的故事虽然是个极端，但很有代表性。这个真实的故事，很典型地告诉了我们，对孩子的溺爱会直接毁了孩子。

在生活中，我们常常看到这样一幕：孩子小的时候想自己穿衣服，父母怕他穿得慢、会感冒，赶紧帮他穿好衣服；妈妈一手帮孩子提着书包，一手拿着早餐，一路小跑跟在孩子后面；母子两人走在路上，儿子的鞋带松了，妈妈赶紧蹲下给儿子系上；儿子穿衣服被卡住的拉链气得直跺脚，妈妈赶紧来帮忙——“哎哟，我来吧”，结果孩子因为妈妈拉拉链时夹到了下巴而对妈妈发火；孩子站在玩具柜台前不走，指着某个玩具说“我就要那个！我非要”，妈妈好说歹说哄不了孩子只好乖乖掏钱购买；孩子对父母送的东西不满意，当着大人的面把东西摔了，父母不但不教育孩子，反而哄孩子“没关系，不喜欢妈妈再给你买”；孩子在家里什么都不做，父母下班回家后不仅得不到孩子的体谅，孩子还会催着妈妈“你怎么那么磨蹭啊，赶紧做饭吃啊”……这难道就是父母们倾心呵护、苦心栽培、寄予厚望的亲生孩子？我们抱怨孩子不懂事、不体谅；心痛于孩子的忤逆，其实这一切都是父母种下的苦果啊！

父母对孩子过分的溺爱使孩子逐渐失去所有的动手机会，而父母一次次“以爱的名义”不让孩子动手，无情剥夺了他的动手权利。久而久之，孩子必定习惯于大人为他安排好一切，父母也心甘情愿地为孩子服务。当有一天父母发现孩子不爱劳动时不爱帮忙时才纳闷：这孩子怎么这么懒！可悲的是懒惰已成为孩子根深蒂固的习惯了。

有调查表明：中国城市小学生每天做家务时间几乎是全世界城市里面最低的。在美国，孩子的日均劳动时间为1.2小时，而中国的孩子还不足12分钟。不要说帮父母分担家务活，就连叠被子、整理书包这些属于孩子自己的事他们也懒得去做。独立生活能力差，没有自信，感觉自己无能，对家庭依赖性强也是顺理成章了。

1992年8月，77名日本孩子和30名中国孩子一起在内蒙古举行了一个草原探险夏令营。在这次活动中，有一些现象值得我们每一个中国人深思。

面对意外，中国的孩子惊慌失措、行动迟缓；日本的孩子沉着冷静、通力合作。

面对细节，中国的孩子一路走一路丢垃圾，而日本孩子则用塑料袋把用过的杂物装好带走。

面对生存能力，又白又胖抄着手啥也不干等着别人野炊的是中国孩子；挽起袖子有条不紊生火做饭的是日本孩子。

面对伤病，中国的孩子立刻求助并返回大本营睡觉，而日本的孩子带病坚持，日本的家长把鼓励留给发烧的孩子就乘车走了。

面对困难路段，中国的孩子索性放弃，中国的家长赶紧帮孩子背行李或立刻把孩子拉上车；而日本孩子坚持自己背包，坚定地走完全部路程。

……

短短一次夏令营就暴露出中国孩子的种种弱点，这不得不令人反思我们的家庭教育。父母对孩子照顾得越周到，孩子越没有责任心，越不知道怎样料理自己的事情。全球在竞争，教育是关键。如果自己的孩子不具备竞争力，无法在社会上立足；如果中国的孩子没有竞争力，中国必定落后。

为了让孩子不再懒惰依赖，我们就不要对孩子溺爱，要从生活细节上注意培养孩子的独立生活能力，要教会孩子的责任感。不管是准备进入幼儿园的学龄前孩子，还是6岁以上的大孩子，父母都要让孩子做力所能及的事，自己能做的事情自己做，让他对自己的事情负责。

一个上小学四年级的女孩，每天早晨总是妈妈进来催爸爸又站在门口喊，可女孩总是对爸爸妈妈的催促特别厌烦，嘟囔着：“你们烦死了，让我再睡一会儿。”一旦迟到了，她又会抱怨父母不早点儿叫她。等爸爸妈妈见时间来不及了真去拽她了，她又气急败坏地埋怨父母。

爸爸见女儿这样子，决心换个办法，他为女儿买了一款卡通闹钟，并严肃地对女儿说："上学是你自己的事情。从今天起，你临睡前要自己调好闹钟，明天闹钟响了你就要起来。如果你还赖被窝，迟到了我们也不会专程送你去。总之，一切责任自负！"

果然，女儿很喜欢那个闹钟，而且当天晚上就迫不及待地调好了闹钟。第二天早上闹钟一响，女儿就腾地跳下床来。从那天起，女儿早晨起床再也不用爸爸妈妈轮流催了。

希望父母们都向这位爸爸学习，对待孩子自己的事情不要心慈手软，过于包办；要让孩子明确自己的责任和义务，让孩子对自己负责，摒弃依赖思想，变得勤劳、勤奋。

22. 优柔寡断会消磨孩子的快乐感

《韩非子·亡征》中说："缓心而无成，柔茹而寡断，好恶无决，而无所定立者，可亡也。"这句话的意思就是行事迟疑而无法成事，性格懦弱而没什么决断，不能决断怎么样做才好，做不好，（如果一个国家的国君有这样的性格）是要败亡的。

有一个寓言故事能够让我们真切地感受到优柔寡断的危害。

一头毛驴肚子很饿，虽然在毛驴的左右两边各放有一堆青草。可毛驴却在这两堆青草之间犯了难：这堆草比那堆草更干净，可那堆草看起来更鲜嫩，是先吃这一堆，还是先吃那一堆？就这个问题，毛驴一直想来想去，犹豫不决，最后终于饿死了。

我们身边存在许多这样优柔寡断的人，他们往往不敢坚持自己的意见，不愿意表明自己的态度，总是很在意别人的看法，显得信心不足。他们对自我认识不足，不愿冒险、不愿尝试新的东西，生怕小的闪失会损害自己的形象，担心自己无法承担丝毫差错造成的责任，总是希望自己在别人眼中是完美的。也就是说，一个自卑的人总是渴望完美，却又没有坚定的信念与行动力去实现自己的愿望。这样遇事反复，犹豫不决，总是拿不定主意，会直接影响了一个人的选择能力。从而无法直面人生中遇到的各种各样的选择，常常由于自己的犹豫而错失良机，更会因为优柔寡断而失去成就感与快乐感，体会不到自信与抉择带来的喜悦和成就感。

9岁的悦悦是个优柔寡断的女孩儿，她常常因为早上戴哪种头饰、穿哪双鞋子纠结很久；常常为买果冻还是酸奶在超市里停滞不前；也常常因为考虑去动物园还是木偶剧场和父母闹别扭。悦悦的父母提起孩子优柔寡断的性格，气就不打一处来。认为悦悦既然拿不定主意就听大人的好了，可偏偏悦悦还很执拗，父母见她不能做决定就帮她决定，却常常惹得悦悦发脾气。

其实，悦悦的优柔寡断正是父母造成的。她的父母平时对孩子过于保护，往往出于“好心”一味地包办代替或过多干涉孩子的事情，使悦悦产生了很强的依赖性，几乎没有独立做事的经验，渐渐地就养成了优柔寡断的性格。而悦悦从心里却又不希望由父母对自己事事做主，想拿主意可又怕出错了父母不满意。这种“想赢却又怕输”的想法折磨着悦悦，让她既不愿意服从父母的安排，又无法依靠自己独立处理事情，所以常常自己拿不定主意又对父母的安排十分抵触。

悦悦的这种优柔寡断很常见，而有些孩子是因为父母对他的要求过分严格，期望过高，而孩子即使十分努力也不能达到父母的高标准。这不仅让孩子常常接受失败的打击和痛苦，还要忍受父母的批评和责备，使孩子逐渐变得不自信，害怕做错事而拿不定主意。

造成优柔寡断性格的因素有很多，除了以上两种情况之外，还因为孩子缺乏必要的经验和了解，对一件事情“吃不透、摸不准”而拿不定主意；还有的是因为吃过某方面的亏，再遇到类似的情境，就产生了“一朝被蛇咬，十年怕井绳”的消极反应而踌躇不定。不管怎样，无论出于何种因素造成的优柔寡断都将对孩子的一生产生不良影响。

孩子做事不会天生就果断，父母要反省自己在教育孩子的过程中是不是过于包办代替？是不是对孩子的表现赞许少而批评多？是不是太过在意孩子所作所为的结果而不是他努力的过程？如果从源头上改变了使孩子拿不定主意的诱因，会让孩子逐渐减轻内心的压力，变得自信开朗，敢于对自己的行为负责。

我们已经深知优柔寡断带来的消极影响，明白从父母自身进行改变。那么，我们该如何对孩子已经形成的优柔寡断、犹豫不决的性格进行矫正呢？这样的性格不是一天两天形成的，要想改变也不是一朝一夕的事，但看到了问题，总要想办法解决，解决总比任其发展要积极得多。

◎站在孩子的角度思考问题。

父母要知道，孩子进入小学之后无论从身体素质还是智力发育等方面都比学龄前有了更大的发展，自我意识更为强烈，在处理事情、与人交往等方面比学龄前更为趋于成熟。父母要把孩子当作一个独立的人来对待，而不仅仅是孩子。要站在他的角度思考问题，充分考虑孩子的实际情况和需要，尊重孩子的意见、给孩子表达自己感受的机会。不要对孩子的能力放心不下甚至有所怀疑，而在孩子不需要帮助的时候插手相助。在看到孩子出现犹豫不决、举棋不定的表现时，父母要耐心地多引导、多询问，而不是直接指示孩子应该做什么，不能做什么。要鼓励孩子当断则断，不要盲目追求完美，让孩子懂得，凡事能有七、八分的把握，就应该下决心去处理。父母要给孩子更多的时间战胜优柔寡断的心理，更多的鼓励他逐渐形成果断的性格，相信孩子最终会独立自主并且富有主见。

◎放手让孩子做力所能及的事，帮助孩子摆脱依赖心理。

诚然，遇到事情征求他人的意见，不盲目、不自大，虚心向别人求教，借助他人的智慧帮自己做出正确的决策，这是值得鼓励和提倡的。对小学阶段的孩子而言，父母不仅要让孩子学会“遇到困难不退却、难度太大求帮助”的习惯，更要逐渐退出“拐杖”的角色，使孩子对父母的依赖性逐步减弱，最终依靠自己的思考和力量对事件做出判断和抉择。

当孩子遇到问题的时候，要鼓励孩子勇敢面对，依靠自己的努力尝试解决问题。父母要从让孩子独立完成简单的委托任务开始，放手让孩子做力所能及的事，并且尽量不插手，让孩子有足够的时间思考并尝试，在尝试中发现并肯定自己的能力。当孩子有了经验和信心认为自己有能力去做好某件事时，就会果断地全身心地投入并付出努力。

当孩子无法解决问题时，鼓励孩子积极向别人求助。不要独自承受压力，更不能因为羞怯、顾面子而打肿脸充胖子不向别人求助。当孩子向父母征询主意时，父母不要马上告诉孩子该怎么做，而是要引导和鼓励他说出自己的想法和意见。哪怕孩子的设想和意见并不可行或没有多少价值，也要先予以鼓励，再协助孩子认识到设想的缺陷并逐步完善，积极投入到问题的处理解决当中。让孩子感到，这个决定是自己做出的，这件事是自己完成的，父母并没有为自己出面处理而只是点拨了一番罢了。孩子可以通过自主判断逐渐具有自信、自强、自立的勇气和信心，久而久之，就会形成果敢的性格，不再优柔寡断了。

当然，对于比较难做的事情，光靠父母的语言指导显然于事无补。所以父母不妨和孩子一起应对，教孩子逐步学会一些克服困难的具体方法和技巧，使孩子逐渐积累成功经验，并灵活运用于今后的独立处事当中，更能增强自信，做事果断。

23. 反叛的孩子并不是“坏孩子”

不少父母抱怨，自己的孩子好像越大越难管，越来越不听话了。随着孩子年龄的增长，我们发现孩子们喜欢和我们顶嘴，你说东他往西；天气凉，你让他穿长袖，他偏要穿短袖；父母亲说他的时候，他会说“你们真烦”……在孩子身上，不知从何时起滋生了让许多父母难以接受的“不良行为”。

其实，绝大多数在父母眼中看起来“坏”的孩子并不是真的坏，只不过是孩子的行为不符合父母的期望与目标罢了。孩子进入小学阶段，不再像学龄前时期那样对父母的话言听计从，他们逐渐会把自己的想法直接表明，甚至反驳父母为他做的各种违背他意愿的决定，这就让父母感到很难受，觉得不可理喻：为什么孩子突然不乖、不听话了？孩子以前可不是这样的啊！

这种“不乖”和“不听话”在父母看来就是叛逆，这是大部分父母都面临的“坏孩子”的问题。但是，无论是从生理还是成因发展来讲，叛逆并不能算做坏孩子的一种表现，更不是判断一个孩子是好是坏的评判标准。

我们每个人几乎都有过有意违背父母意愿的行为，这种行为就是叛逆心理的作用力，更是青少年成长过程中经常会出现的一种心理状态；是孩子进入学龄期阶段的一个突出的心理特点；是孩子逐渐走向成熟的必经之路；也是一种心灵的自我完善过程。

6～12岁学龄期孩子正处于心理的“过渡期”，思维方式也由学龄前时期的形象思维转变为抽象思维并逐渐成熟、稳定。在这一年龄段的诸多变化中，有一个特殊变化要引起父母们注意，那就是孩子的独立意识和自我意识日益增强，迫切希望摆脱父母的监护。孩子不再乖乖地听凭大人们摆布，更反对大人把自己再当“小孩”看待，而常常以“我长大了，不要你们管”来回应父母的指示和教育，试图以成人自居来获得内心的满足感。

为了表现自己的“成熟”，他们会对任何事物持批判的态度，迫切希望靠自己的力量和判断来控制独立自由的生活。但是，由于他们在经济上依旧需要依附于父母，迫使孩子必须出于生存的本能继续安稳在家庭里，即使心里有一百个不乐意也不会真正地脱离家庭追寻自由。这与12～15岁初中阶段孩子的叛逆心理截然不同，不会像初中孩子那样认为自己“已经长大，羽翼已丰”，可以不需要父母的经济支持就能自己打拼一片天空而离家出走。

不管是学龄阶段还是初中阶段，叛逆都是每个孩子心理发展的一个必然结果。虽然，叛逆心理从严格意义上讲并不是一种非健康的心理，但是当它反应强烈时却是一种反常的心理，也会给孩子自己和家庭带来许多不良甚至消极的影响。如果不及时加以矫正，继续发展下去必然会对孩子的成长非常不利。

父母要认识到，叛逆是孩子心理发展变化到一定阶段的自然结果。但是，多多少少也与家庭教育有着直接关系。亲子关系融洽的家庭，能够给孩子足够的耐心和包容，孩子会比较平稳、积极地度过叛逆期；而亲子之间缺乏正常交流、父母对孩子的教育太过苛刻等，都会激化叛逆期孩子的矛盾心理，使孩子越来越偏离正常轨道，变得不近人情、和亲人疏离、出现厌学甚至厌世情绪，进入初中阶段更加我行我素，容易使孩子在缺乏引导和教育的情况下误入歧途。

在每个孩子的成长过程中，都会经历这个阶段。那么，对于父母来说，该如何与叛逆的孩子相处，如何引导孩子积极健康地生活？

◎了解孩子的身心变化，学会走进孩子的内心。

父母要尽早了解孩子在小学阶段出现的生理和心理的变化，明白孩子的这些变化并不是什么原则性的问题，要学会体谅孩子，站在孩子的角度和立场用他们的眼光看待并思考问题，坦然地接受孩子的变化。比如，看到孩子的兴趣影响了学习，不要立即毫不留情地禁止，而要尝试走进孩子的内心，和孩子一起了解他的兴趣爱好看，从旁提醒他什么是该学的，什么是不该学的，让孩子逐渐认识到自己的兴趣受到了父母的尊重，但自己也要像个大人一样学会分清主次，能够控制欲望。如果父母能试着多了解孩子的想法，与孩子和谐相处，更容易走进孩子的内心世界，孩子当然就不需要叛逆来达到自己的目的了。

◎如果父母对孩子的反叛行为很反感，批评教育也要讲方法。

当父母对孩子的反叛行为很反感，不能接受孩子的行为时，要批评孩子，这是无容置疑的，但批评教育也要讲究方法。不能在气头上批评孩子，更不要责骂孩子是“傻瓜”“笨蛋”，要在事情发生后立刻具体指出孩子做错了什么，还要明确地告诉孩子，他们的行为带给父母怎样的感受，会对别人造成怎样的麻烦和伤害。对孩子遇到的学习、技能、生活或交际方面的困难，要及时予以帮助，并关切地提示，让孩子感到自己能够做好而努力去做。孩子从完成任务中得到满足，才能增强自信心，从而减少与父母的对立情绪。

孩子并非天生就是一个不听话、爱捣乱的人，他们并非真的想处处和父母作对，父母必须要明白：叛逆不等于坏，叛逆的孩子也不一定就是坏孩子。父母千万不要因为孩子的顽皮、好动、顶撞甚至“出格”的举动就给他贴上“坏孩子”的标签，使他自觉不自觉地趋同于被父母划定的类别，限制了他们心理的自然成长。要正确对待孩子的叛逆，不随意给孩子的性格和行为特点下结论，而要引导孩子往好的方向发展，不断强化“好”的行为，促使他们向积极的方向发展。

24. 孤僻的孩子需要更多的关心

聪明漂亮的小惠做事认真、学习成绩很好，是父母眼中的乖孩子，是老师眼里的好学生，是同学心目中的榜样。可是，从小学四年级起，小惠的成绩开始不断下降了，人也瘦了，也不像以前那样爱说爱闹了，常常一个人在座位上发呆。老师很担心小惠，常常和小惠聊天。

通过几次谈话，老师了解到小惠的急剧变化是由于家里发生的变故。从小惠二年级开始，父母就经常吵架，最近一段时间，父母离婚了。妈妈很快就出国了，与小惠爸爸断绝了一切来往。从此，小惠的生活中只有爸爸和奶奶。

由于爸爸工作忙，经常出差，小惠的饮食起居、日常生活基本都是和奶奶在一起。奶奶既心疼早出晚归、奔波在外的儿子，又心疼乖巧可爱的孙女没妈疼，就经常把对小惠妈妈的怨气一遍又一遍地说给小惠听。毕竟小惠对亲生母亲的爱很强烈，但奶奶的唠叨与愤懑使没了母爱又缺乏父爱的小惠越来越沉默、越来越顾影自怜。

看到别的孩子都有父母来接送，还不时炫耀父母送的生日礼物，而自己成绩那么好，却连生日都不能奢望爸爸能赶回来参加，小惠觉得很不公平。渐渐地，小惠上课也不专心听讲，成绩一落千丈。更不愿意和同学玩，常常像个透明人似的一个人默默地出现在教室或操场。

父母经常争吵乃至离异使小惠得不到应有的关怀和培养，心灵受到创伤的小惠因此变得沉默寡言、闷闷不乐，从而养成了孤僻的性格。父母要知道，孩子性格孤僻有些并不是与生俱来的，一定是事出有因，如果找到了“因”，我们就要尽早对症下药，使孩子走出自我封闭的阴影。

◎良好的家庭氛围非常重要。

俗话说“一把钥匙开一把锁”，我们要走进孩子的内心深处，就要具体问题具体分析，根据孩子的不同表现和不同情况或从客观上创造条件，帮助孩子提高心理适应能力。性格孤僻的孩子在情感方面一般比较敏感多疑，所以更需要父母的关怀和爱护。父母不能只把眼光盯在孩子的学习成绩上，而忽略了孩子的身心健康，更要了解孩子想些什么、关心些什么，找到与孩子的共同话题，和孩子多沟通、多交流。父母要尽量为孩子创造一个和睦、融洽、民主的家庭，让孩子真正感到自己是家庭中的重要一员，让孩子感受到家庭的温暖和欢乐。

除了放低姿态和孩子倾心交流，走进孩子的内心，作为孩子的第一位启蒙老师的家长要以身作则，在言行、人际交往等各方面都要给孩子树立一个良好的榜样，这也就是所谓的“近朱者赤、近墨者黑”。如果父母都是性格孤僻、自我封闭的人，孩子也会受到感染，形成孤僻的性格。

◎对孩子多鼓励、少批评。

对孩子多鼓励、少批评已经是当今教育界认可的积极教育方式，可以使孩子自信、开朗。如果父母经常随意批评，甚至训斥孩子，会使孩子的自尊心和自信心受到打击和伤害，孩子会不断受到“我没用”“我很笨”的心理暗示，逐渐自我否定，形成自卑孤僻的性格。所以，父母的评价要以肯定为主，注意评价的态度和表情，用点头、拍肩等行为使孩子感受到父母的鼓励。

◎扩大孩子的生活空间。

不少独生子女都受到家庭的“严密”保护，与外界接触很少，渐渐地会变得孤僻。父母要鼓励孩子多和同龄伙伴玩耍，创造机会让孩子在安全的前提下串门。父母可以经常带孩子去公园、儿童乐园、动物园或是出门旅游，逐渐通过扩大生活空间、开拓视野，减少孩子对不同人、不同情境的陌生感，增强孩子的交往需要与兴趣，使孩子逐渐变得活泼、开朗、大方。

◎通过运动增强体质。

如果孩子的体质弱，在参加集体活动时就会力不从心，缺乏耐力和毅力，常常不能像其他孩子那样跑跳，往往成为“拖后腿”的人，容易被同伴排斥，受到奚落或蔑视。孩子会感到受到冷落，逐渐用孤僻来保护自己。父母应当督促孩子循序渐进地进行一些体育锻炼，增加孩子的运动量，增强孩子的体质，使孩子能够游刃有余地参加各种集体活动、体育活动或同伴间的游戏。

25. 用冷漠对待孩子的娇气

作为父母我们能够明显地感觉到，现在的孩子跟我们小时候比起来太娇气了。一方面是因为现在家庭中都只有一个孩子，我们太娇惯了孩子；另一方面是现在生活条件好了，我们也不愿意让孩子吃苦，所以孩子就养成了很多不好的习惯。

我们普遍认为，娇气的孩子就是摔倒了会哭、不顺心了会哭、委屈了会哭，爱哭是娇气的表现。然而，在生活中，娇气的孩子不仅仅表现为爱哭，更在生活上、学习上的很多细节中显得没耐心、遇挫无力招架、经不起批评等。比如，有的孩子吃东西挑三拣四，对爱吃的不节制，对不爱吃的看都不看一眼；看上什么东西非要父母购买，做事情由着性子来；自己的事情即使会做也不愿动手，对近在咫尺的东西指使父母帮拿；让父母削铅笔、包书皮、整理书包、文具；遇到困难动不动就发脾气；作业没做好、考试考砸了就怨父母没给自己复习好；在家里不愿劳动，在学校里劳动也是脏活累活重活干不了，干些轻活也无精打采做不好……娇气孩子的种种表现真让父母头疼。

从心理学意义上说，娇气指的是一贯怕吃苦、怕困难，遇到令人不舒适和困难的场合就情绪低落、止步不前的特性。

孩子年幼稚嫩，需要大人照顾、保护，学龄前孩子存在娇气的现象是可以理解的，0 ~ 6 岁的孩子向大人撒点娇、要点赖不仅不是什么错误，反而还会让大人感受到天伦之乐，孩子的娇憨之态更会使祖辈们的幸福感增加，让老人们欣慰于自己的生命得以延续。但是，凡事都有度，如果孩子娇过了头，进入学龄阶段依然存在过于娇气的毛病，就会影响孩子的健康成长。

现代家庭独生子女居多，孩子过于娇气是一种普遍现象，家里的父辈、祖辈对孩子过于疼爱、娇惯：以“孩子还小”为理由对孩子百般宠爱；以“孩子还不懂事”为借口无限制地宽容孩子的一切过错。久而久之，孩子就养成了“骄娇二气”，变得自私自大又娇气。

◎“治娇”要统一认识，更要趁早。

要想给孩子“治娇”，家庭成员要先统一认识，认清娇惯孩子会带来恶果，更会影响家庭幸福和睦。不要出现父母让孩子自己动手剥鸡蛋而爷爷奶奶赶紧插手帮忙的情况。这样不仅不能使孩子远离娇气，更会助长孩子的娇气，还会让孩子对父母产生敌对情绪而对爷爷奶奶撒娇讨好，这样的关系显然不利于健康的家庭教育。

不要在孩子六七岁已经进入学龄阶段还以“孩子还小”作为娇惯孩子的借口，这是没有好处的。要明白，随着孩子年龄的增长，娇气渐渐会变成一种根深蒂固的惯性，要使孩子的娇气逐渐减弱而变得意志坚强，就会越来越困难。一般来说，小学中年级以后，就应把娇气完全彻底地克服掉。

◎别给孩子创造过于舒适的环境。

现在的父母乃至祖辈都认为自己小时候没有稳定安逸的童年，一定要在自己的孩子、儿孙身上加以弥补，这种想法对孩子的身心发展是不好的。不仅让孩子吃成了“小胖子”、养成了“娇娇女”，还让孩子不懂得珍惜、更不知感恩。所以，不要给孩子创造过于舒适的环境。

有一个女孩家里条件很好，但她整个小学阶段只用了两个书包，都是很普通的，铅笔盒也只换过一次。平时父母给她零用钱，她从不乱花，反而在爸爸妈妈、爷爷奶奶过生日时给他们买礼物。

这样的孩子怎么培养出来的？当然是靠家庭教育，因为在这一点上，相同的学校教育，为什么只有她能做到？所以，从孩子很小的时候起，给孩子买吃的，穿的，用的，不要追求高档；营养充足，美观大方，科学实用，才是正确的标准。

◎别对孩子“心太软”。

有的父母一见孩子遇到了困难就赶紧帮忙，甚至立刻包办代替，这在很大程度上助长了孩子的娇气。父母“心太软”是孩子改正娇气毛病的最大一块绊脚石。有一个妈妈总是说自己的女儿太娇气，可是每次孩子一撒娇，或是一流眼泪，她就心软了，每次都是被孩子牵着鼻子走。这样的教育怎么可能有效果？

所以，父母不要对孩子百依百顺，在孩子遇到困难时不要急于帮忙，哪怕孩子大哭大闹，也不要急于去哄，应该鼓励他自己独立地克服困难。如果孩子遇到的困难确实比较棘手，父母可以用引导、指导的方式协助孩子完成，而不要全权负责到底。

由于娇气的孩子在家务劳动的抗拒上表现明显，父母更不能心软。要制造机会让孩子参与家务劳动，鼓励孩子坚持干好、干完，对孩子的成果多加肯定。往往孩子的劲头一过就会恢复原样，这时候父母要跟孩子一块干，比如进行家庭大扫除、全家包饺子等。让孩子通过一定努力获得成功，逐渐感受到劳动带来的满足感并渐渐爱上劳动。

俗话说：惯子如杀子！天下的父母，为了孩子的将来，还是早些放开孩子的手脚，让孩子在坎坷中获得自信、在困难中找到信心，健康快乐地成长吧！

26. 善待孩子的敏感多疑

有一位母亲说自己7岁的儿子特别敏感，常常担心父母不要他了。不仅总想和父母形影不离，还经常刻意讨好父母。见到妈妈由于累或烦不想说话就想方设法哄妈妈开心；看到爸爸因为工作的事眉头紧锁就特别乖巧地安安静静地做自己的事，尽量不吵到爸爸，生怕爸爸觉得厌烦。父母觉得孩子很体贴大人，但却能明显感觉到孩子的惶恐和不安，觉得孩子的体贴和讨好更多是出于害怕父母不爱他的主观想法。渐渐的，父母有什么事都不敢跟孩子讲，生怕孩子想多了。妈妈说不想让儿子这么敏感，可不知道该怎么做才好。

敏感的孩子善于观察，情感丰富，心理脆弱，敏感的孩子往往多疑，别人的一个眼神、一句无意的话、一个不经意的动作都能触动他的神经，认为对方是针对他一个人，使他感到不开心。对于敏感多疑的孩子，父母要用加倍的耐心给予他更多的关心和爱护。

琪琪和爸爸妈妈一起看电视的时候，看到有一个女孩遭到了父母的遗弃。爸爸叹息说："这个女孩多可怜啊！"没等妈妈开口，琪琪抢先问："爸爸，你会不会也不要我呢？"问得爸爸妈妈都傻眼了，爸爸赶快说："你是我们家宝贝，又那么可爱，我们怎么可能不要你呢？"琪琪听了爸爸的话，才放下心继续看电视。

琪琪是个敏感的孩子，这一点妈妈早就发现了。平时不管爸爸妈妈表扬哪个孩子，她都先联想到自己。比如有时遇到楼上的小朋友妈妈夸她好漂亮，琪琪立马就说："那就是说明我长的不好呗！"

别看孩子还小，但是他已经会察言观色了。很多孩子的敏感都是因为自尊心太强，希望自己得到他人的认可，特别是希望得到父母的肯定和关爱。比如琪琪担心父母不要自己，担心自己做得不好，父母不再喜欢自己。所以，对于个性敏感的孩子，父母首先要做的，就是用肯定的语气和眼神明确告诉孩子："爸爸妈妈永远爱你"。这会让孩子有安全感，心理压力得到有效缓解。

对于敏感多疑的孩子，父母要从以下几方面来引导孩子渐渐走出误区，敞开心扉，健康、快乐地生活。

◎学会接纳孩子的敏感多疑。

孩子表现出的敏感多疑和先天气质以及后天生活环境的影响息息相关，他在人们面前会感到不安，会把他人的批评理解成伤害，会自觉地把别人无关紧要的话语影射到自己身上，也会多一些细节的斤斤计较和挑剔。父母要学会接纳孩子的敏感多疑，理解孩子的不安和焦虑，能够清楚地认识到：孩子的敏感多疑并不一定是坏事，从另一方面来讲，正说明了孩子对外界的警惕性很高，能够帮助孩子有效地进行自我保护。

如果我们一味地把孩子的敏感多疑视为缺陷、弱点，对孩子的努力不及时鼓励反而批评，会使孩子感到十分沮丧，对自己的所有努力进行自我否定。比如，孩子独立完成了作业，我们不仅不表扬而是盯着瑕疵不放，立刻指出"你看，你写的这个字没有在'田字格'的正确位置，重写一遍！"这样的话语会直接浇灭孩子的学习热情，让孩子感到非常难过。所以，父母要对孩子多鼓励多赞扬，努力发掘孩子身上的闪光点，多给予积极的评价，慢慢激发培养孩子的自尊心，让孩子体会到来自父母的关爱和成就感。

当孩子的敏感导致情绪不好时，父母需要做的不仅仅是劝慰，更需要默默地抱着他，拥抱和抚摸会让他感觉到来自父母的支持；选一些勇敢孩子的故事给他听，培养孩子勇于面对的自信意识；有意识的让孩子帮助你做一些事情，鼓励他和亲朋好友的交往。随着孩子对自己的能力不断肯定，孩子会慢慢转变自己的态度，安全感会不断增强的。

◎父母要注意自己的言行，控制自己的情绪。

个性敏感的孩子一般都心思细腻，对周围环境事物的观察力很强，很在乎别人的看法与评价。如果平时父母对孩子的做错的事情加以指责而不注意用语，可能父母没觉得什么，而作为听者的孩子却会敏感地认为：我是不是很笨？我真的像爸爸妈妈说的那么没用吗？爸爸妈妈是不是不喜欢我了？有的父母当着孩子的面对别人说：“我真不知道养他有什么用，有事就知道哭。”或者说孩子“真小气!”“真没用!”“自私鬼!”父母不经意的一句话，对成年人来说算不了什么，可是对那些生性敏感的孩子而言就有可能会造成深深的伤害。慢慢的，孩子会怀疑自己的能力，觉得不受父母重视，自信心受到影响，为人处事退缩、抵触。父母无意的一句气话伤了孩子的心，在孩子的心里产生了难以消除的阴影，必定影响孩子的健康发展，更会潜移默化地影响孩子一生的人际关系发展。

由于孩子对外界极为敏感，所以极易被大人的紧张、焦虑、忧郁、愤怒等情绪影响。比如，有的孩子骑车时摔倒了，大人表现得特别夸张，大喊大叫老远就冲过去，赶紧抱起孩子特别着急地翻看孩子的胳膊腿，紧张地询问孩子有没有摔疼，甚至没等孩子哭，大人先心疼地哭了。这样做肯定会加重孩子的敏感程度，使孩子觉得自己摔跤是一件特大特严重的事。父母夸张的言语和动作表现出来的格外关心从某种程度上让孩子感到更恐惧，生性敏感的孩子看着焦急的父母会想：“天啊，我妈妈怎么这么难过啊，我一定伤得很重……”所以我们会在游乐场所看到，一些七八岁乃至更大的孩子在磕磕碰碰之后哭得梨花带雨被父母抱在怀里安慰。

所以，父母要注意自己的言行，当孩子做错事时不要大声责骂孩子，也不要因怕她哭而不予批评，要清楚明白地指出孩子的错误。在教育孩子的过程中父母要放松，要控制好自己的情绪，留心观察孩子的感情流露，注意引导孩子树立自信心。如果父母流露出失望的情绪，最好立即对孩子进行简单的解释，免得孩子不断地猜想，加重敏感情绪。

27. 自私的人谁都不喜欢

自私是一种近似本能的欲望。具有自私心理的人一般以自我为中心，只顾及自己的利益而不关心别人。据科学家调查研究发现，当今社会多数儿童都或多或少存有自私心理。

在我国，现在的孩子多数是独生子女，家里的一切事务都以他为中心，从出生起就被父辈、祖辈们呵护备至。在他的心里只有他自己，没有别人。一个个变成了家里的“小皇帝”“小公主”，久而久之就养成了自私自利的性格。

“自私”作为当前独生子女中普遍存在的问题，同孩子从小生活的家庭环境密切相关。独生子女没有兄弟姐妹，是祖辈们的“命根子”，自然集全部宠爱于一身。而父母的教育方法不当，对孩子的过度照顾、过度迁就，更使孩子逐渐养成了娇生惯养，以自我为中心的习惯。不仅自私冷漠，还会做出损人利己的事，对自己、父母或整个家庭乃至将来对社会都有很大的危害。

如果孩子变得自私，就会对个人的胜败得失斤斤计较，把过多的精力和时间投入到各种算计之中，很难把目光投向远大的人生目标。而且，太过注重得失就会消磨孩子的意志，使孩子纠结于一些暂时的、微小的挫折或失败当中，对自己的能力持怀疑态度，对自己的未来失去信心，甚至以消极的心态面对生活，这样的孩子自然不会有大的作为。

如果孩子变得自私，就不愿意与同学、朋友分享，不会主动在别人有困难的时候伸出援手，自然也得不到别人的鼎力相助。我们不难看到，一些自私的孩子在学校里往往比较容易被其他同学孤立，得不到关心和爱护，同学和朋友可能因为他过于自私而疏远他、看不起他甚至还会敌视他、捉弄他。这会让孩子感到压抑，在被人嘲弄的包围圈里感受不到学习和生活的乐趣。

孩子自私，最难过的无非是孩子的父母。因为自私的孩子对父母也是自私的。他们只顾自己，毫不理会也不知道体谅父母的艰辛，更不懂得什么是“感恩”“孝顺”。现实生活已经成家，却仍然算计父母的人不在少数。不少父母每每看到电视上家庭调解的节目就会唏嘘不已，深感同情的同时也很无奈，通过别人的事例反观自己的家庭教育，才蓦然发现自己的孩子也那样。是谁造就了孩子的自私和不孝？说到底，父母有重大责任。

自私的人谁都不喜欢，每一位父母都不希望自己的孩子长大后是一个自私自利的人，如果自己的孩子有了自私的苗头，或是已经变得自私自利了，父母该如何对孩子进行纠正、引导呢？

◎父母以身作则，为孩子树立榜样。

孔子说：“其身正，不令而行；其身不正，虽令不从。”父母的一言一行，一举一动，都在潜移默化地影响着孩子。作为孩子的第一任老师，父母在生活中要起到表率作用，以身作则，大公无私，不能见利忘义。如果父母在买菜的时候趁菜农不注意多拿了几根黄瓜；或是无意捡到别人的钱包顺手揣自己兜里；为了一点儿钱六亲不认，这样父母只会让孩子学得贪图便宜、自私自利。除了父母要表现得正直、大方、宽容之外，父母之间更要互敬互爱，尊老爱幼，与邻居、亲朋、同事之间更是和睦相处，对需要帮助的人及时伸出援手，父母的无私行为对孩子会具有潜移默化的影响，这也正是先哲王夫之所说的：“身教重于言传。”

◎对孩子进行必要的针对性训练。

父母对孩子要进行必要的针对性训练，逐步远离自私，拥有健康的人生。

1. 对孩子不娇惯、不宠溺。家庭中不要事事以孩子为中心，不要把孩子当“小皇帝”供养，对孩子不娇宠、不溺爱。

2. 让孩子分担家务。父母要让孩子意识到他是家庭生活中的一员，有自己的责任并必须承担自己的一份义务。要让孩子学习之余做力所能及的家务劳动，让他体验到父母的辛劳，明白劳动的艰辛，懂得劳动创造一切的道理，更懂得幸福生活需要自己辛勤的劳动才能创造，孩子就不会形成依赖别人的生活观念，就不会产生自私心理。

3. 对孩子进行爱心教育。一个拥有爱心的人，往往更容易与周围的人和睦相处，并能凭借爱心培养出其他的优秀品质。有爱心的人，不可能是专横跋扈、自私自利、小肚鸡肠的人。要想孩子大方大度，就要让孩子从学会关心父母开始，逐渐学会关心他人、宽容待人，拥有一颗博爱的心。父母要给孩子多讲一些如“孔融让梨”“黄香温席”“卧冰求鲤”等典故或故事来感染、教育孩子。

4. 鼓励孩子多交朋友。从儿童的心理发展规律来看，6岁以上的学龄期孩子是需要友情、需要伙伴的。但是，目前绝大多数孩子在家里没有兄弟姐妹、在学校功课任务重、在小区独门独户和邻里交往少，所以许多孩子大部分时候是独自一人学习、玩耍，这也造成了孩子的孤独感，自然而然变得以自我为中心。父母要改变这种状况就要多制造机会，鼓励孩子与同学或邻里之间发展友谊。平时约几个同龄孩子一起写作业，周末时一起户外郊游，鼓励孩子在安全的前提下相互串门玩耍，使孩子在与同伴的接触与交流中学会关心他人并且从中得到快乐。

5. 支持孩子参加集体活动。自私的孩子由于做事斤斤计较、只顾个人利益而与集体格格不入，父母要支持并鼓励孩子多参加集体活动，为集体出一份力，并耐心倾听孩子参加集体活动后的感受。引导孩子在集体活动中遵守纪律、团结友爱，使孩子逐渐克服害怕吃亏、重名重利的错误思想。渐渐培养孩子的集体荣誉感和与他人团结合作的精神。

第4章

品行：良好的品行让孩子受益一生

教育专家说："优秀的品格，只有从孩子还在摇篮之中时开始陶冶，才有希望在孩子心灵中播下道德的种子。"小学阶段是孩子品德教育的关键期，父母一定要以身作则，培养品性兼优的孩子。

28. 让孩子学会乐于助人

乐于助人，是当今世界高素质人才非常重要的品质要素之一。人的生活是与他人的相互交往构成的，而乐于助人就是要求人们善于理解他人的处境、他人的情感，随时准备从道义上去支持别人，从行动上去关心帮助别人。所以，培养孩子乐于帮助他人的美德，对孩子今后具有高尚的情操、健全的人格有着极其重要的积极影响。

但是，如果父母在日常的教育中只是抽象地教育孩子："我们应该帮助别人，要学会乐于助人"。即使每天对着孩子的耳朵把这句话重复一百次，对孩子也起不了任何明显的作用。只有让孩子在行动中充分感受到帮助别人的快乐之后，助人为乐的价值观才能真正根植于孩子的头脑中，并伴随他的生活。

妈妈见邻居中有一位孤寡老人不仅孤独无依，而且很多活动都比较困难。于是，妈妈建议儿子小莫和自己一起悄悄照顾那位老人，帮老人取报纸信件、打扫楼道，默默地带走老人堆在走廊上的生活垃圾。虽然做的都是小事，但儿子小莫却为自己能照顾邻居感到十分自豪。他感到，虽然只是为老爷爷提供默默的帮助，但他却真切地体会到帮助别人本身就是一件令人愉快的事。

现在的孩子绝大多数是独生子女，没有兄弟姐妹，家里大人们多对孩子宠着惯着，孩子根本不知道如何与人相处，只知道满足自己的需求。很少关心、照顾别人，甚至很少想到别人，只有在需要得到别人帮助的时候才会想到别人的存在。被照顾、被关心、被呵护，这一切在孩子看来都是顺理成章的。然而，这并不利于孩子优良品格的形成，也不利于孩子长大之后与人相处。

那么，父母应该如何引导他成为乐于助人的孩子呢？

◎父母以身作则。

要培养乐于助人的孩子，最重要的一点就是父母以身作则，在孩子面前起好模范带头作用，把自己的大度、体贴、助人为乐展现、示范给孩子看。如果父母言行不一，言传与身教严重相悖，孩子就会模仿父母的不当行为，即使父母把原则、道理讲得头头是道，对孩子也不会产生任何的促进作用，反而会增加孩子心目中的不良印象，对父母的话语和评判产生质疑，不利于亲子关系的融洽发展。

◎让孩子适当分担家务。

帮助别人的习惯应从做家务开始培养，孩子能够从生活琐事的处理中不断增强信心和处理事情的能力。小学阶段的孩子自我意识感强，迫切需要展示自己的能力，证明他长大了。根据孩子的这一年龄特点，父母可以给孩子分配一些他们力所能及的家务，特别是让他负责自己“领地”的清理打扫工作，帮助大人处理比较棘手的家务劳动。比如，清理冰箱、疏通下水管道等，不管孩子的家务任务是否圆满地完成，父母都要及时鼓励，并表示感谢。这样会让孩子明白，正是由于他的帮忙，父母的劳累得以减轻；而且作为家庭成员中的一员，孩子帮助家里做事情，其实也是帮了自己。

◎激发孩子的同情心。

孩子的行为绝大多数是感情冲动引发的，并且整个行为过程也带有浓重的感情色彩。为了培养孩子乐于助人的良好品质，可以从启发他的情感入手。在引导孩子助人为乐的过程中，父母不妨以启发式的语句调动孩子的情感积极性，比如“你看那位老奶奶走起路来多吃力啊，我们赶快帮助他把菜篮提到街对面吧！”启发式的提醒往往比生硬的“要学会助人为乐，应该帮助老人”更易于被孩子接受。因为这样做孩子的同情心被调动了，他就很愿意伸出援手改变对方虚弱、蹒跚、无助的状态，并且很愿意看到自己的行为给别人带来的良好效果。

◎鼓励孩子参加集体活动。

在集体活动中，孩子可以开阔视野、增长见识。通过结识不同性格不同生活背景的伙伴，通过参加各种各样的活动逐渐培养广泛的兴趣，并在集体活动中和同伴们互相帮助，孩子会切实感受到帮助别人和受到帮助的良好体验。父母可以在集体活动后和孩子谈心，让孩子明白今天帮助了别人，或许明天自己遇到了困难就会得到别人的及时帮助。要是自己不愿意主动帮助那些需要帮助的同伴，或许明天自己需要别人帮助就不会有人出手相助了。

◎以故事进行熏陶。

父母可以给孩子讲一些关于助人为乐方面的故事，比如雷锋叔叔的故事，让孩子感受到帮助别人不仅给他人施以援手，更会使自己受到尊敬，变得越来越快乐。

29. 懂礼貌才能获得更多帮助

无论是孩子还是成年人，在与人交往时表现出来的修养能够拉近与他人的距离，并以良好形象为别人留下印象。可以毫不夸张地说，文明礼貌是一个人的“身份证”，是人际交往中的“通行证”。如果父母注重对孩子的礼貌培养，使孩子随身携带着文明礼貌的“教养名片”，孩子就能在生活中更易获得别人的尊重和友好协作，变得更加自信，进而拥有幸福的人生。

父母要明白，孩子的文明礼仪必须从小培养，否则一旦形成坏习惯，再改就是难上加难了。父母如果从思想上认识到问题的重要性，并能够在生活中给孩子正确的引导，一定能够培养出讲文明、懂礼貌的孩子。

对于学龄前的孩子，父母们一般是教育孩子如何使用问候语同别人打招呼，让孩子能够以不同的称谓称呼不同年龄、性别的人，逐渐养成主动使用文明用语向别人问候的良好习惯；而对于6～12岁的学龄期孩子，父母不仅要从生活细节上加以指导，更要让孩子有以礼待人的思想意识，并让孩子能够主动自觉地以良好的心态规范自己的行为。

◎父母要改变“听之任之”的教育态度。

不少独生子女在家里受到全家人的无条件厚爱，变得凡事以自我为中心、做任何事情不考虑他人、不考虑后果。父母的关爱和呵护在孩子看来成了必须的、不需要回报的，甚至在有些孩子看来，父母的爱是多余的、烦人的。而父母往往念在孩子还小，寄希望于孩子大了就自然会懂事，所以对孩子的不礼貌的、恶劣的表现听之任之，什么事都由着他。这样的教育态度会让孩子变得更加自私，不体谅父母的辛劳和关爱，更不懂得对父母、长辈以礼相待。对待家人尚且如此，对待邻居、同学也更是态度恶劣、举止粗鲁。

父母要尽快改变对孩子的不当言行听之任之的教育态度。如果孩子在学龄前就没有良好的礼貌教育，那就要在引导和鼓励的基础上循序渐进地对孩子进行一些基本的文明礼仪教育。不能以一两次谈话让孩子“你要学会懂礼貌”，更不能以失礼的方式对待孩子的无礼，那样做只能给孩子传授反面教材，使大人的说教失去说服力。

◎教孩子正确对待“无礼”的人。

不少父母心中有这样的疑问：“我们教育自己的孩子要有礼貌，可是他受到不礼貌的孩子欺负，难道我的孩子要忍气吞声，对别人的恶行也要以礼相待吗?”这确实是个问题。

孩子进入小学之后，会和更多的其他孩子打交道，而小学校园毕竟有别于幼儿园，老师不可能再面面俱到地关注每一个孩子的衣食住行、个人需求。所以，孩子会在小学阶段逐渐学会如何自理，学会如何在家长和老师关注度相对缺乏的环境中独立地面对他人、面对校园生活中的诸多问题。

当孩子因为各种原因“吃亏”或者“受欺负”的时候，父母如何处理这个问题对孩子的身心发展和思维引导极具影响力。如果父母出面为孩子出气或者怂恿孩子反击，孩子会在心里对礼貌产生质疑，不知道在以后的生活中该如何运用礼貌，更害怕再次遇到自己有礼而对方无礼的情况，变得胆小、谨慎，甚至害怕进入校园。所以，面对遭受非礼之遇的孩子，父母要保持冷静、镇定，要耐心倾听孩子的表述而不急于表态，在弄明白事情的经过之后根据孩子交往中的薄弱环节加强指导，最终的目的不是为了争口气或者挽回面子，而是提高孩子妥善解决问题的能力。父母要让孩子明确，以礼待人是没有错的，并不会因为别人的无礼就失效、就被否定。

◎教授孩子一些具体的礼貌细节。

不少父母往往教育孩子说：“你要懂礼貌啊！看见熟人要主动打招呼。”致使孩子片面地把礼貌和礼貌用语混淆。在与人交往的过程中，仅有礼貌用语是远远不够的，更包含着文明的行为、礼貌的仪态和表情等。比如，家里来客人了，除了礼貌用语“请进”之外，还要在门口相迎，与人交谈时眼神、体态和表情要体现出对对方的尊重。具体的礼貌细节不仅包括不随便翻别人的书包，没有经过别人的同意不随意翻阅别人的书刊和日记本之外，还包括离校之后，进入中学或考上大学取得成绩时不忘告诉自己的启蒙老师，等等。父母如果能够把一些具体的礼貌细节教给孩子，能够让他在生活的点滴中灵活运用各种礼貌、文明的行为方式或技巧，久而久之就会养成孩子良好的文明习惯，在待人接物的过程中自然而然地表现出良好的修养。

30. 撒谎的人得不到信任

当今中小学生普遍存在说谎现象，不少学生把谎言编织得天衣无缝，甚至到了顺口一说都毫无漏洞的程度，说谎水平之高常常出人意料。孩子爱说谎的问题不仅让父母头疼，也让老师感到棘手。

6岁以下的学龄前孩子说谎常常是因为他们分不清想象和幻想，把自己并没有去过的地方、没有品尝过的食物想象成“已经”的模式。比如，有的孩子在幼儿园对别的同学说：“我去过香港迪斯尼乐园，那里的米奇好大啊！”而实际情况是，孩子并没有去过香港，只是他的父母承诺会在假期带孩子去，孩子通过电视、电影看到过香港迪斯尼的内部场景，于是产生了幻想，并把这种幻想直接植入到现实生活中，描述得跟真的似的。

6~12岁学龄孩子已经能够明显区分想象、幻想和现实的区别，他们的谎言相对学龄前孩子而言是故意而为之的。

有的孩子为了逃避父母或老师的责骂而说谎。这种说谎是一种以不良方式实施的自我保护行为。孩子破坏了物品、学习成绩不好、偷拿了别人的东西等，他很清楚地知道，如果自己说了实话，等待他的肯定是父母或老师的严厉批评或是处罚。为了逃避，他们就会用说谎的办法歪曲事实进行自我保护。

上小学四年级的周毅每次都不能按时完成家庭作业，老师找他谈话时，他不是说自己的本子用完了妈妈还没有买，就是说弟弟把他的作业本撕坏了。老师给周毅的父母打电话，爸爸妈妈都很惊奇：自己的儿子怎么撒起谎来脸不红心不跳呢？这样下去还得了？

现实生活中，在严厉的老师或家长面前，许多孩子都试图用谎言来推卸自己没有做作业的责任，他们害怕被责罚，更害怕被揭穿。如果父母或老师对他们的谎言穷追不舍，非要弄个水落石出才肯罢休的话，只能让他们在不断圆谎的过程中使说谎的水平更加高明，甚至形成恶性循环。面对任何事情都逃避责任，孩子说谎说顺嘴了很可能走上犯罪道路。

有的孩子为了提高自己在别人心目中的形象，在自己与同学、老师的交往中受到更多的关注和赞许而撒谎。这种撒谎的动机并不是恶意的，不少学龄前孩子说大话也是因为要面子的缘故。一件事情本来不是他做好做成功的，但他利用谎言让别人相信是他的努力，他认为这样自己可以得到奖赏，受到重视；反之，他把一件事情做砸了，他怕丢脸也会用谎话来推卸责任。

有的孩子说谎是因为父母在家里会有意无意地说谎，比如，有的父母想回避一些工作上的事情，在公司相关负责人打来电话时让孩子接电话："如果是找我的，就说我不在。"或是当着孩子的面接听手机说："哦，不好意思啊，刚才手机忘车上了。"明明人在家里，却对别人说："不好意思啊，我还在公司呢！"虽然很多时候父母只是和别人在客套的时候说些没有针对性和实质性的"谎言"，但在孩子看来，父母都经常说谎，孩子也有理由撒谎了。

还有的孩子由于感受到自己受到了某种不公平的待遇或委屈，就采取报复性的说谎行为来诋毁别人，比如向老师打小报告，把莫须有的"罪名"或恶行安在别人身上，意图通过老师来使伤害自己的人受到惩罚。

作为父母，如果发现自己的孩子有说谎的情况，要及时了解孩子说谎的原因，积极给予孩子相应的心理疏导和帮助，促使他改掉说谎的不良习惯。那么怎样纠正他，并培养诚实的习惯呢？

◎父母要以身作则。

父母是孩子的第一任老师，父母的言行举止都会在孩子眼中起到指引作用。如果一个爸爸沉迷在网络游戏中不愿接待客人，就对孩子说："你妈一个人招待客人就够了。如果有客人来，你就说爸爸不在家。"孩子果然按照爸爸的指示说谎了。这个不好的榜样会使孩子认为，爸爸都可以说谎，我为什么不可以呢？既然我可以按照爸爸的话去欺骗客人，为什么就不能按照自己的意思去欺骗别人呢？爸爸可以欺骗客人，那客人是不是也欺骗过我们呢？人和人之间是不是都是你骗我、我骗你呢？如果孩子产生了这样的想法，不仅会变得爱说谎，还会渐渐地失去对别人的信任，甚至对亲身父母的信任，这将是一件非常恐怖的事情。连父母都无法信任的孩子，将是一个悲剧的、仇恨他人的孩子。所以，父母要以身作则，做诚实的事、说真诚的话，不要在孩子的面前说谎。

其次，为了培养孩子的诚信习惯，父母对待孩子也要诚信，说话要算话，答应孩子的承诺就要履行。如果父母或家庭里的其他大人言行不一致或是不履行对孩子的承诺，孩子就会受到暗示，跟着模仿。所以，父母要加强自身的修养，对孩子进行诚信品质的教育，告诉孩子，言而无信的人是没有人会相信他的，是没人愿意与他合作的。

◎对爱说谎的孩子进行耐心的引导。

对任何一个孩子进行转变都不是一朝一夕就能实现的，对任何一个有固定习惯的孩子进行引导和纠正也不是一蹴而就，三两句话、几次锻炼就能达到目的的。孩子往往会在被教育的过程中出现反复甚至退步。遇到这种情况，父母不能弃之不理，更不能急躁，要有足够的耐心对孩子进行引导，相信他一定能够以自己的力量和努力克服缺点。如果发现孩子旧病复发、故态复萌，父母不要气急败坏地对自己过往的努力和投入感到十分痛心，要接纳这种反复的出现，不能为了让孩子感到羞愧而直接拆穿他的谎言。如果那样做就真的前功尽弃了，孩子会产生强烈的抵触情绪，甚至会以为父母的一切努力都是处心积虑地想要他难堪的“表演”。父母要保持心态的平和，用信任和肯定唤起孩子对诚信、真挚的认可，使孩子逐渐发生良性改变。

◎适当对孩子进行惩罚。

对于 6 ~ 12 岁的孩子来说，他们已经能够区分主观世界与客观世界之间的差异，已经能清醒地认识到自己是在说谎，父母在适当时候可以酌情考虑对孩子施以一定的处罚措施。

如果明确孩子是因为学习而说谎时，可以以“周末不能去野营”之类的惩罚使孩子认识到自己的行为带来的不良后果；如果孩子是因为没有经过同学的同意就偷偷拿了同学的物品，父母要严肃地指出这种行为的错误性和严重性，并与孩子一起把物品归还同学，让孩子认识到自己的行为是错误的。但如果以说谎的形式掩盖了错误，他的行为性质就变了。

必须要注意的是，父母不要恼怒于孩子的说谎行为而动手打骂或是把孩子叫做“谎话精”、“说谎大王”，一旦父母以这种方式对待孩子，必然会激化亲子之间的矛盾，使孩子变得叛逆。不少在小学阶段得不到父母理解的孩子，在进入初中后变得异常叛逆，难以管教。究其原因，主要还是父母的教育方式有失偏颇。所以，面对孩子说谎，父母要和孩子一起分析他为什么说谎，背后的深层原因是什么，以询问、关心而非质问、责怪的语气和孩子谈心，引导孩子说出内心的真实想法，和孩子一起解决他面临的棘手问题，从而有效避免孩子出现习惯性说谎。

31. 不要随意打搅别人

一位妈妈带孩子参加外教英语培训班，在走廊上，几个六七岁左右的孩子下课后并没有立刻离开，而是一边打闹一边尖叫。这位妈妈好心地对他们说："孩子们，你们不能在走廊上追疯打闹，碰着摔着可不好。而且里面的孩子都还在上课呢，你们这么闹腾会影响他们的……"谁知，这位妈妈的话还没说完，一位老大爷就怒气冲冲地出现在她面前，连珠炮似嚷嚷起来："关你什么事儿？这是走廊又不是教室！凭啥不让我们在这儿玩？我们家孩子又没到教室里面玩！小孩子玩，碍你什么事儿了？"这位妈妈按捺住心里的怒火，正想和老大爷理论，培训中心的主管赶来把几个孩子招呼到了走廊的一角，也对咄咄逼人的老大爷心平气和地进行了解释。虽然老大爷碍于情面没有反驳，并且很快带着孙子离开了，但那位妈妈仍然感到不可理喻，"唉！怎么打搅别人还这么理直气壮？"

"不打搅别人"是对他人的一种尊重，是一个人参与社会生活、待人处事应当具备的最基本、最必要的文明礼仪。孩子每天会通过各种场合与他人产生交往，在与他人的相处过程中，会自然而然地表现出对别人的态度。父母要意识到这个看似不起眼的品行，不要忽视它给孩子成长带来的积极作用，要教育孩子从小做起、从小事做起，在别人生病、学习、休息、娱乐的时候，不随意打搅别人。如果不小心干扰了别人正常工作或休息，要懂得对别人致以歉意。一旦孩子养成了良好的文明习惯，可以逐步培养孩子与别人相处的良好态度，为他长大以后直接参与社会生活、融入到与他人的合作交流奠定基础。

◎父母做榜样，不随意打扰孩子。

一个孩子正在往酸奶瓶里戳吸管，虽然吸管已经被孩子几番尝试变得弯曲了好几截，但孩子仍然很专心地试着，仿佛此时此刻的所有事情都没有这件事重要，所有外界的影响对他而言都不存在。

正在孩子沉浸在努力戳吸管的“工作”中时，他的妈妈在一旁早就等得不耐烦了。妈妈一把抢过酸奶瓶和吸管，很快弄好之后往孩子手里一塞，说道：“你做这么简单的事都费劲，真不知道你还能做什么。你看，这不是很容易吗？赶紧喝了吧！酸奶都被你给捂热了。”

孩子拿着手里的酸奶瓶，顿时“哇哇”大哭起来。

妈妈立刻满脸怒容，声音也提高了八度：“有什么好哭的！你烦不烦啊？给你弄好了就赶紧喝！哭什么！”

这位妈妈不仅无情地打扰了孩子的专注“工作”，而且还打扰了孩子的动手能力，孩子没有亲手完成这项他特别专注而重视的工作，使他感到是自己没有能力去做这件事，自己真的很笨，连这么简单的事都做不好，孩子的自信心也受到了伤害。

妈妈急躁的举动同时也给了孩子不良的心理暗示：可以随意插手别人的事情，可以随时中断别人正在进行的工作。于是，在孩子与别的同伴玩耍的时候，面对同伴不太擅长而自己比较熟练的游戏时，孩子就会像他的妈妈一样，冲上前去肆无忌惮地打断同伴正在进行的游戏而完全不去体会同伴是否需要帮助。

所以，要让孩子养成不随意打扰、干扰别人的好习惯，身为父母，就要努力做到不打扰孩子，如果无意中阻断了孩子的“工作”，父母不妨真诚地对孩子道歉：“对不起，妈妈不是存心要打断你的。但是你看，吸管被你很用劲地戳弯了，不太好用了，所以这一次由妈妈帮你插。你看，这不还有几瓶吗？剩下的都交给你负责！妈妈相信，你一定能做好！”这样饱含了歉意和鼓励的话语，不仅能够安抚孩子的心，还能让孩子感受到来自妈妈的尊重和呵护。

◎了解孩子打搅别人的真实动机。

有的孩子不管父母正在做什么，哪怕正忙着炒菜或是正接听重要的电话，他都会不管不顾地叫嚷着让父母讲故事、陪他玩游戏，拉着父母赶紧走。遇到孩子这样的行为，常常让家长感到头痛，往往事后对孩子发一通脾气。而孩子下一次依然明知故犯。

为什么孩子就不能耐心等一等，总是那么急躁呢？为什么和孩子讲过很多次别人说话不要打断却对孩子没有一点儿效果呢？父母要认真回想一下孩子的打搅行为，是不是一般都发生在得不到父母关注的情况下。如果是，说明孩子并不是真的就等不了那么一会儿，也不是真的不明白打扰别人不好，他那么做其实是想引起大人的注意，得到父母的关注。

所以，父母要在和别人谈话或做事的时候，适时表示对孩子的关注，用语言或眼神让孩子明白父母没有忽略自己。父母也可以和孩子进行交流，可以告诉孩子，在特殊情况下，如果迫不得已要打扰到别人的时候，可以提前说“抱歉”，然后再表达自己的想法，以此来寻求大人的帮助。

32. 答应别人的要尽量做到

《曾子杀猪》是我国历史上最为著名的诚信故事之一。

故事讲的是曾子的妻子有一次要去集市赶集，可小儿子缠着她哭闹不已，于是，曾子的妻子许诺孩子回来后杀猪给他吃。等曾子妻从集市上时，看见曾子正捉猪要杀，赶忙阻止说：“你别真杀猪啊！我不过是跟孩子闹着玩的罢了。”可曾子回答说：“和孩子是不可说着玩的。小孩子不懂事，凡事跟着父母学，听父母的教导。现在你哄骗他，就是教孩子骗人啊！”于是曾子真的把猪杀了给儿子吃。

曾子明白，如果对孩子言而无信，家里的猪倒是保住了，可却会在自己儿子纯洁的心灵留下不可磨灭的阴影。可见，诚信作为传统美德、基本的为人处世之道，不管在古代还是科技发展的今天，都必须得到人们的重视。

无论孩童还是成年人，每个人都不可避免地要与别人打交道，作为与人交往合作的首要原则，信守诺言尤其重要。

在当今市场经济时代，诚实守信是每个人必备的素质，诚信品质的教育必须从小培养并始终坚持不懈。父母应该教导孩子从小就要做一个诚实守信的人，教导孩子出现缺点和错误时要勇敢诚实地承认，并诚恳地接受批评。答应别人的事要尽量做到，如果不能做到就不要贸然允诺。如果因为特殊因素不能守信，要及时、坦诚地向对方说明情况，不隐瞒、不推脱、不撒谎、不弄虚作假。如果孩子拥有诚实守信的品德，不仅能够得到别人的尊重和信任，获得真诚的朋友和友谊，还能在将来的事业上得到更多更好的合作伙伴和他人的支持。

为了让孩子从小拥有诚实守信的品质，父母要做孩子的榜样，像曾子那样对孩子诚实守信，言出必行。

有的父母在孩子学习不好时为了鼓励孩子，就对他承诺考试如果考了100分，父母就会买新玩具给他。可结果孩子真的考了100分，父母却早把自己的承诺忘到九霄云外。如果孩子提醒或是三番四次地提这个话题，父母还会认为孩子小题大做，甚至完全否认当初的承诺。在平常的生活中，不乏许多为了诱导孩子做某件事而总是轻易地许诺孩子某些条件的父母。这些父母脱口而出的“悬赏条件”确实起到了一定的激励作用，但是事后没有兑现会让孩子的希望落空，孩子会发现父母在欺骗自己，他就会从父母身上得到一些经验，那就是不守信的许诺是允许的，甚至连撒谎也是允许的。这会让孩子渐渐地以父母为榜样，将不诚实守信的言行融入到自己的思想行为中。所以，父母要注意自己的言行，不要给孩子开“空头支票”，不轻易许诺，一旦许诺就必须付出实际行动诚实守约。并且鼓励孩子向自己学习，提醒孩子“你看，爸爸妈妈答应你的事是不是每次都办到了？你答应我们只玩半小时的游戏是不是也能说到做到呢？”

父母要做孩子的导师，更要做他们的朋友，要相信他们，不要轻易地对孩子持怀疑态度。孩子只有在信任、关爱、理解的环境中才能健康成长。但是，我们经常会看到这样的父母做出对孩子缺乏信任的举动：有的父母一方面要求孩子在房间里学习，一方面却又担心孩子会不会背着大人偷偷躲在房间看课外书而每隔几分钟就进去看一下，有的还以“送水果”“端饮料”为由对孩子搞突然袭击；有的父母希望锻炼孩子的自理和独立能力，让孩子自己出门买东西，却又担心孩子会不会把多余的钱拿来买零食吃；还有的父母担心孩子交友不慎，时常偷偷对孩子进行跟踪……父母们的这些行为，会让孩子感到自己的隐私不被尊重，往往导致孩子用撒谎来对抗。不管孩子是否有一些在父母看来缺乏诚信的行为，也不管孩子有多调皮，父母都应该相信孩子，相信孩子做出的承诺，不断用爱和关心去打动孩子的内心，不要总带着怀疑的眼光去看待孩子的一切。

如果孩子请求看电视，答应“只看二十分钟”，在时间到了之后主动地关掉电视，父母一定要及时表扬孩子的守信现象，肯定他的这种行为，让孩子在一次次的赏识和鼓励当中逐渐巩固守信的行为。

33. 有责任心才能受人尊重

有位妈妈反映，自己的儿子今年刚读小学五年级，一点儿责任心都没有，吃饭的时候不小心把碗掉地上砸了，一点儿内疚感都没有。尽管爸爸妈妈没有半点责怪他的意思，可他不但不主动帮忙收拾地上的残渣，而且还端坐在座位上等着父母手忙脚乱地收拾完后再给他重新盛一碗饭。

有一次，他不小心摔坏了家里的数码相机，还嬉皮笑脸地对闻声而来的父母说："嘿嘿，手拙了！"面对没有责任心的儿子，父母打算以扣他两个月的零花钱作为用来抵维修的费用。谁知道儿子竟然恼羞成怒以绝食来抗议父母的处罚。

这位妈妈感到十分伤心，不知道该怎么教育孩子。您的孩子是否也出现没责任心的端倪或已经有这类状况了呢？如果有，请赶紧关注并和孩子一起努力改变吧！

◎父母要言传身教，让孩子感受到父母的强烈责任感。

责任感是一种督促孩子前进的动力，使孩子认识到自己的一言一行会对自己或别人造成一定影响，并且通过努力把这种影响变成好的、积极的影响。而缺乏责任感的孩子按照自己的喜好、情绪随心所欲地生活，不懂得对自己的行为负责，缺乏前进的动力只会坐享其成。

大多数孩子都是独生子女，出生在幸福的家庭里，父母们一心想让孩子成才，恨不得把所有美好的东西都给自己的孩子，无条件地、心甘情愿地竭力替孩子做一切事，把孩子的责任担到自己肩上。久而久之，孩子享受惯了安逸的生活，就会不明白生活的艰辛，缺乏奋发向上的愿望，没有责任感。在责任胜过能力的当下社会，这样的孩子是不可能成才的。

不少父母由于生活的压力，不得不和子女分离，这是无奈的抉择。但是，父母在工作稳定、有一定经济基础之后会尽快让孩子回到自己身边，让孩子感受到家庭的温暖。可是，仍然有许多父母即使有能力和财力照顾自己的孩子，却以各种名义把孩子寄养在祖辈那里或亲戚家里，不履行父母对子女的责任，造成孩子变成“问题儿童”。

2012 年 4 月 13 日晚，湖南衡阳县西渡镇突发一起特大命案，一名 12 岁的男孩肖志用水果刀残忍地将姑妈一家三口杀害。

肖志原本跟随父母在广州生活，可在他 3 岁那年父母离异，他不得不被父亲送回老家由爷爷奶奶照看。在小学阶段，他是老师、同学公认的“三好学生”，获得的奖状贴满了老家的屋墙。然而，在父亲靠拉货赚钱努力把肖志送进衡阳县最好的中学并寄宿在姑姑家之后，孩子渐渐变了。他贪玩、攀比、偷钱、沉迷网络并且不服姑姑的管教，缺乏母爱的他对姑姑的教育十分抵触，而只能靠电话交谈的父亲也是鞭长莫及。4 月 13 日下午，肖志放假后回到姑姑家，见晚餐无着落，心里十分怨恨，便将放学回家的表弟表妹杀害之后，又对随后回家的姑姑连捅 20 多刀，致使姑姑、表弟、表妹三人当场毙命。

事后，肖志的父母十分自责，深深后悔。肖志的父亲事发后很快回到衡阳，不仅被姑父一方的人暴打一顿，拉货的货车挡风玻璃也被砸烂，赔了姑父家 6 万元安葬费后肖志的父亲给记者发了一条短信：“我现在没脸面对这个社会！”

根据衡阳警方分析，缺乏家庭温暖、进城后诱惑太多、姑姑管教有失偏颇、一时冲动等都是肖志的犯罪动机。在肖志身上，能够看到家庭教育和家庭温暖的缺失，特别是肖志的父母离异后各自重组家庭结婚生子，更加重了他在家庭中被排斥、被漠视的心理阴影。

现在有些父母把很小的孩子寄养在亲戚或老师家，等孩子大了或出现问题了才接回家管教。孩子不仅不能体谅父母的难处，反而会认为自己的父母就是没有责任感的人，这些孩子怎么会听进父母的教育呢？

教育家陶行知曾经说过："我要儿子自立立人，我自己就得自立立人。我要儿子自助助人，我自己就得自助助人。"要培养孩子的责任感，父母要做孩子的榜样，言传身教。不仅对孩子进行必须的教育，更要以身作则，对待家庭充满责任感，对待工作爱岗敬业。因为父母是子女的第一位启蒙教师。无论是单亲家庭还是健全的家庭，父母都应当利用所有尽可能的方式和孩子加强沟通，对孩子要有责任感，经常与孩子进行沟通，给孩子打电话或写信，让孩子感受到父母并没有抛弃他们，让孩子体谅父母不得不离开他的原因，尽量让孩子在父母身边成长。其实，对于孩子来说，锦衣玉食并不是必须拥有，而能够与父母相伴才能让他们更有安全感。

◎放手让孩子独立做力所能及的事。

责任心是一个人安身立命的基础。一个没有责任心的孩子，不仅会对周围的人和事极为冷漠，对自己的分内之事十分淡漠，对亲情、友情乃至将来的爱情也不会重视，更不懂得珍惜，也很难在学业或事业上获得成功。

现在的孩子生活条件越来越优越，也越来越以自我为中心，父母的包办行为更使孩子逐渐失去责任心、缺乏责任感。要培养孩子的责任心，父母就要锻炼孩子独立做事的能力，让孩子独立地做一些力所能及的事，并且邀请并鼓励孩子给父母帮忙。如果孩子遇到困难，父母可以通过语言给予指导，但是一定不要包办代替，耐心地给孩子足够的时间把事情独立做完。

对于小学阶段的孩子，父母要多让孩子做家务，特别是鼓励孩子洗涤自己的内衣裤、袜子、刷洗球鞋、书包等，督促孩子早起后叠被、整理房间。不仅可以锻炼孩子的自理能力，还能使孩子在处理生活细节的过程中增强自信心、责任感。

◎鼓励孩子“负责到底”并勇于承担责任。

虽然孩子进入小学之后，受到学校教育的熏陶，在集体生活中学到不少规矩，但孩子的好奇心强、自控能力却不强，容易被外界干扰，没有耐心，做事往往有头无尾。父母要鼓励孩子做事有耐心，有始有终。让孩子学会忍耐，先痛苦地面对问题、艰难地解决问题，事后再全身心地尽情享受更多更大的快乐。比如，教育孩子放学回家后要先完成作业再看电视或玩耍，和孩子约定并达成共识，如果孩子忍不住提前看了电视，就会被扣掉时间；如果要养宠物，父母在答应孩子的要求前，可以让孩子承诺对小动物不离不弃，每天都要喂食。在孩子照顾动物的过程中实行监督，告诉孩子疏于照顾的后果，让孩子负起责任来。千万不要对孩子说：“没关系，养死了咱们再买一只。”这样的话，会使孩子受到不好的心理暗示，在照顾动物时也没有责任心，三天打鱼两天晒网。

父母要让孩子勇于对自己的言行负责，不能让他逃避或推卸责任，更不能由大人越俎代庖。如果孩子在学校损坏了别人的文具，父母就要要求孩子用自己的零花钱照价赔偿；如果孩子一时冲动打伤了别人，父母对对方家长表示歉意的同时，更要要求孩子自己诚恳道歉；如果孩子早晨磨磨蹭蹭上学迟到，父母不要慌忙送他，让他自己面对老师的批评。久而久之，孩子就会明白责任的重要性。

34. 让孩子懂得体谅父母

6岁的女孩放学回家看到妈妈不像往常那样在厨房忙碌，连忙跑到卧室。看到卧病在床的妈妈，女孩赶紧上前摸摸妈妈的额头，又给妈妈倒了一杯热水。可从昏睡中清醒过来的妈妈不仅没有体会到女儿的关心，反而黑着脸说："你有这份孝心还不如把心思用在学习上。快去写作业吧！妈妈自己会倒水，一会儿叫你吃饭。你别想偷懒啊！"转眼，女孩子15岁了，上初中三年级。有一次妈妈病得十分厉害，发着高烧，让孩子给自己倒杯水却遭到了冷漠的拒绝，孩子一边拿着书，一边漫不经心地说："你没见我在学习吗？你自己又不是没手。"妈妈的眼泪顿时流了下来。

当孩子如此冷漠地对待你，你会有什么样的感受呢？

现代家庭以独生子女家庭为主，家庭模式一般是4-2-1的形式，也就是说，爷爷奶奶、姥姥姥爷四个老人，加上爸爸妈妈，一共是六个大人围着一个孩子转，对孩子百依百顺，有什么好吃的好玩的，全都留给孩子吃。这种宠爱导致了生活中出现许多怪现象：爱吃红烧肉的孩子把这道菜放在自己跟前，尽情地吃，孩子不吃够父母不能动筷子。即使来了客人，这孩子也是一样的霸道，丝毫没有基本的待客礼仪，更不知道体谅父母的辛苦。

习惯了娇生惯养的孩子，不管父母上班挣钱是否辛苦，出门动不动就打车，缠着父母多给零花钱以满足自己大肆消费。

还有不少孩子在生日的时候父母大操大办，必备礼物，而孩子却不知道父母的生日具体是几月几号，更不懂得尊重父母。

孩子的孝心不是天生就有的，而是后天培养的。父母们埋怨孩子不懂事，不体谅父母，到底是谁导致了孩子出现这样的问题？父母应该对自己的教育进行反思，问问自己是否给了孩子必要的孝心教育？

不少父母只知道一味地为孩子付出，却从没有要求孩子回报，即使孩子想要有所回报，父母也希望孩子把回报的行为归到学习成绩上，以为只要学习成绩好，其他的都无所谓了。这样的结果必然导致孩子失去了应有的孝心。我们的身边有为数不少的父母经常抱怨孩子不懂事、不知道心疼父母。其实，孩子的问题正是家庭教育的失误造成的，不是孩子不孝顺，而是父母在有意无意中拒绝了孩子孝心的表达，忽略了对孩子的孝心教育。

忽略“孝心”教育，孩子便会很自然地形成自私冷漠的性格。我们设想一下，一个连父母都不孝敬的人，怎么可能会爱朋友、爱同学？

古训有“百善孝为先”之说，孝顺作为传统美德不能丢。父母要经常带孩子一同去看望爷爷奶奶、姥姥姥爷，不仅让孩子亲眼看看父母是怎样孝敬长辈的，还要让孩子明白自己作为家庭的一员，祖辈、父辈为自己的成长付出了太多的艰辛和劳动，必须要向他们表示感谢，以行动来回报。身为父母，要起到榜样示范作用。不仅爱自己年迈的父母，也要爱对方的父母，更要“老吾老以及人之老”尊敬身边的老人。随着我国步入老龄社会，身边的老年人渐渐增多，父母要教育孩子善待身边的每一个人，尊重出门遇到的每一位老人，使孩子养成尊敬、关爱老人的品质。

◎要给孩子孝敬父母提供机会。

如果前文案例中6岁女孩的妈妈能够在孩子关心自己的病情、

主动为自己倒热水的时候对孩子表示感激之情，认可并鼓励孩子的体谅举动，孩子就不会在初中时无视妈妈的病情。一定会悉心照料妈妈直到康复。所以，父母不仅要以身作则，培养孩子的孝心，还要给孩子孝敬父母的机会。

10岁的男孩在房间里写作业，听见妈妈出门的声音立即大声叮嘱妈妈：“妈妈，出门注意安全，早些回来啊！”可是妈妈厉声责问孩子：“我就出去一会儿，怕影响你学习还特意轻轻地关门，没想到这么小的声音你都能听到，可见你根本就没静下心来学习。”妈妈没有体会到孩子对她的关心和爱，反而认为孩子没有把心思放在学习上，这让孩子感到很委屈。

这位妈妈没有给孩子孝敬父母的机会，反而厉声责问孩子，剥夺了孩子对父母表达爱的权力，会使孩子渐渐地丢掉应有的孝心。如果父母在孩子表达孝心的时候开心接受并且真诚感谢孩子，孩子怎么可能不懂得体谅父母呢？

为了让孩子体谅父母，父母不妨从日常的生活小事入手，对孩子提出一些要求：

父母把自己的日常工作或家里的情况如实地向孩子介绍，让孩子知道父母在工作中也有困难，在生活上也有难处；

可以让孩子了解家庭每个月的花销，告诉他下个月或是明年家里需要添置或维修什么物品，需要花多少钱；

让孩子记住父母的生日，父亲或母亲也可以协助孩子为过生日的家庭成员制作生日贺卡；

教育孩子在外出之前要和父母道别，回家和父母打招呼；

家人到齐之后才能用餐，主动替父母盛好饭菜，不能把自己爱吃的霸占在面前，要和父母分享。

教育孩子和父母说话时不能出言不逊。如果孩子对父母表现出不尊敬的言行时，要给予适当的批评和惩罚，不能以孩子现在还小，不必对他的言行过错太过计较，而寄希望于孩子长大后自然就知道孝敬老人。这种认识不仅是错误的，还会延误孩子的孝心教育，孩子会在父母的纵容之下越来越无视父母的艰辛，更会不断提出不合理的要求。

35. 富有并不等于可以随意浪费

现在的父母为了孩子的将来不惜花费巨资投入在各种早教机构、为孩子购置益智玩具或书籍、带孩子出门旅游增长见识等，竭尽所能为孩子提供更好的教育环境。但是，孩子却并不领情，不仅不珍惜父母给他们提供的成长机会，反而对衣服挑三拣四、吃饭时挑肥拣瘦，养成了随意浪费的坏习惯。对不合胃口的饭菜抵触甚至起身就倒掉却从没注意到父母碗中的食物与自己的不一样；父母买的衣服不合心意就拒绝穿，把长短合适、干净整洁的旧衣服扔掉央求父母买新的；对学习用品不爱惜，坏了就跟父母要钱买新的……

孩子衣来伸手、饭来张口，父母对孩子的要求有求必应，孩子生活在优越的环境中却不知道珍惜。俗话说："由俭入奢易，由奢入俭难"。一旦开始铺张浪费，就会一发不可收拾，历史上已经有许多挥霍无度、坐吃山空的例子。所以，为了避免孩子随意浪费，父母要对孩子进行及时教育和积极的引导，让孩子形成节俭的好习惯，远离浪费。不管经济方面有多么宽裕，也要限制孩子的不良消费，让孩子懂得富有并不等于可以随意浪费，节俭与贫穷无关，更不与富裕相对立。

◎给孩子树立节俭的榜样。

父母的行为直接影响着孩子的举止。父母要在各个方面尽量做到节俭，能用的东西不扔掉，能吃的东西不倒掉，给孩子做出一个好的榜样。一旦发现孩子有随意浪费的行为，首先就要反省自己，从自己身上找原因，检查一下身为父母是否存在铺张浪费的情况。如果有，不仅在教育孩子的时候没有说服力，还会使孩子对父母失去尊重与信任；如果父母审视自己没有浪费的情况，就要以自己的感悟作为教育孩子的最佳课本，通过一些真实发生的事件触动孩子的心灵，让他对自己的浪费行为有正确的认识，并能下定决心改掉这个毛病。

◎让孩子参加家务劳动。

父母不要以“做家务会浪费时间，会耽误孩子学习”为由剥夺了孩子作为家庭成员必须要承担的义务和履行的责任，要让孩子参加家里的家务劳动，和父母一起做一些整理性的活动。只有让孩子充分体验到劳动的辛苦，才能发自内心地珍惜劳动的成果。这比父母苦口婆心地说教“要学着珍惜物品，节省着用，别浪费啊”的效果要好得多。

如果孩子的文具并没有损坏，只是有些旧了而已，父母不要轻易答应孩子的要求，要以做家务、帮父母分担等形式为自己赢得更多的零花钱来购买新文具。

其实，在不少发达国家，特别是美国，特别注重教育孩子从小自主自立。美国中小学生有个著名的口号就是“要花钱自己挣”。每逢假期，孩子们就成了打工族：在社区送报纸、送牛奶、做家教；在饭店洗碗、端盘子；在商店售货等。著名的“石油大王”洛克菲勒的家族也是家教很严，家族中的孩子们靠给父亲做“雇工”挣零花钱，所以，大多数欧美国家的孩子从小就养成了勤劳节俭的美德和艰苦自立的品格。

有的父母不禁会问：“如果孩子做家务挣钱，那是不是会出现我生病时让他帮我倒杯水也要伸手向我要钱？让他做任何事都要付工资他才肯动？”其实这是误解孩子给父母做“雇工”的含义和意义，歪曲了人们对它的认识。我们可以不按照“计件工资”的方式给孩子“工资”，而是按照孩子在一天内或一周内的表现或能力给孩子以奖励性的礼物，这些礼物可能是钱，也可能是糖果，也可能是孩子梦寐以求的玩具，更有可能是孩子幻想过的一次短途旅行。父母们不要拘泥于奖励的形式，对于孩子来讲，他的劳动被认可、被肯定了，就是一件特别重要和值得骄傲的事，如果能有所鼓励或奖励，那就再好不过了。

◎在生活细节中灌输节俭的道理。

父母可以给孩子讲一些关于节俭的典故或寓言故事，比如“躬行节俭”等。在生活中不妨和孩子把旧衣服、旧书本或是废旧的瓶子等收集整理，卖掉的钱可以存起来自己购买学习用品或是捐助给贫困山区的孩子。父母还可以指导孩子利用废旧物品“变废为宝”，比如把旧的凉鞋修剪成凉拖鞋，利用厚纸壳做存钱罐、把旧袜子清洗干净后裁剪缝制成各种造型的“袜子娃娃”、把易拉罐剪成烟灰缸或花篮、把旧裙子改造成布娃娃等。这样既可以培养孩子节约的习惯，又是一种手工劳动练习，更让孩子充分发挥想象力把废旧的物品再次变成有用、新奇又好玩的日常用品，一举三得。

◎有计划、有限制地让孩子学会花钱。

孩子的浪费不仅仅表现在浪费“物”上，也表现为浪费“钱”。

有的父母想，孩子还需要什么零用钱呢？父母把他照顾得那么好，早中晚饭都在家里吃，还在书包里放了水果让他带到学校里吃；平日里零食、玩具可以由父母带他去买，孩子根本就没有需要花钱的地方，所以不用给他零花钱了。孩子要成长，不能总做温室里的花朵被父母无微不至地呵护、照料着，他也有自己的思想和需求；孩子要成长，必须走出家庭，经历属于他自己的生活，获取属于他自己的种种生活经验。而现实社会是一个很难离开钱的环境，孩子要想独立去做一些事情，难免会花钱，而他暂时又没有挣钱的能力。

所以，父母还是很有必要给孩子一些零花钱，帮助孩子用自己的眼睛和亲身体会更直观地了解外面的世界。

但是，零花钱要给，可该给多少呢？如果父母给的钱太少，主要是为了让孩子在饿的时候买点吃的，在学习用品坏了的时候买新的应应急，这些花销实际上仍然属于必需品消费，不属于孩子的零花钱。如果父母给的钱太多，又会使孩子不懂节制，出现冲动性消费，这也是我们不愿意看到的情况。所以，该给孩子多少钱，要从孩子日常的习惯和当地的消费水平来计算。要限制数额，根据孩子年龄大小、实际用途和支配能力，定时定量地给予。比如孩子比较爱玩、人缘好，肯定会应邀参加同学的聚会或生日派对，父母给的零用钱就要在这时候派上用场，让孩子学会离开父母的监督独自为同学或朋友购买礼物。父母要了解每次钱的去处，对孩子是否该花掉那笔钱进行分析和讨论，再确定零花钱发放的数额。

那么，怎么给孩子零花钱呢？是每天固定10元，还是一周100元？还是按每学期多少钱来给？西方国家的一些做法就很值得父母借鉴学习。西方的父母会根据孩子的日常需要，每周给孩子定额零花钱，同时，让孩子通过在家里“打工”来挣钱，如果孩子有特殊需要而定额零花钱又不够时，除了挣钱，还可以向父母打借条借钱，并履行承诺按时归还。这个零花钱的管理过程，对孩子学会规划、学会取舍和劳动是很有意义的。

36. 养小动物要付出爱心

小娜看到楼下的姐姐饲养了一只黑眼睛的小兔，十分喜欢。回家之后一直央求妈妈也买一只。妈妈利用周末到附近农贸市场买来了类似的小兔，小娜非常开心。

每天放学回家都不在楼下玩耍了，直奔家里，张罗着给小兔擦洗菜叶、刷洗兔笼，还给小兔讲故事、聊天。可不到一周，小娜对小兔渐渐失去了兴趣，她偶尔用脚踢踢兔笼，看到小兔在笼里动了几下，又扭头玩自己的去了。更别提喂养小兔了，照顾兔子的事就全落在了妈妈身上。

妈妈说："你不来看看你的兔宝宝吗？它都快不认得你这个主人了。"小娜却在客厅懒懒地说："我不是早上才看过它吗？"

六月，兔子放在屋内有股怪怪的味道，爸爸建议把兔笼放到阳台。可小兔搬家后的某天夜里下了大雨，由于窗户没有关严，虽然兔笼没有被飘进屋子的雨水弄湿，但小兔却受凉生病并很快死去了。

当妈妈把这个不幸的消息告诉给小娜时，小娜竟然一脸轻松地说："太好了，终于没我什么事了！"妈妈有些失神地看着若无其事的小娜，"这孩子怎么一点儿爱心都没有啊？"

妈妈记得，自己年幼无知的时候，曾经用小棍把蚯蚓截成好几段；曾经用竹竿收集蜘蛛丝去黏蜻蜓，把蜻蜓关在蚊帐里替自己灭蚊子；也曾经把瓢虫的翅膀撕掉、把蝗虫的大腿扭断。但随着年龄的增长和父母的教育，自己逐渐明白了以前对小动物的残酷迫害是多么恐怖的事情。看来，得赶紧为小娜补上这一课了。

很多家庭都曾经饲养过小动物，有的家庭养宠物狗，有的家庭饲养热带鱼，还有的会喂养小乌龟、小仓鼠、小兔，等等。父母们饲养小宠物的目的主要是想让孩子接触自然、了解其他物种、学会关爱生命。当然，也不乏有的父母买只小猫小狗陪孩子玩耍，认为比买高档玩具便宜多了，还能和孩子互动。

但是，很多小孩子喜欢小动物只是三分钟热度，开始对动物很好，可是自己的耐心不够，过不了多久就对动物不闻不问了，有的甚至把小动物随手丢弃，对小动物的生死漠不关心。所以我们经常可以看到有的小孩子捏死小鸡、掐死金鱼，而父母不仅不重视，反而觉得没什么大不了的，不就是花钱买嘛，死了再买一只就是了。如果父母持有这样的观点，受此观点潜移默化影响的孩子长大以后很可能就会变得冷漠、狠心，不善待父母亲人，甚至还会制造残暴的事件。作为父母，我们一定要让孩子明白：小动物是生命，不是玩具。

哲学家康德曾经说过："人必须以仁心对待动物，因为对动物残忍的人，对人也会残忍。"根据相关研究表明，健全的人格一般在孩子时期形成。6 岁以前的孩子捉弄、伤害小动物其实并不是出于恶意，他们年纪尚小，还不知道自己的所作所为会对弱小的动物造成怎样的伤害、会出现怎样的后果。但是，6 岁之后进入学龄期的孩子依然残暴地对待小动物，父母就要及时查找原因，尽早把孩子拉回正常的轨道。要找清楚是什么原因让孩子对动物没有爱心，孩子是出于好玩还是基于别的什么原因对小动物施虐。

当孩子伤害小动物或对小动物的死伤无动于衷时，父母不要过于紧张，也不要给孩子造成不必要的压力，而要言传身教，做好爱护动物的榜样，这样才能让孩子逐渐认识到自己行为的错误性。

比如，有位妈妈，她的儿子 9 岁了，见同学饲养了仓鼠，自己也买了一只在家里养着。妈妈花了不少钱买鼠笼、鼠粮、浴砂、垫料，却见儿子不断拿小棍戳仓鼠的脑袋，妈妈看着觉得挺生气，但还是按捺住情绪，询问儿子为什么要戳仓鼠。

儿子抬起头来兴奋地说："嘿！妈妈快看啊！仓鼠把吃的都藏在它的腮帮子里了！"于是妈妈也凑过来一起观察仓鼠，发现仓鼠的头比几小时前大了不少，小心地伸手摸摸仓鼠的脸颊两边，还真是摸到了不少成形谷粒。母子两人立刻上网查找资料，发现仓鼠嘴里左右各有一个"囊夹"，就像是它的口袋，可以装下食物、木屑或任何仓鼠感兴趣的东西。野生的仓鼠就是靠这个本事把食物塞入囊夹中带回巢内贮藏起来的。

原来儿子并不是故意虐待小仓鼠，妈妈放心了。儿子通过查找资料还了解了很多饲养仓鼠的基本知识，哪些东西不适合给仓鼠吃、仓鼠得了湿尾病又该如何照顾，等等。在儿子的宠爱下，小仓鼠不仅十分乖巧听话，还会爬到儿子手心里仰面朝上，惬意地等着儿子喂食面包虫呢！

37. 让孩子拥有一颗感恩的心

媒体曾经报道：四川省某中学的一个平凡普通的食堂师傅张明星，虽然每月只有500元退休金，可他在6年时间为80多名贫困生提供过免费餐。在张大爷帮助过的学生里，77人走进了大学校门。然而，这些受过资助的贫困学生却没有一个人回来看过张大爷，甚至一声问候、一封感谢信也没有，没有一个人以任何方式对张大爷表达过感激之情。

看到过这个报道的人，都不禁对张大爷省吃俭用数年如一日用微薄收入帮助贫困孩子的义举感到敬佩，更对那几十名学生集体忘恩的行为感到气愤。古人云："滴水之恩当涌泉相报。"张大爷不求回报，义务地为孩子们提供免费餐的恩情，难道丝毫没有打动学生的心吗？这些受到过张大爷帮助、扶持的孩子难道能够毫无愧疚、心安理得地生活吗？难道他们就不曾想过，如果不是张大爷，他们的人生恐怕将是完全不同的境遇，更未必能顺利升学。

如今的孩子大多数是独生子女，是全家的中心，从小到大都被大人的爱包围着、保护着。久而久之，很多孩子认为从父母那里得到东西是理所当然的，渐渐地只知索取，不知回报，也不会想着去关心别人，更不知道受人恩惠需要感激。所以教育孩子学会感恩是一件十分重要的事情。

◎让孩子浸润在感恩的环境中。

现实生活中，一些父母要求孩子尊敬长辈，而自己却不懂得尊重老人，甚至虐待老人。这种只注重对孩子言教而忽视身教的父母往往得不到孩子的尊重和爱戴，言行不一致的教育还会使孩子无所适从。

父母是孩子的启蒙老师，父母的一言一行，哪怕是一个小小的举动，都会使孩子在心理、性格等多方面受到潜移默化的影响。父母要为孩子营造一个尊老爱幼、幸福和睦的家庭环境，就要从自身做起，做好孩子的榜样。

比如，爸爸站在凳子上为客厅换节能灯时，妈妈主动来帮爸爸稳定凳子，爸爸要大声地对妈妈说："谢谢!"而妈妈也对爸爸为全家人带来光亮表示感谢。在这种氛围中，孩子通过耳濡目染，不仅会接纳这种最基本的礼仪，而且还会发自内心地向父母道谢，将感恩内化于人格之中。

◎让感恩成为一种习惯。

感恩是一种情感，也是一种美德，更是一种良好、积极的生活态度和生活方式。让孩子学会感恩，就是让他们懂得在尊重别人的基础上，对别人的给予心存感激并分外珍惜。所以，父母要在日常教育中渗透感恩意识，应该让孩子从知恩、懂恩开始，逐渐学会感恩、报恩，使感恩成为一种习惯，形成自觉而内化的行为。

一个连父母都不爱的孩子怎么可能爱别人，怎么可能融入社会与他人合作？在日常生活中，父母要启发孩子学会用感恩的心态面对父母的付出。

孩子一开始可能不知道如何感恩，甚至觉得没有受到恩惠而"无恩可感"，认为父母为自己所做的一切都是自然而然的。基于这种情况，父母不妨提醒孩子。比如，孩子穿外套，衣服拉链不好拉拢，妈妈来帮忙时不仅要指导孩子如何对准拉锁、如何利用巧劲，更要提醒孩子："妈妈来帮助你解决了困难，你该对妈妈说句什么话呢？"这样启发式的提示语言能够使孩子很快明白过来自己需要对妈妈表示感谢。有的妈妈此时却说："我帮你拉上了拉链，怎么连一句感谢的话都没有啊！让你说句'谢谢'真有那么难吗？"这样没有恶意的嗔怪语言，会让孩子感到委屈，因为他当时很清楚妈妈帮助了自己，只是忘记了说那个"万能词"而已。

让感恩成为一种习惯，还要让孩子习惯于做力所能及的家务。父母不要为孩子打理一切事情，如果替孩子包办代替，他就会渐渐习惯于坐享其成，并认为这一切都是理所当然的。久而久之，孩子就不会感谢父母对他所做的一切了。

要让孩子了解家里的难处，了解父母生活、工作的压力和艰难。让孩子体会到父母是因为爱他才会为他付出这么多，从而更加珍惜父母给自己提供的舒适生活，对父母产生尊敬、爱戴和感激之情。

◎给孩子表达感恩的机会。

感恩不仅仅是语言上"谢谢"之类的固定话语，更是一种行动。有的孩子可能嘴上不会说一些甜言蜜语，他表达感激之情是通过亲一亲、拥抱、想帮助父母做事情等方式来表达。父母一定不要阻止孩子的这些行为，更不要对孩子说"家务事不用你管，有那闲工夫还不如读好书"之类的话。父母要给孩子表达感恩的机会，理解孩子的感恩方式，接纳孩子的感恩情绪。

第5章

学习：重视学习，而非强制学习

小学阶段是孩子学习的黄金期。孩子在小学特别是在低年级时学习成绩并不是第一位的。这个时期最重要的应该是使孩子养成良好的学习习惯，找到和使用高效率的学习方法。

38. 会玩的孩子成绩更好

玩，是孩子的天性。可现在，这种天性已经被各种压力淹没：课业负担越来越重、教材越来越深、进度越来越快、测验越来越多。加上独生子女家庭的孩子由于安全、隔代照顾等原因使得现在的孩子没空玩、玩不起来、不会玩。对不少孩子来说，玩直接等同于上网打游戏、看电视。对于有的父母而言，看到孩子和同伴扔沙包、跳绳就很不高兴，认为娱乐会浪费孩子的学习时间。于是，要求孩子按时完成老师布置的作业之外，还要参加各种提高班、兴趣班学习更多的东西。看起来孩子好像整天都在不停地学习，一刻也没有放松过，但实际的效果如何呢？往往孩子在书桌前呆的时间越长，他的思维就越僵化，身体素质也越不好。父母一味催促孩子“别贪玩！抓紧时间学习啊！别松劲儿啊”，结果却适得其反。

李大钊先生曾有一句十分著名的话：“要学习就要认认真真地学，要玩就要玩个痛快。”孩子的天性就是爱玩，如果父母学会尊重孩子的天性，遵循孩子的身心发展需求，适当让他们放松和娱乐，让他们的身心得到休息，等他们玩过之后再投入到学习中去，父母会惊喜地发现孩子的学习态度、学习效果会更好。

北京市东直门中学的田禾同学是2005年北京市的高考理科状元，她就是一个会玩的人。

田禾特别喜欢网球，无论天气如何，每逢周末必定要去打网球。即使是邻近高考的“非常时期”，别的同学都足不出户地复习功课，没有人和她对打，她还是一个人到网球场对着墙壁练习击球。在家里，她总是会观看各大网球赛事，尤其喜欢西班牙网球运动员纳达尔。如果纳达尔比赛的时间正好赶上节假日，她会熬到凌晨观看直播。

除了酷爱网球运动，田禾还喜爱书法、自行车运动等，她的爱好可谓十分广泛，但这些爱好完全没有影响到她的成绩。在2005年的高考中，田禾以707分的总成绩摘得了北京市高考理科的第一名，考入北京大学理科实验班。

这个在别人眼里喜欢玩、对学习似乎并不是那么上心的女孩儿，最终考了全市第一。

为什么那么多的课余爱好没有占用她的学习时间呢？为什么她那么贪玩依然拥有令人羡慕的好成绩呢？如果父母们认真回忆一下自己的童年生活，我们的身边一直存在这样每天玩乐而成绩很好的同学，难道他们是天生聪明的神童？

其实，他们并不比别人天资更为聪颖，而是会利用劳逸结合达到最佳学习效果罢了。

大脑休息的最佳方法就是学习与体育锻炼、娱乐活动相互交替进行。长时间坐在书桌前面看书、演算，时间一长就会感到身心疲惫，注意力就会下降、记忆力随之衰退，这就是所谓的“欲速则不达”。

小斌虽然只有五年级，但学习十分刻苦，每天上课不停地记笔记，把几个笔记本都写得满满的。每天中午吃过饭，别的同学要么趴在桌上休息一会儿，要么跑出去散散步、踢踢毽子，而他却掏出书本继续看起来。放学回到家，小斌吃完饭就开始做作业，做完作业还要把第二天的功课仔细预习。然而，尽管他付出的努力远比一般的同学要多，可他的成绩却始终排在中游。

小斌就是典型的不懂得劳逸结合的孩子，不仅学习成绩上不去，身体素质也不会太好。

很多有经验的老师都有这样的感触：那些成绩优异的孩子往往并不是整天坐在书桌前的书呆子，而是听课认真、下课玩得最欢的孩子，那些整天捧着书本苦读的孩子确实很乖，但学习不得法，又不会利用课余时间调节，成绩往往并不理想。

有研究表明，当人从事紧张、艰苦、繁重、复杂的脑力劳动时，大脑皮层会处于高度兴奋的状态，耗氧量也急剧增大。长时间的用脑必定会使身体的氧集中在头部，而造成全身血液循环减慢，这样产生的恶性循环反过来又会使流经大脑的血量减少，引起暂时的"脑贫血"，令大脑产生疲劳，抑制了大脑的功能，造成记忆力下降。即使对知识点进行记忆也只是短暂粗浅的，印象不深并且很容易遗忘。

而且，在大脑过度疲劳的情况下，人会普遍表现出较大的情绪波动，产生忧虑、厌烦、怠倦等心理问题。对于孩子而言，还会产生厌学、敌对等情绪。所以，父母要了解孩子的生理发育和心理发展规律的客观要求，如果不顾孩子的身心需要而只要求孩子用功学习，反而会得不偿失，耽误了孩子的发展。在日常生活中，父母一定要注意引导孩子进行一些其他的活动来转移情绪指向，使孩子的紧张情绪得到松弛、稳定，逐渐恢复良好愉悦的心境，然后再重新学习，劳逸结合，反而可以提高学习效率。

39. 扩大孩子知识的广度和深度

很多父母都意识到“两耳不闻窗外事，一心只读圣贤书”的弊端，但如何使孩子跳出课堂的束缚，使孩子的知识广度和深度得到扩大呢？下面介绍几种行之有效的方法：

◎选择适当的书籍增加孩子的课外阅读量。

当今社会的各个领域相互渗透，各项知识互相交融，对小学阶段的孩子而言，增加课外阅读的必要性日益凸现。课外阅读既能扩大孩子知识面，拓宽知识的广度和深度，又能提高孩子的阅读理解能力，帮助孩子进一步了解掌握课本知识。

对于孩子来说，阅读可以培养孩子的文学素养，拥有良好文学素养的孩子在学习其他课程时往往更得心应手。为了给孩子打下全面发展和终身发展的基础，父母在家庭教育中也要注重培养孩子广泛的阅读兴趣，扩大阅读面，增加阅读量。不仅要引导孩子利用适当的时间用于课外阅读，还要协助孩子选择思想内容健康、与学科互补、适合孩子阅读能力和阅读兴趣的书籍，避免课外阅读与课堂学习产生冲突。

就课外阅读的书籍而言，世界名著和世界名人传是必不可少的阅读对象。孩子可以在阅读名著的同时认识世界各国各个行业的顶尖代表人物，不仅可以开阔孩子的国际视野，还能作为课堂内容的补充，使孩子对学习过程中的知识点有更多、更深入的认识，印象也更为深刻。

前苏联教育家苏霍姆林斯基说："让孩子变聪明的办法不是补课，不是增加作业，而是阅读、再阅读。"孩子读的书越多，他的知识面就越广，思维就越活跃，学习新知识就会变得越容易。所以，父母要尽量引导孩子课外阅读，养成广泛阅读、深入阅读的习惯，协助孩子积累一辈子的财富。

◎培养孩子勤动笔的习惯。

再聪明的脑袋，也会有遗忘的时候。俗话说："好记性不如烂笔头。"生活中我们经常发现，那些学习成绩好的孩子大多都有勤动笔的良好学习习惯，而这种学习习惯在长期坚持之后逐渐变成了一种生活习惯，日积月累地记录强化了记忆，让知识在脑海中留下的印象更加深刻、清晰，难以磨灭。

晓晓有一个好习惯，就是善于动笔。晓晓读书的时候，会在书的边沿批阅文字，协商自己的心得体会和感悟；如果是借阅学校或同学的书，晓晓就会把体会或书中的新知识、新概念、佳词妙句摘抄下来记录在自己的笔记本上。即使出门旅游，晓晓也会带上笔记本，把一路看到的新奇风物、景致，自己的感想都一一记录下来。

在作文课上，晓晓写的文章总是内容最丰富的；出墙报，晓晓也是最优秀的编辑；班会发言时，晓晓的话也最有说服力。正是由于她善于动笔，才使得她积累了丰富的题材和文字功底，使她表现得更加出众。

有些孩子可能没有做笔记的习惯，父母要引导孩子认识到用笔记录、动手写是一个强化记忆的过程；光用眼睛看，脑子是不可能完全记住眼睛所看到的所有东西的。只有把知识"写"在脑海里，才能留下清晰深刻的印象。如果孩子认为做笔记太费时间、费精力，父母可以建议孩子先少写、精写，不必追求写得多、写得满，还可以教孩子采取多种形式做笔记。

比如，可以用卡片的形式做笔记，让孩子在分门别类、理解消化、筛选笔记的过程中获得深刻印象，积累丰富的资料。

可以把需要记录的内容从报刊杂志上裁剪下来粘贴在笔记本上，不管是一句名言还是一副饶有兴味的图片，都可以鼓励孩子剪下来粘贴在专门的笔记本上，使这个剪报本成为一本内容丰富的相册，不仅孩子喜欢随意翻阅，而且可以作为亲子交流时的谈资。

可以在阅读自己的书籍时在重点、难点、精彩之处以各种符号进行标注。如果有的内容孩子觉得特别好，可以把精彩的部分做成书签的形式夹在课本里或放在房间显眼的位置，像一些经典的名人名言，孩子能在记忆中理解这些精辟语句的深刻含义，还能在日后的写作中随手拈来、灵活运用。

除此之外，还可以写读书纲要，以提要式的方法把自己看到的书籍进行内容划分，便于掌握全书的内容、逻辑结构、作者思路和写作方法。

◎利用节假日带孩子外出旅游。

“读万卷书，行万里路。”在孩子的成长过程中，旅游是十分重要的组成部分，旅游不仅仅是放松身心的一次压力释放，不仅仅是简单意义上的玩，更能开阔孩子的视野，培养孩子的生存能力、竞争意识和口语表达能力，还能拓宽孩子的思维、增长知识、陶冶情操和提升孩子的综合素质。

父母可以利用节假日带孩子外出旅游，也可以选择动物园、植物园、博物馆、科技馆等去处；还可以就近进行踏青、采摘、露营等家庭活动，让孩子在大自然中观察并逐步理解书本中那些抽象的概念性知识。

◎引导孩子观看知识性强又不乏趣味性的电视节目。

现在的电视节目内容十分丰富，其中不乏既具有丰富知识内涵又有一定趣味性的电视节目，父母可以根据孩子的喜好，建议孩子在完成作业之后观看电视节目。

40. 让孩子养成良好的阅读习惯

对于每一个人来说，阅读都应该成为终身的良好习惯。养成良好的阅读习惯不但可以帮助孩子提高学习成绩，增强孩子的学习能力，还能丰富孩子的间接经验，提高孩子对语言的理解能力，有助于孩子思维的良性发展。

但是，生活中却有很多孩子并没有养成阅读习惯。

一位爸爸说："我和孩子的妈妈平时工作很忙，为了丰富儿子的课余生活，我给他买了很多课外知识读物，可是他每次做完作业之后不是坐在电脑前玩游戏，就是窝在沙发上看电视，对我颇费心思为他挑选的课外读物根本就没有什么兴趣，我提醒他应该翻看一下，他还挺不耐烦的样子。为什么他就是不喜欢读书呢？"

这位爸爸的苦恼也是很多父母的共同烦心事。其实，一个人的阅读理解能力往往和他的家庭氛围有关。在这个家庭中，父母的工作都很忙，几乎没有阅读的时间，儿子没有读书的良好环境，也就不会养成读书的习惯。

父母仅仅认识到阅读的重要性显然是不够的，还应该懂得如何和孩子一起阅读。光让孩子读书，孩子没有良好的读书氛围，会觉得"怎么就我一个人读呢，你们大人怎么不读呢？"如果强制要求孩子读书，他更会丧失阅读的乐趣和兴趣。所以，父母应该和孩子共同阅读，讨论书籍的内容或是读后的感想。这样不仅可以增强亲子之间的关系，还能了解到孩子是否理解了阅读的内容。

那么，具体说来，父母应该怎样培养孩子养成良好的阅读习惯呢？

◎了解孩子的阅读兴趣并协助孩子确定阅读的书籍。

孩子如果产生了阅读的渴望，自然就会在阅读中获得乐趣。所以，父母不要用奖惩或强制的方法迫使孩子读书，而要了解孩子的阅读兴趣，向孩子推荐适合他年龄阶段并符合他兴趣爱好的书。

有调查表明，小学3～5年级孩子阅读的书籍具有一定的特点，他们在选择书籍时首选的是童话故事书，其次是科学幻想故事书，再次是传奇故事和英雄人物故事书。此外，还包括数学游戏、发明创造、动物世界、旅行、航海、战争、历史、笑话、娱乐等方面的书。绝大多数孩子对未知世界和神秘力量都充满了好奇，虽然不同孩子的兴趣千差万别，不同孩子喜欢的书也有所不同，但只要父母们根据孩子年龄选择符合孩子身心发展规律的书籍，孩子就会尝试着去阅读。

当然，如果孩子对读书确实没有兴趣，父母也不要灰心，更不能认为自己的孩子不爱学习。父母要尊重孩子的选择，可以先向孩子介绍书中的精彩片段来引起孩子的注意。如果孩子还是不想阅读，父母不妨尝试在现实生活中寻找孩子的兴趣点，投其所好，向孩子推荐一些或许在大人看来不太合适但尚且健康的书籍。

◎给孩子选择图书的权力。

阅读首先应该是一种享受，其次才是求知的行为。在孩子的阅读过程中，他是主导者，应该享有自主选择图书的权力，而父母可以作为引导者、建议者对那些真正有害于他的书刊杂志进行控制。一般来讲，孩子在上小学之后，已经逐渐形成了自己的阅读爱好和兴趣，在阅读内容的选择上也比较有主见。对此，父母可以注意观察和引导，但不要做太多的干涉，更不能把自己的意愿强加在孩子的阅读爱好之上，更不要按照自己的阅读习惯和知识观念给孩子开列必读书目。父母不能以“我认为这本书很适合你，你必须看看”为理由剥夺孩子的选择权，那样会使孩子对阅读产生厌烦心理，享受不到阅读的乐趣，继而失去阅读的兴趣。

◎协助孩子拟定阅读计划。

如果孩子需要的话，父母可以协助孩子制订一个具体的阅读计划。在这个尽可能具体的计划中，可以根据孩子的时间和需要列出每周阅读的书目和时间安排。有了明确的阅读计划，可以让对阅读感兴趣却又难以坚持成为习惯的孩子得到不断的激励。当然，阅读计划并不是一成不变的，可以让孩子根据自己的实际情况做出修改。

如果孩子不能完成计划，父母也不用太过在意，计划只是一个大体的纲领性安排，仅仅作为孩子阅读进度的提示和标注，没有太多的实际意义，如果孩子完成了计划中的部分书目，只要他学到了东西，这个计划依然是有效的。

◎教孩子在阅读中学会思考。

只是阅读而不在阅读过程中加入思考，这样的阅读是没有任何意义的。表面上看，沉浸在书海中阅读的孩子似乎很爱读书，但这种阅读方式是不值得提倡的，并不是良好的阅读习惯。书籍对于孩子而言不但不能起到很好的启迪、教育作用，反而还会影响孩子的身心健康。我们不难发现，许多性格内向、孤僻的孩子往往把看书当成了一种解压方式，把自己封锁在书本构筑的小屋里不愿出来。

所以，父母既要让孩子爱上阅读，又要避免他对书产生严重的依赖；要教育孩子在阅读的过程中边看边思考，和实际生活、现实环境相联系，把书本知识转化为具有现实意义的材料。

41. 让孩子上课注意听讲

明明和小爽既生活在同一个小区，在学校里又是同桌，但两人的成绩却大不相同。明明的妈妈拜托小爽在平时多帮助明明，更再三鼓励明明向小爽学习，可一段时间过去了，虽然小爽在课后经常帮明明补课，周末明明妈妈也请小爽来家里玩，但明明的成绩却丝毫没有起色。

明明的妈妈向老师咨询，老师认为，明明上课不注意听讲，是他成绩上不去的最大原因。为此，明明妈妈特意请假到学校，站在窗外观察了明明一节课的学习。

果然，在上课的时候，小爽一直很认真地听着老师讲的每一句话，并不时地根据老师写的板书在笔记本上做记录。而明明呢？一听见窗外有什么风吹草动就四处张望，外面的小鸟叫了，他也要伸头张望一下；外面传来上体育课打乒乓球的声音，明明也忍不住伸手到课桌里摸摸自己的乒乓球拍。

妈妈只看了一节课，就知道明明的问题出在哪里了。

对于孩子来说，学习的最大“敌人”就是上课注意力不集中。在45分钟的课堂时间里，老师会把要点和精华进行分析讲解，一旦错过了，课后花再多的时间往往也不能补回这45分钟里的知识。我们经常看到有的孩子下课之后玩得特别尽兴，而他们的学习成绩却特别优异，这样别人产生了困惑，“他们和我们一样地玩，为什么他们的成绩却那么好呢？”关键在于这些孩子很好地利用了课堂的学习时间，上课注意听讲，在课堂内就把知识点掌握了。他们并没有晚上回去偷偷看书补课，只不过是注意力比别的孩子更为集中罢了。然而，正是因为上课的精力集中，他们的学习效率往往高于其他上课注意力涣散的同学。

“上课要注意听讲，要集中注意力专心听老师讲课！”父母对孩子这样说，孩子也很想那样做。可结果却往往不尽人意。那么，在日常生活中，父母应该如何鼓励孩子上课注意听讲并取得实际的效果呢？

◎孩子的注意力与年龄有关。

孩子上课注意力不集中，对课堂内容不能保持精神的高度集中，这和孩子的年龄有很大关系。研究表明，不同年龄段孩子的注意力稳定时间各不相同：1~4岁孩子的注意力往往低于15分钟，而5~10岁的孩子是20分钟，10~12岁的孩子是25分钟吗，12岁以上可以达到30分钟。所以，想让6~12岁的孩子在课堂上的45分钟之内都十分专注几乎是不可能的。

现在的小学教育中，老师们已经注意到了这个问题，并且采取了切实有效的办法使孩子们在注意力比较集中的时间段内获得尽可能多的知识。其中，最为直接有效的办法就是在课堂的前15~25分钟之内讲授新课，余下的时间进行复习或布置作业。这样进行时间的划分之后，可以有效地在遵循孩子身心发展的基础上使知识得以高效地传输。

◎父母要了解孩子注意力不集中的原因。

父母要积极和孩子的老师保持联系，了解孩子在哪些课程中上课不注意听讲，容易走神。和孩子进行谈心，了解孩子是因为听不懂还是没兴趣导致了注意力分散。有必要的话要对孩子进行有针对性地补课和教育。要让孩子明白，上课的时间没有有效地利用，不注意听讲，该学的时候没有专心认真地学习，就只好占用玩的时间来补课。明白了这个道理，孩子就会意识到上课听讲的重要性，从主观上愿意积极利用上课时间学习，而拥有更痛快自由玩耍的时间。

◎父母要着重培养孩子的自我约束力。

自我约束力也是自控能力，如果孩子的自我约束力较差，他的注意力就很容易分散。孩子的好奇心一般都很强烈，任何一点风吹草动都会引起他的兴奋点，分散他的关注度。所以，父母要有意识地创设情境，帮助孩子逐步提高自我约束能力。比如，可以和孩子玩“木头人”的游戏，在约定的时间内“不能说话、不能动”，通过游戏活动让孩子慢慢将外在的游戏规则内化为自我的约束行为。

◎劳逸结合、松弛有度。

无论是谁，长时间做同一件事都会感到疲劳，逐渐失去兴趣甚至产生厌烦、抵触心理。父母要注意提醒孩子劳逸结合，该玩的时候让孩子放松地玩耍，不能为了锻炼孩子的注意力而长时间要求孩子必须看书或写字，那样会使孩子感到身心疲劳，注意力也会始终处于游离状态。琴弦长时间紧绷会断裂，人的思想长时间高度集中也会出现各种问题。所以，引导孩子劳逸结合、张弛有度，可以有效缓解长期以来高度集中注意力而导致的紧张情绪，使孩子得到充足的休息之后学习起来更加认真，精神和注意力也更为集中。

42. 学英语一定要开口说

语言是人类交流的工具，在英语的学习中，说是很重要的一个方面。但在我国的英语教学中，长期存在语境欠缺的弊端。孩子们只知道背单词、读课文，成了只会用笔做题而不会用英语交流的“哑巴英语”。

许多父母谈起自己的孩子学习英语时会说：“孩子倒是很喜欢学英语，除了学校里老师教，我们也尊重他的选择给他报了外教英语提高班，可孩子喜欢归喜欢，回家就不愿意听英语光碟，也不肯背单词、读课文。”

在这些父母看来，孩子学习英语不外乎就是读读课文、背背单词。背单词固然重要，但在小学阶段，最重要的还是培养孩子的英语学习兴趣，让孩子养成良好的英语学习习惯，在学习中逐渐形成规范的语音语调，并且敢于大胆开口说。光会看、会听显然是不够的，要会说才能真正掌握英语，才能培养英语的综合运用能力。

有的父母可能会认为，孩子也在开口说英语啊，但他们并没有发现，孩子虽然开口说了，但却是机械地运用课本里一问一答的句型回答问题。只要让孩子说英语，他们一定会以介绍自己的姓名以及喜爱的水果或动物等为主要内容。这些内容仿佛是中国孩子说英语的固定模式。

为了培养孩子运用语言思维的能力，灵活地用非母语表达自己的理解和感受，父母不要盲目地让孩子背单词，而要从以下几个方面着手：

◎努力为孩子营造英语交流的环境。

英语交流的环境是培养孩子开口说英语的首要条件。孩子不喜欢开口用英语交流的原因主要是不会使用正确的形式表达和害怕出错不敢说。如果父母为孩子营造了宽松、自由的英语交流环境，就可以消除孩子的紧张感，孩子也更愿意大胆开口用英语表达自己的想法。

丽丽的妈妈坚信“不能让孩子输在起跑线上”，对丽丽的学习抓得很紧。虽然小学阶段的英语并不复杂，但丽丽妈妈却认为，要从小打好基础，基础扎实了以后进入初高中才能学得更好。于是，丽丽妈妈每天都规定丽丽拼写单词，背诵英语课文。

虽然妈妈很积极，但丽丽却一点都不像妈妈那样有“危机意识”，不仅学习起来很懒散，没有积极性，在和妈妈进行英语对话时更是不愿开口。常常对话进行了一半就不愿意说了，把妈妈气得不行，“你这孩子，怎么这么不长进呢？你知不知道英语有多重要？我是着急得不行，你倒是一点儿都不急。你现在不好好学，不坚持练，以后越来越难了你就跟不上啦！”可无论妈妈怎么说，丽丽就是不喜欢和妈妈玩和英语有关的游戏。因为只要她说错或答得慢，妈妈就会着急上火，那样的游戏有什么好玩的？

妈妈的着急和催促让丽丽感受不到英语学习带来的快乐，反而觉得是英语让妈妈变得那么凶，对英语学习自然就产生了浓重的抵触情绪。所以，为了让孩子从心底里愿意学英语，愿意说英语，就要为孩子营造轻松、愉快的环境，把学习和练习英语变成快乐的事。

◎请孩子当老师。

父母不妨请孩子担当小老师，把当天所学的英语教给家长，这样既能使孩子在教的过程当中复习了知识，又营造了良好的英语氛围，更让孩子在温馨的环境中敢于开口说英语。孩子都喜欢当大人的小老师，他们为了能教好“学生”会更加认真地听课，对英语的兴趣也逐步提高，学习也变得轻松快乐，开口练习英语的机会也大大增加了。

◎让孩子多听英文歌曲。

父母们可别小看英文歌曲的作用，让孩子听英文歌曲不仅可以使孩子享受到音乐的无穷美妙，体会到英文歌词的简练深刻，而且还能帮助孩子学语音、词汇、句型、语法，包括一些历史文化。

对孩子来说，学歌词就是最有效的语音练习。唱英文歌曲讲究咬词、吐字清晰，可以帮助孩子矫正语音、语调。而且，英文歌曲一般词汇简练但意味深长，包含了很多流行词和地道纯正的表达法，可以扩大孩子的词汇量。这比父母督促孩子枯燥无味地背单词，效果要好得多。

◎让孩子多练习一些口头对话。

有的父母和孩子进行英语对话时，发现自己说这个孩子听不懂，问那个孩子也不会，就认为孩子没有认真学习，而孩子却委屈地说老师还没有教。为了避免发生这样的情况父母首先要对孩子的英语课程内容有所了解，知道哪些单词或句法是孩子在课堂上学习过的，可以在日常生活中围绕这些内容和孩子展开口头对话。比如情景会话、交际性会话，口头讲述故事、故事接龙、演自己创编的小短剧等。父母可以作为虚拟顾客、病人或观众，和孩子展开互动，趣味性增强了，孩子的英语交际能力也在不知不觉中得到了提高。

43. 给孩子准备一个“纠错本”

孩子进入小学之后，从幼儿园娃娃转变成小学生，生活环境和规律都发生了变化。入学之初就要开始正规学习一些基础课程，这会让孩子感到一定的压力，难免在学习上会出现各种各样的错误：写错拼音、写错字、算错题、忘带单位，漏做题、数错段落，等等。五花八门的错误在孩子小学的各个阶段不断出现，而考试试卷作为检查孩子学业的“度量器”就成了错误集中爆发的场地。

虽然考试成绩并不是衡量孩子学习的唯一标准，可每一次考试的分数都会或多或少地影响孩子和父母的情绪和心情。不少父母发现，孩子的错误经常是由于粗心大意引起的，而且上一次考试时出现过的问题，在下一次考试时又会发生。孩子好像根本就没有记住自己的错误，这样就相当于不断在同一个地方跌倒，考试失分也太不值了。针对这种情况，父母不妨给孩子制作一个纠错本，指导孩子把平时作业上的错题摘录到纠错本上，并坚持每天更新。到了考前，孩子只要将纠错本翻开，就知道自己哪些地方是薄弱点，并进行专项练习。

我们平时在教育孩子的时候，都会让孩子直接在作业本、试卷上订正错题。可随着时间的流逝，孩子的作业本和各类试卷越来越多，不仅不容易保存，而且翻找错题也很麻烦。如果有了“纠错本”，保存和检索都相对简单便捷。

“纠错本”把孩子平时的错题都集中在了一起，不仅仅是“纠错集”，更是一本“精华集”。但是，这个专门记录错误的本子并不是简单把各种错误记录在案，还是要讲究一定的方法，便于孩子查找，同时更方便考前复习。

◎要按科目分别制作“纠错本”。

“纠错本”可以是普通的作业本，也可以是相对结实、牢固的笔记本。无论是普通本还是笔记本，父母都要指导孩子按照学科进行划分，不同的科目使用不同的“纠错本”。这样分门别类地整理，可以在有序地归纳、总结之后方便随时查找、复习。

如果有比较厚的笔记本，也可以正反面分别记录以示区别，这样也方便携带和查看。

◎指导孩子做完整的纠错记录。

“纠错”并不仅仅是把错误做个记录就行了，时间长了再查找时就会对无头无尾的错误感到迷茫，这样的“纠错本”是没有任何意义的。父母在指导孩子纠错的同时，要让孩子在抄写错题时把错误答案和正确的解答一并抄在纠错本上，这样在日后复习时可以避免再次出现同样的错误。

对于一些篇幅较长的题目，父母不妨帮助孩子抄写，也可以教孩子如何对一些试题进行剪辑、复印和粘贴。对于小学高年级的孩子，父母可以指导孩子对纠错本的版面进行划分，留出空白，以便孩子在学习时不断把自己的感悟添加在纠错本上。

◎帮助孩子总结错误原因。

有的孩子抄写错题抄完了就结束了，这样为抄题而抄题的做法没有多大的记忆效果。父母要指导孩子分析、总结错误的原因，可以在错题下面写出造成这种错误的原因，看看发生的错误是由于知识点没有掌握，还是书写格式不规范造成的失误，或者是粗心或混淆了定义……如果孩子能够自觉地把相同、相似的错误作一定的标记，这样的孩子一定是很善于总结归纳的小能手。因为他细心并且用心地作出标注，以便日后的重点复习，高效地使用了纠错本，必定会得到更好的回报。

◎督促孩子经常翻看“纠错本”。

把错误进行归纳和总结只是学习的一种手段，而利用“纠错本”才是学习的捷径和最终目的。父母要督促孩子经常性地翻看纠错本，让孩子在添加新错误的时候不妨先翻看以前的抄写内容，看看是不是在同一个知识点上已经出现过错误。如果是，就必须引以为鉴，对错误进行认真分析，争取把问题吃透不再犯相同的错误。

作为考前复习的必备资料，“纠错本”可以让孩子了解自己在学习上的薄弱环节，继而进行有针对性的高效复习，既节省了时间，又达到了复习的目的。

◎鼓励孩子和同学交流彼此的“纠错本”。

每个孩子的学习状况不一样，考试成绩也不同，出现的错误更是各异。父母可以鼓励孩子和同学进行相互交流，从别人的错误中吸取教训，达到“有则改之无则加勉”的效果。

44. 给孩子选他喜欢的兴趣班

兴趣主要是指人对事物喜好或关切的情绪，表现为人们对某件事物、某项活动的选择性态度和积极的情绪反应。兴趣在人的实践活动中具有极其重要的意义，可以使人集中注意力，产生愉快紧张的心理状态，全身心地投入到事件或活动中去。

不少望子成龙、望女成凤的父母常常让孩子学习乐器、舞蹈、绘画，希望孩子能够发挥这些艺术特长，不仅变得更加聪明，还能获得各种奖励或证书为今后的升学打下基础。因此，父母纷纷给孩子在学校报各种兴趣班，还利用节假日带着孩子参加各类培训班，不仅孩子累，父母也累。孩子感受到的是太多的压力，而不是生活的乐趣，认为自己是为父母而学习的，从而对学习产生抵触心理；而父母则认为自己上班已经很辛苦，还要交不少学费、腾出时间和精力陪孩子参加各种兴趣班，孩子不仅不体谅父母的艰辛，还一副不情不愿的样子，完全不明白父母的一片苦心。于是，上兴趣班成了孩子的噩梦，有的孩子以哭闹的方式拒绝学习，还有的孩子会顶撞、冒犯父母，甚至会以今天头痛，明天肚子痛为由换着花样来抗拒上兴趣班。

孩子的这些反抗肯定不是父母愿意看到的。那么，怎么才能使孩子自觉自愿地参加兴趣班呢？

兴趣班就是孩子感兴趣、喜欢才会参与的学习班。如果父母能够尊重孩子的兴趣，给孩子选择他自己所喜欢的兴趣班，他一定会积极地参与并且乐在其中。

甜甜的妈妈看到小区里其他几个和甜甜同龄的小女孩都参加了舞蹈培训，认为作为女孩，即使不参加舞蹈考级，能通过练习舞蹈锻炼出优美的体型，也不失为一件有益于孩子一生的好事。于是，妈妈就近找了一个有教学资质的舞蹈培训班，打算带甜甜试听一次之后就给甜甜报名。

妈妈的美好愿望很快就被甜甜无所谓的样子瞬间击溃了。甜甜一听要去兴趣班跳舞，立刻撇嘴说："我才不喜欢呢！"妈妈很诧异："你平时不是很喜欢跳舞吗？你看，你的好朋友晴晴和燕燕都参加了那个班，你也一起玩呗！"甜甜扭头说："我不喜欢按照老师教的跳，我只喜欢自己一个人乱跳。"甜甜妈妈听了更是一头雾水，她认为孩子可能是因为没有见识过真正的舞蹈培训，想当然地把这种学习想象得很无聊吧。于是妈妈和老师预约了时间，就带甜甜去观摩。

两次的观摩课竟然一点都没有引起甜甜的兴趣。看到参加培训的小朋友都穿着漂亮的舞蹈裙，甜甜倒是十分羡慕，可看到小朋友们进行基本功训练，甜甜就坐不住了，不停地催促妈妈："我要出去！不好玩！"几次三番之后，妈妈只好带甜甜提前离开了教室。

在回家的路上，妈妈有些生气，责怪甜甜不像别的孩子那样愿意接受正规的舞蹈训练。妈妈随口说了一句："作为女孩，你不喜欢跳舞，那你到底喜欢什么呢？"甜甜很快昂头对妈妈说："我喜欢变魔术。"妈妈对甜甜的这个兴趣嗤之以鼻："变魔术？这个有什么好学的？都是假的，专门唬你们这些小孩的。再说了，学魔术以后小升初考试又没有加分，学那个干什么？没用！"

甜甜听了妈妈的话，眼泪在眼眶里直打转。

回家之后，刚好爸爸到家了。爸爸见母女俩人正生闷气，问明缘由之后不由地哈哈大笑起来："我说你们娘俩为什么事闹别扭呢！没什么大不了的，明天周末，我带你们去观看魔术表演，如果甜甜真的对魔术感兴趣，也可以找个兴趣班学学，但必须答应我们，一旦开始练习就要坚持。妈妈这边呢，我们可以看看甜甜同学的兴趣爱好到底是否适合她，如果她觉得魔术也不过如此，那我们就听妈妈的，即使不报舞蹈训练班，我们也要每天晚饭后在小区跳跳绳，锻炼锻炼。你们说怎么样?”

有了爸爸这个“和事佬”，甜甜和妈妈很快重归于好。

通过几次魔术表演观摩，甜甜深深地被魔术的神奇魅力所吸引，爸爸妈妈也尊重她的想法为她找了相对专业的魔术培训班。甜甜不仅学得很认真，还常常代表学校参加比赛，更通过了魔术的学习提前了解到了一些物理、化学知识。

通过这个案例我们可以看出，甜甜的妈妈一心想让甜甜练习舞蹈的初衷是很好的，但由于不符合甜甜的兴趣，孩子没有任何学习的热情。而甜甜的爸爸充分尊重甜甜的兴趣，使甜甜满怀热情地投入到魔术的学习中。孩子接触到自己感兴趣的学习内容之后，态度就变得积极，心情也随之愉快起来。

兴趣是一种动力，不仅引起、调动孩子的所有积极性，还能使孩子长期维持积极愉悦的学习状态，激励孩子不断自觉自发地学习进取。所以，如果父母要给孩子报兴趣班，一定要注意以下几点：

◎千万不能盲目跟风。

案例中的甜甜妈妈就属于盲日跟风的家长。生活中不少父母看到别人的孩子参加什么兴趣班，就为自己的孩子也报名。看到近期流行什么就让孩子学习什么，孩子在父母的安排下被动地接受，兴趣爱好得不到满足，个性特长自然也得不到发挥；甚至导致孩子厌学，并且把这种不良情绪带到学校的其他科目的学习中，这对孩子的成长发展是十分有害的。

◎在生活中积极发现孩子的兴趣爱好。

父母要细心观察孩子的习惯，找到他们的兴趣所在。一般情况下，孩子反复做、特别留意的事情往往就是他们感兴趣的。通过观察，父母要和孩子在平等的立场上沟通，以便确认孩子的兴趣点，然后尽可能为孩子创造机会和条件，让孩子在自己喜爱的天地里自由畅游。才能激发孩子最大的潜能，才能促进孩子在某一领域取得成就。

◎孩子不愿参加兴趣班也没关系。

在安全的前提下自由玩乐也是一种学习和探索。有的孩子对绘画感兴趣，却不愿意参加兴趣班学习，父母就感到很纳闷，“既然喜欢，为什么不系统地、正规地学习呢?”这和孩子的心理是分不开的。对于孩子来讲，兴趣班也是学习班，必然会受到约束、管制、评比等问题的牵制，孩子不喜欢被管教，更喜欢自己想画什么就画什么。面对孩子的这种选择，父母也要予以尊重，不能强迫孩子。

45. 孩子学习的时候不要打扰

两个小学生在放学路上聊天，不约而同地对父母常常打扰自己学习感到十分郁闷。

学生甲说："我妈真烦人！我在写作业的时候，她老在我身边转悠，一会儿伸过头来说'好好写！别写错！'一会儿倒来一杯水说'渴了吧？喝水！'一会儿端来苹果说'歇会儿吧，吃点儿水果！'……唉，真是烦死啦！"

学生乙接过话茬说："对对对！我妈也是！进我房间从来不敲门，神出鬼没的！有一天，我正在自己的房间里专心练字，我妈'嗵——'的一声推门进来找东西，吓得我笔都掉了，她还反倒怪我握笔不稳……"

这两个孩子诉说的情形，在不少家庭都发生过。父母不经意地在孩子学习时进入孩子的房间，或是出于关心的目的为孩子端水送水果。虽然父母是一片好心，本意是想让孩子不分心，专心地学习，像倒水、削水果这些小事父母就为孩子代劳了；可父母这样做实际上却是在打扰孩子，非常影响孩子的注意力、记忆力以及情感思维等心理功能的良好发展。

现在，不少专门的"注意力培训机构"就是针对那些注意力不集中的孩子而开设。为什么有这么多孩子需要类似的专业机构来培训？虽然有孩子的个性原因、情绪问题，但父母过度的关爱和一次次充满爱意的打扰却也是不容忽视的原因。

著名教育家蒙台梭利曾说过：“儿童在自然法则的感召下决定自己的行动。内部力量影响着他的选择。”如果人为地剥夺了“自然法则”的引导，孩子的性格发展、意志品质、精力毅力等方面都会受到影响，各方面的发展也会受到阻碍。

对于小学阶段的孩子而言，他们已经能够清楚地感觉到父母的态度和对事情的看法。父母在孩子学习时所表现出来的异常关心其实是给孩子不好的暗示：一，学习是一件很辛苦的事；二，如果你在学习，你就不用做别的任何事，父母自然会为你服务。

而且，父母的关注和照顾会让孩子认为学习是特别重要、特别被父母重视的事。如果自己不认真，就对不起父母一次次为自己的种种服务。这会在无形中给孩子制造巨大的压力，父母无意中给孩子带来的紧张情绪可能会慢慢地在孩子心中扎根、发芽、生长，紧张和焦虑会使压力像滚雪球那样渐渐变大。一旦考试失误或学习落后，孩子就会产生厌学情绪，失去主动学习的热情。在他们眼中，学习成了一件苦差事，变成了不得不完成的任务，也就感受不到学习的乐趣。

所以，在孩子学习的时候，父母尽量不要以任何形式打扰孩子，让他全神贯注地投入到学习当中。

此外，父母可以在平时培养孩子的专注力，也就是注意力。集中注意力的程度有时代表了孩子的智商和成熟度。一般情况下，注意力的集中程度与学习效果是成正比的。如果父母的关心打断了孩子的注意力，之后孩子便很难再次进入之前的状态。一旦这样的干扰反复出现，就会形成惯性，即使在没有外界干扰的情况下，孩子也会不自觉地出现自然走神的状态。

为了培养孩子的注意力，父母还应当注意安排好孩子的生活作息，让孩子的生活动静交替，在不同性质的活动转换时注意平和顺畅，给孩子一个过渡性的准备。比如，孩子在户外玩耍的时候，全身都处于兴奋状态，回到室内以后，如果让孩子立刻坐在书桌前看书或做作业，孩子很难立刻进入到这样安静的活动中。强迫孩子由兴奋立刻变得安静，是违背孩子身体器官运作规律的不合理要求。所以张弛有度、有规律的生活才能促进孩子注意力的培养，使孩子不易受到打扰。

有的孩子容易受到打扰，被打扰之后很难平复心情继续未完成的事情，自控能力差也是造成孩子注意力分散不易再次集中的重要原因之一。当孩子身心投入地处理一件事时，突如其来的打扰或外界的新鲜刺激，会让自控能力弱的孩子立刻乱了阵脚，眼睛和头脑都追随新鲜的刺激物而去了。为了培养孩子的自控能力，锻炼孩子的专注，父母不妨有意识地创设情境逐渐提高孩子的自我约束能力。比如，可以采取游戏的方式，让孩子扮演守护者、交通警察、值班人等，把持久注意的要求变为游戏角色本身的行为规则，通过不同的游戏活动把外在的游戏规则转变成对自我的约束。

46. 不要强求孩子考满分

美国教育家斯宾塞曾经说过："身为父母，千万不能太看重孩子的考试分数，而应该注重孩子的思维能力和学习方法的培养，尽量留住孩子最宝贵的兴趣和好奇心。父母绝对不能用考试分数去判断一个孩子的优劣，更不能让孩子有以此为荣辱的意识。"

然而，在生活中，不少父母把孩子的学习成绩作为评价孩子的主要标准甚至是唯一标准，而学习成绩最终通过考试分数体现。于是，父母对孩子考试分数的增加或减少特别敏感，对孩子带回的满分试卷眉开眼笑，大加赞扬或是金钱鼓励；而一旦孩子的考试分数低了，父母就会板起面孔开始碎碎念："我们这么辛辛苦苦挣钱是为了谁？还不是为了你能有好的生活环境，还不是为了你能在好学校里学习？可你呢？一点儿都不理解我们的苦心，我们真是白费力气了。你看看你的分数，你觉得你对得起我们吗……"不少父母还会对孩子动手惩罚，弄得孩子苦不堪言。

孩子也不想考那么低的分数，他也想要满分，他也不明白为什么自己也努力了却考不好，他也暗下决心下一次一定考好，但难保能考满分……孩子的考试分数和父母的期望值太远，父母因此对孩子进行各种惩罚，以致一幕幕家庭悲剧不可避免地上演。

浙江学生徐力的妈妈由于自身文化程度不高而在激烈的竞争中下岗。于是，她把所有的希望全部寄托在孩子身上，要求徐力在平时的日常考试中每次都必须进入年级前10名。重压之下的徐力没有休息时间、失去了足球爱好，感到妈妈对自己管得太严，而且妈妈提出的目标无法实现。深感委屈和压抑的徐力常常因为达不到妈妈的目标而一次次忍受着拳打脚踢和痛骂。终于，在妈妈的精神重压和身体摧残之下，绝望中的徐力情绪失控，顺手用一把木柄榔头把妈妈活活打死了。

徐力在同学和老师眼里是一位十分刻苦、节俭，品学兼优的学生，他勤奋好学、性格安静，对于集体活动也很热心，乐于助人。可为什么这样的好学生会干出如此暴行？

现在的孩子基本上都是独生子女，从小就承受了很大的压力，父母对子女往往又期望过高。如果孩子考试不理想，就有一种愧对父母的感觉，长此以往必然导致了孩子心理的扭曲。徐力事件是一种极端。然而，许多家长都亲身经历过自己的孩子因为害怕父母的责罚而擅自涂改成绩单、模仿父母手笔在试卷上签名的情况。有的孩子因为父母过于注重分数而患上了“考试恐惧症”；有的孩子害怕父母知道真相而“租假爸爸”“租假妈妈”来开家长会。为什么孩子那么害怕？原因就是父母过度注重考试分数，强求孩子考满分。

父母要懂得，每一个孩子由于智力的因素、学习方法、理解能力、学习习惯的不同以及学校老师的教学水平及方式的不同，在学习成绩上必然会有差异。要求孩子考满分并不是检验孩子是否努力学习的唯一标准。所以，父母要心平气和地对待孩子的成绩和考试分数，孩子考试分数高，要进行精神鼓励；考试分数不理想了，不要一味指责孩子。父母要做的是帮助孩子分析查找失误的原因，更要鼓励孩子继续努力。孩子没有得到好成绩、高分数已经很难过了，父母不要再在孩子的伤口上撒盐，而要和孩子一起共同进步。

在平时的生活中，父母要对孩子的学习情况多做一些深入的了解，对孩子的智力和学习能力有清醒的认识，有助于面对孩子拿回来的考试分数时有更加准确合理的评判。

有的孩子平时学习认真，但在日常生活中就存在粗心大意的毛病，在考试时也会由于粗心而丢分。如果父母平时知道孩子的这些弱项，在心理上就会理解孩子分数低的原因，也会在生活中有针对性地对孩子进行一些增加细心程度、克服粗心毛病的锻炼。

考试成绩只是对孩子学习情况的检验，是老师、家长和孩子自己反馈信息的渠道和手段，仅仅是评测孩子学业的一个参考数据。分数的高低并不能评判孩子的一切，满分的孩子将来并不一定出类拔萃，低分的孩子也不会永远排在众人之后。如果父母能以发展的眼光看待孩子的考试分数，重视学习而不注重分数，让孩子在没有压力的环境中学习，也会有比较良好的心态面对生活中的波澜。

47. 教孩子学会预习

学习是一个循序渐进的过程。在具体的学习过程中，一般会有三个必经阶段：预习、学习、复习。每一步都是不可或缺的重要环节。然而，绝大多数孩子都把注意力和关注点放在了学习这个中间步骤上，忽视了更为重要的预习和复习两个步骤。

预习是学习过程的起始环节，在提高学习效率方面有着十分重要的作用。通过预习，孩子会了解到将要学习课程的主要内容和重点、难点，对新课程内容产生期待和兴趣。在上课之前提前做好准备，孩子上课时听课才能做到有的放矢，可以有效地提高听课的效率。我们不难发现，那些会预习的孩子，自学能力和探索能力以及独立解决问题的能力都很强，这对孩子的终身发展是有许多好处的。

毛毛对语文很感兴趣，每学期发新书的时候，他最先看的肯定是语文书。由于每天晚上都有提前预习语文书的习惯，毛毛的语文成绩不仅提高得很快，上课的效率也十分高，做起作业来也是得心应手。毛毛把这个学习方法用在其他课程的学习中，他很快发现，只要自己提前预习了第二天老师要讲的内容，不懂的地方要么通过查找工具书来解决，要么就做上标记，在老师上课的时候认真听讲。就这样问题得到了有效解决，毛毛学习起来也感觉到轻松多了。

通过预习，孩子可以提前初步了解下节课的基本内容，对产生的疑问有强烈的求知欲，在课堂上就会变被动为主动，而且精神和注意力更为集中，学习效率也会大大提高。

丁丁按照老师的要求，坚持预习，都坚持了三个多月了，可他的听课效果和学习成绩还是没有任何改变，他觉得很纳闷，于是把自己的苦恼向班主任老师倾诉。

老师听了丁丁的描述之后，询问丁丁："你说说，你是怎样预习的?"

丁丁眨巴着大眼睛说："我就是看书啊！我看得很认真啊!"

老师接着问他："那你在看书的过程当中有没有发现什么问题呢？或者说，你发现重要的地方或你感到学起来有困难的地方了吗?"

丁丁歪着脑袋想了想，摇摇头说："好像……没有。"

老师都要求孩子预习，但不讲究方法技巧地"看"达不到良好的学习效果。丁丁的学习成绩没有提高，就是因为他没有理解预习的目的，更没有掌握很好的预习方法，那样的预习只是在浪费宝贵的学习时间。

有的孩子可能单纯地认为："预习就是预先看书，提前学习。如果我提前就知道下一节课老师要讲的内容了，一点儿新鲜感都没有，我更不会认真听讲了。"如果孩子有这样的想法，父母不妨和孩子多做沟通，让孩子了解到预习并不仅仅是提前看看书那么简单的行为，而是看、做、思相结合的学习过程。孩子理解的预习只是普遍意义上的看，也就是把新课文内容通读一遍。如果孩子止步于预习的第一步，这样的预习几乎没有什么效果。父母要建议孩子在看的过程中了解主要内容，需要动手准备的地方就要认真准备；在看的同时更要进行思考，把新旧知识点进行回顾或总结。根据孩子自己的特点和需要采取不同的方法对重点内容进行重点预习。

在引导孩子学会预习的过程当中，有几个必须注意的问题：

◎别让孩子把预习当作负担。

虽然很多父母都了解预习的重要性，但一旦太过看重孩子的预习行为，就会适得其反。有的孩子刚做完作业，父母就催促他赶紧预习明天的功课；有的父母认为“笨鸟先飞”，会严格检查孩子的预习效果，如果孩子不能把第二天要学的那些习题提前做好，父母就会认为孩子没有努力。

要知道，预习只是对新课程的准备工作，是一个预备动作，目的是让孩子对将要学习的课程心中有数，以便上课时有针对性地解决疑惑，如果父母要求孩子把老师还没有上的课弄懂，把老师还没教的习题全部做对，那还要老师来做什么呢？而且，如果孩子已经掌握了新知识，他就不会再在课堂上认真听讲了，因为他都懂了，都会了，而实际情况却往往并非如此。所以，不要把预习当作强制的任务教给孩子，别让孩子把预习当作负担。预习不要求看得多、想得深，只要孩子能够在预习的过程中发现问题，第二天能够带着问题去听课，在听课之后问题得以解决，预习的目的就达到了。

◎不用要求孩子门门功课都预习。

预习是有选择性的，只要把孩子认为比较难的科目预习好了就足够了。如果要求孩子门门功课都预习，不仅会占用孩子太多的时间，预习的质量也很难保证。所以，父母不要要求孩子面面俱到地预习每一门功课，而是选择一两门学起来感觉比较吃力的科目进行预习。等到积累了一定预习方法和技巧之后，再尝试扩大预习范围和科目。而且，预习也不能理解成平均地分布孩子对课程内容的关注度，对于孩子比较占优势、学得较好的学科，可以不作为预习的重点，而应把时间和精力集中在相对薄弱的学科上。

48. 让孩子认真复习

复习其实是“再次学习”的过程。由于人脑具有遗忘和善于记忆符合逻辑事物的特征，为了加深和理解那些容易被大脑遗忘或生疏的概念、知识点，具有巩固、提高意义的复习就显得十分必要。

古语讲“温故而知新”，复习不仅从本质上看是一个强化记忆、固化认识的过程，以发展的眼光看，复习更是一个对所学知识反复、归纳、系统和提高的过程。

中外一切学有成就的人，无一例外都是重视复习的人。

马克思经常反复阅读歌德、但丁、莎士比亚等大作家的作品，而且能整段整节地背诵如流，每年都要重读一次希腊悲剧作家爱司启拉留斯的希腊原文著作；清代著名思想家顾炎武每年要用3个月的时间复习背过的书，以至于他能够流利地背诵1473000多字的《十三经》；桥梁专家茅以升80多岁时仍然能够一点不差地背出圆周率小数点以后100位数字，他的诀窍就是不断地重复、复习。

这些著名的人物都有复习的良好习惯，可不少父母往往只鼓励孩子向他们学习，而不知道到底学习什么。

绝大部分父母说：“孩子一般在考试之前会复习，平时不用复习，不考试，复习有啥用?”还有的父母很爽快地说：“孩子放学回家之后写的那些作业不就是复习了嘛!”

做作业只能是复习的一部分，并不能以做作业来等同于孩子对当天的课程进行了复习。

一位教育学家曾说：“如果孩子学完了知识后不复习，那孩子学到的知识只有25%。”然而，大多数父母不了解复习的重要性，认为只要考前孩子复习一下就可以了，其余的时间孩子根本没必要复习。

那么，考试前的复习有没有效果呢？我们身边不乏很多家长坦承：“孩子确实在考试之前认真复习了，而且还复习了挺长时间，可考试却常常发挥失常。孩子也说他平时把知识点记住了，可一到考试全都想不起来了。唉，可能是孩子的心理素质太差了吧！”

父母把孩子考试成绩不理想归咎于心理素质太差，并不无道理。但主要原因还是与孩子知识掌握的牢固程度、复习是否到位有很大的关系。

举个简单的例子，为什么孩子写自己的名字从不出错，即使名字再复杂、笔画再多，孩子还是能准确无误地写好名字？那是因为孩子每天听父母、同学、老师念，每天在作业本、笔记本、试卷上写，因为不断重复，不断复习，已经深深地刻在头脑中了，闭着眼睛都不会写错。而孩子学习到的知识没有得到很好地复习和巩固，自然记得不牢，容易遗忘。

所以，从这个意义上讲，复习才是巩固孩子记忆的最好方式。

学习是一个需要不断总结、练习和积累的过程，而复习就是这个看似不重要而意义非凡的过程。

对于小学阶段的孩子来说，父母应该如何帮助他们做好平时的复习呢？

◎教孩子正确处理做作业、复习、预习三者之间的关系。

每个孩子放学后都要完成当日的家庭做作业，这是固定不变的事情。父母可以教孩子正确地安排好三者之间的关系，使这个课后的学习成为一种固定的学习方法和学习习惯，既不多占用孩子有限的休息时间，又能很好地促进孩子的学业发展。

一般情况下，父母可以建议孩子放学之后适当休息，然后先花半个小时左右的时间快速复习当天所学的内容。之后，用半小时至一小时的时间做当天的作业，最后再花半小时时间来预习第二天的学习内容。

在这三个环节中，复习是排在首位的，孩子可以通过复习把老师上课时所讲的内容进行巩固，对一些课堂上还没有时间消化和接受的知识点进行整理和理解，对接下来所做的作业也有一定的帮助。

◎引导孩子及时复习。

德国心理学家艾宾浩斯的通过研究发现，遗忘在学习之后立即开始，而且遗忘的进程并不是均匀的。最初遗忘速度很快，以后逐渐缓慢，而且到了一定的时间，几乎就不再遗忘了。这就是著名的“艾宾浩斯记忆遗忘曲线”。

孩子在听课后的48小时之内，遗忘率是最高的，往往可以达到72%；但如果孩子及时地对课堂内容进行了适当的复习，当知识巩固以后，遗忘率就会逐渐降低。如果孩子在几天之后能够再复习一次，往往可以达到记忆深刻的效果。

所以，根据先快后慢的遗忘规律，必须提醒孩子及时复习，当天学习的内容，最好做到当天就复习，最迟也不要超过两天。而且，还要把复习的时间进行适当地分配，对于需要机械记忆的内容，要进行分散复习；对于比较复杂的、需要思考或对比的内容，可以采取集中复习的方法强化记忆。

值得注意的是，复习的时间不能太长，不然会使孩子产生厌倦、疲惫的情绪，反而会影响复习的效果。不少父母看到孩子快要考试了，才提醒孩子赶紧复习，准备应考，这种在考前集中复习的效果并不好。所以，一般建议利用平时的时间分散复习。需要明确的是，提倡分散复习并不是拉长孩子的复习“战线”或复习时间，而是把难点进行分散。比如，对于某一种知识的复习，如果需要3个小时，可以指导孩子用5次或5天，每次1小时的方式进行划分，有助于孩子的脑神经受到相应刺激，对知识的理解更加深入，运用起来也更加灵活。

◎教孩子掌握恰当的复习方法。

复习方法有很多，有背诵、做各种练习、操作相关实验等。父母可以根据孩子的不同爱好指导他们采取相应的方法进行复习。如果孩子平时对看到的东西容易产生深刻印象，不妨指导孩子在复习时采用默读的方法；有的孩子对听到的事情记忆很深，也可以让孩子在复习的时候大声朗读，听读结合的方式加强记忆。

就学科的复习而言，不同科目由于学习内容不同采取的复习方法也肯定不一样。如果孩子复习语文或英语语法规则，可以指导孩子采用集中复习的方法加强学习内容整体性、连贯性的把握，增强理解和记忆。对于数学等思考性较强的科目，则可以用习题、题型分析等方式进行加强巩固地复习。

总之，复习是孩子学习过程中必不可少的重要环节，父母可以指导孩子根据自己的学习特点和现有水平，结合考试时间，合理地选择适合个人情况的复习方法。要使孩子明白，不管应用哪一种方法，只有以正确的态度、积极的精神、认真的投入才能取得理想的效果。

第6章

能力：小学阶段重要的10种能力

现代社会，一个人的能力有时候比成绩更重要。父母在关注孩子学习的同时，不能忽视能力的培养。小学阶段应该灌输给孩子这样的观念：能力决定未来！

49. 自立能力

自立能力在心理学上被称为“自我决定性”，是一个人应当拥有的众多能力当中最为重要的一项能力。自立能力不是简单的自理能力，而是一种自我决定和自我负责的心理习惯和状态。孩子如果具有了较强的自立能力，就能充分发挥他的创造性和适应性，为将来的生活打下坚实的基础。如果家庭教育中不重视培养孩子的独立意识和自立能力，父母的心太软，对孩子大包大揽、周到服务，就会使孩子养成不主动思考、不主动解决问题、不认真负责、不勤奋劳作等坏习惯，长此以往更会失去基本的生活自理能力，谈何自立？

父母们如果不想让孩子在今后的人生道路上面对失败而一蹶不振，就要帮助孩子打消依赖心理，引导孩子学会自立。

我国教育家陶行知曾经说过：“让孩子出自己的力，流自己的汗，吃自己的饭，才是英雄汉。”纵观那些功成名就的人的奋斗经验，我们不难看出，他们大都在小时候就有了独立意识，自立能力也超强。让孩子由行为自立到思想自立，以思想自立指导自立的行为，在独立处理问题、解决问题的过程中使意志不断得到锻炼，为走向成功奠定了坚实的基础。

意大利著名儿童教育家蒙台梭利曾说：“教育首先要引导儿童沿着独立的道路前进。”然而，中国很多父母都没有找到让孩子独立的道路，即使找到了，却担心孩子摔倒受伤而一次次剥夺了孩子自立的权力。

父母对阳阳的期望值也很高，为了让她专心学习，从小到大父母都把各种事情都为阳阳准备好了：小学六年级了，早上起床还是妈妈来为阳阳穿衣服；阳阳到洗手间洗漱，妈妈早已把牙膏、毛巾都准备好了；等阳阳磨磨蹭蹭洗漱完毕，剥好的鸡蛋和肉包子已经在餐桌上摆好；放学回家，剥好的荔枝、削好的苹果都被妈妈分装在盘子里；连阳阳晚上洗脚都是一边看书一边享受妈妈的服务。阳阳很听父母的话，成绩也很优秀，父母对阳阳的表现特别满意，更是殷勤"一条龙"全方位为阳阳服务。

有一天，阳阳妈妈提前下班，就到学校看阳阳，打算等阳阳放学一起回家。

可妈妈到了学校刚好是下课时间，见到的不是活泼欢乐的阳阳，而是哭红了眼的心肝宝贝。

"我的乖女儿，你怎么啦？"妈妈扳过阳阳的脸，左看看右瞧瞧，好像没有哪儿受伤；又围着阳阳转了一圈，这里摸摸那里揉揉，也挺好的。难道阳阳被同学欺负了？妈妈立刻在教室里嚷嚷起来："是谁欺负了我家阳阳？你最好马上给我站出来，否则别怪我不客气了！"原本闹哄哄的孩子们顿时安静下来，都愣愣地看着这个正在发飙的妈妈。

终于，阳阳忍不住拉拉妈妈的衣角："妈妈，没人欺负我。"

"没人欺负你，你哭什么啊？"

阳阳小心地从课桌里摸出了一个鸡蛋，那个鸡蛋由于妈妈早上忙，没来得及给阳阳剥皮。阳阳红着眼睛对妈妈说："妈妈，这个我不怎么打开。"

"啊？——"

原来，阳阳是因为打不开鸡蛋而伤心地哭泣。平时妈妈都为阳阳剥好了鸡蛋，阳阳几乎从小到大都没见过带壳的鸡蛋，完全不知道这个圆溜溜的东西该怎么打开。

这个看起来会让人"笑着流泪"的例子真实存在。即使孩子成绩再优秀，她终究是要离开父母的，父母对孩子的溺爱造成了孩子动手能力差、自理能力弱，而现在的家庭中，这样的孩子并不是少数。

所以，父母必须认识到孩子独立意识的重要性，有目的性、针对性地培养孩子的自立能力。

◎在培养孩子自立能力的问题上必须要有足够的耐心。

父母要知道，孩子的独立性是在时间中逐渐培养起来的。在孩子小的时候，虽然很多事情做得不好，但不能因此就剥夺孩子学习的过程，孩子必须经历不会做——做得不太好——做得勉强凑合——做得不错——做得很好这样一个必然的过程。父母不能以“赶时间”“担心孩子做不好”“搞砸了我还得重新收拾”等心理使孩子一次次失去锻炼的机会。父母要相信孩子能够逐步通过实践和锻炼变得独立自主，在培养孩子自立能力这个问题上要有足够的耐心，不要寄希望于几天的集中训练或是一蹴而就的变化。

有的父母看到孩子把事情办砸了，就赶紧上前收拾“烂摊子”，还一边抱怨说：“看吧，我说你不行吧，你就会逞能！叫你别弄，你非要动手，现在弄成这样，还不得我来收拾，你想累死我呀？”自信对孩子来说十分重要。然而，这样的话语会毫不留情地打击孩子的自信心，使孩子的自尊心受到伤害，失去了尝试的动力。所以，对于孩子独立做的事情，父母都要耐心地等他完成，他不需要帮助绝不插手干涉。只要他们付出了努力，无论结果怎样，父母都要认可和赞许，这样才能让“我能、我可以”的良好自我感觉推动孩子自立能力的发展。

◎转变传统教育观念，适时忽视孩子的求助要求。

中国的父母对孩子的照顾无微不至，孩子稍微有点头痛脑热就赶紧送医院打点滴；为了孩子认真学习，家里不看电视，父母之间轻声交谈甚至还用手语……当孩子有需求时，父母都会尽量满足；

孩子遇到困难时，父母都会在第一时间替孩子解决问题。

要使孩子学会独立解决问题，拥有自立能力，父母就要转变传统的教育观念。不要对孩子有求必应，而要适时地忽视孩子的求助要求，让孩子先依靠自己的想法和能力尝试用一些策略或方法来解决问题。如果父母见到孩子冥思苦想的痛苦状按捺不住帮助了孩子，孩子就会产生强烈的依赖性，认为只要自己等一等、拖一拖、表现得很难受，父母即使不马上帮忙，最终还是会来帮自己解决问题的。孩子一旦存在这样的依赖心理，从主观上就丧失了自立的决心和毅力，独立解决问题的能力就会退化，随着年龄的增长，生活或学习上的困难都等着父母来帮自己解决，这样的孩子必定不可能在激烈的社会竞争中生存。

50. 思考能力

有研究表明：人一生中仅仅用去大脑能量的20%左右，而其余的智力潜能都处于沉睡当中。如果人能够充分唤醒大脑潜能，他的人生将会更加精彩、成功。

在人的智力潜能当中，思考能力是最为核心的因素。一个人智力水平的高低主要就是通过思考能力反映出来。

思考也被称作为“思维”，是一种复杂的心理活动。我们并不是一生下来就具有思维能力，而是要依靠后天不断的锻炼和积累才能逐渐发展起来的。

一般情况下，思考是由低级向高级发展的过程。也就是说，思维发展规律就是一种从具体到抽象的发展。学龄前的孩子主要以具体的形象思维为主，随着孩子年龄的增大，阅历的增多，与外界事物接触面的不断扩大，孩子的思维发展进程十分迅速。如果父母了解思维发展的阶段性和变化性，也就理解并包容了孩子在有限思维能力下做出的一些成年人眼中不可理喻的事情，同时，也就可以根据孩子的发展变化及时予以适当的训练或教育，促使孩子逐渐学会以趋于成熟的思维逻辑分析事情、寻找最佳的解决办法。

孩子早期思维能力的培养训练非常重要。如果早期训练不足，后期还需要科学的强化弥补。那么，要如何训练孩子的思维，提高他的思维能力呢？下面介绍几种行之有效的方法。

◎方法一：善待孩子的提问，促使孩子独立思考。

孩子的天性就是好奇、好问，他们经常会问大人一些在成年人眼中普遍而正常的不是问题的问题。父母应该如何处理好这些问题呢？

对于孩子来说，有疑问、敢设想、会求知是最难能可贵的。父母首先就要肯定孩子敢于提问的勇气，让孩子受到鼓励，保护好他的好奇心。在肯定孩子之后父母不要对孩子问题的无知或反常理而感到烦躁或可笑，要善待孩子的提问，不要让孩子觉得“爸爸听了我的问题怎么那样笑？我问这个问题是不是很傻？”父母不要以成年人的眼光去审视孩子问题的正确性，更不要以为孩子到了应该能够明白的年纪而提出那样“弱智”的问题而感觉好笑。

父母要着重启发孩子大胆发挥自己的想象寻找问题的答案，而不是以“这个问题很无聊”来搪塞孩子的好奇心，或是认为孩子问的问题太简单，就很快对孩子说出了答案。这会使孩子的自尊心受到伤害，更会让他产生依赖心理而不会自己动脑筋，难以养成独立思考的习惯。这对提高孩子的智力水平和思考能力都是没有好处的。

对于一些比较复杂、语言难以描述清楚的问题，父母不妨和孩子一起通过看书、上网等各种渠道找出答案。不仅可以扩展孩子的知识面，更重要的是调动了思维的积极性，知道了寻找答案的各种方法。

◎方法二：鼓励并尊重孩子发表的意见。

周末，爸爸带贝贝去参观一个画展，贝贝在仔细地看完每幅画后对爸爸说：“爸爸，我觉得那两幅作品画得最好了。”

爸爸停下脚步，饶有兴致地问贝贝：“是吗？你觉得那两幅画好在哪里啊？”贝贝回答：“那两幅画的颜色搭配得很漂亮，虽然画得很夸张，但我觉得很有想象力，我能从里面看出很多东西。”爸爸听了孩子的话，满意地笑了。

孩子在和谐、温馨、民主的家庭环境中才会有活跃的思维，才敢于发表自己的意见。

我们不难发现，在压抑的环境中成长的孩子，往往不容易有自己的意见和看法。即使有想法也不敢大胆地说出来，怕受到父母的责备。这样的孩子往往会受到父母的影响而盲从附和父母的意见，会影响孩子思考能力的发展。

孩子发表自己的意见，调动思维能力，寻找合适的方法用恰当而准确的语言把自己的想法告诉被别人，这是孩子独立思考能力的重要体现。父母不仅要鼓励孩子有自己的见解，在孩子发表意见时，也要尊重他的想法。即使孩子的见解是错误的，也要让孩子把话说完，然后再给予适当的指导。而对于孩子的正确意见，父母应该积极肯定，并加以表扬，可以增加孩子主动表达的自信心。

◎方法三：让孩子尝试思维训练游戏或辩论活动。

现在市面上有很多提高孩子思维能力的书，父母可以为孩子精选一些正规、精美、适合孩子年龄特点的书，对于发展孩子精细、有序观察的能力会有所帮助。

不少小学生喜欢玩类似于“找不同”、“走迷宫”之类的游戏，父母可以和孩子一起展开比赛，看看谁找得多。这样的活动看似简单，但实际上能够锻炼孩子的归纳和分类的能力，使思维的逻辑性在观察中得以不断增强。在游戏中，父母要教孩子学会主动地思考，运用比较、概括、推理等多种方法，促进思维发展，还要鼓励孩子多动手、多动口，全面促进和训练孩子的思维。

除了为孩子提供一些思维训练的游戏之外，父母还可以和孩子一起进行一些家庭式的辩论活动。父母也可以经常给孩子提出一些问题，让孩子的大脑经常处于活跃的思考状态，通过这种方式来刺激孩子大脑皮层，锻炼孩子的思维能力。

父母可以利用晚饭后或周末的时间针对一些生活中的问题和孩子展开讨论。比如：你觉得做小孩好还是做大人好？你认为大象和老鼠哪个更厉害？孩子可以有条理、较完整地表达自己的想法，在争论中使思维能力得到发展，对他们以后客观、辩证地看待问题大有帮助。

◎方法四：对孩子讲一些益智故事。

不可否认，故事是孩子永远的朋友，无论是学龄前还是学龄阶段，孩子们都喜爱听故事，孩子进入小学学习了汉语拼音和一些常用汉字之后，会更加自动而自由地选择自己喜欢的读物。父母不妨给孩子提供一些益智类的故事，让孩子通过这些真人真事、寓言故事等和书中的主人公一起进行思考，起到锻炼孩子思维能力的作用。

◎方法五：允许孩子标新立异。

有的父母认为孩子标新立异或是非同寻常的想法很“另类”，担心将来孩子不合群、变得怪异，而一次次打击、压抑孩子的新奇想法。其实，这种“一棍子打死”的教育不仅不能让孩子走向正轨，按照父母所期望的那样正常思考，反而会使孩子越走越偏。

父母不要随意否定孩子的奇思妙想，要允许孩子标新立异和“不走寻常路”的思维方式。不对孩子的思想妄加评论，只要不对孩子自己或他人造成伤害、不是原则性错误，就要让孩子充分发挥他的主观能动性，引导孩子换种考虑问题的思路和角度，经过合理的分析和整理、归纳，设想新颖的解决问题的方法。这对于提高孩子的思维能力很有帮助。

51. 表达能力

妈妈带晴晴到同事家玩，晴晴看到主人放在茶几上的一盘糖果，一直扭扭捏捏的，表情很不自然。妈妈注意到晴晴的表现，知道孩子想吃糖，也理解孩子在新环境里有些拘束，就小声对晴晴说："你想吃糖？你可以问问阿姨可不可以吃，她是主人，她允许了你就可以拿。"可是晴晴还是很不好意思，不知道怎么开口。这时，妈妈的同事从厨房拿了水果出来，问晴晴："想吃点水果吗？"可晴晴还是不说话，见阿姨准备把切好的水果递给她了，晴晴竟然哭了起来。

妈妈觉得很没面子，有些着急了，嘟囔着："你到底想干什么？这么大的人了，阿姨也不是外人，你想要什么自己说啊！"可晴晴哽咽着，还是一句话说不出来。

不少父母可能会单纯地把孩子的这种情况归咎于害羞、腼腆。其实，这也与孩子表达能力密切相关。

作为6~12岁学龄期的孩子，语言能力已经发展得很好了，但如何用确切的语言表达自己内心真实想法的能力还是欠缺。尤其是在相对陌生的环境中，他往往一时语塞，或是不知所云地说很多没头没脑的话。所以，父母不仅要锻炼孩子适应陌生环境的能力，更要锻炼孩子的语言表达能力。

◎父母要多与孩子交流。

鲁迅曾经说过："小孩子往往喜欢听人谈天，更喜欢陪客，他的目的，固然在于一同吃点心，但也为了爱热闹，尤其是在研究别人的言语，看有什么对于自己有关系——能懂、该问，或可取的。”（《鲁迅全集》第六卷）。家庭是孩子的第一所学校，父母是他们的第一任教师。孩子说话能力的形成在很大程度上受到家庭语言环境的影响。所以，父母在日常生活中要注意引导孩子对感兴趣的人物和事件发表自己的感受和想法、简要地讲述自己感兴趣的见闻，就感兴趣话题发表自己的意见。父母的语言要亲切、诚恳、符合孩子的年龄特点，站在孩子的立场，与孩子一起说、一起想，缩短亲子之间的距离。父母可以尝试经常和孩子拉家常、一起讲故事或续编故事。通过谈论孩子感兴趣的动画片、童话故事引发孩子的共鸣，从而打开孩子的话匣子，使孩子在交谈中逐渐丰富口语交际的内容，增大口语交际面。

值得注意的是，在和孩子面对面谈话的时候，父母要提醒孩子专心倾听，双眼要尽量注视说话人。让孩子明白倾听是接受信息的重要途径；如果听不进去就不能很好地理解说话人的意思，也就无法找到关键词来发表自己的言论。这样不仅对说话人不尊重，还会使自己失去积蓄语言或信息资源的宝贵机会。

◎让孩子在游戏中锻炼口语表达能力。

父母要根据孩子的年龄特点开展一些亲子游戏，让孩子在游戏中锻炼口语表达能力，增强口语交际的操作性。比如，父母可以让小学低年级的孩子“当老师”，让孩子根据课本的内容讲授知识，不仅可以帮助孩子复习学科知识，还能在满足孩子成人化想法的同时锻炼表达能力。

如果孩子喜欢绘画，父母也可以让孩子自己动手画一幅画，然后向大人讲述画中的场景，人物或动物正在进行的活动。这样可以有效地促进孩子产生“乐于陈述”的思想，把表达能力的锻炼变成一种主动的、自觉的、积极的行为。

◎经常给孩子念书或一起读书。

孩子进入小学之后，接触的人和事都与学龄前时期有所不同。父母要经常给低年级的孩子念书，像童话故事、儿童读物，等等。长期坚持，孩子会逐渐在听的过程中积累丰富的词汇量，孩子在与人交流的过程中才能妙语连珠。

对于小学中高年级的孩子，他们已经学习了一些常用汉字，可以独立地进行阅读。但父母依然可以抽时间陪孩子一起读书，对书中的成语、典故加以讲解，引导孩子把他感兴趣的经典语句进行摘抄记录，这也是积累词汇量的好方法。都说“巧妇难为无米之炊”，孩子没有丰富的词汇量很难准确、贴切地表达内心真实的想法。父母指导孩子通过各种方法进行语言词汇的积累，在很大程度上是帮助孩子提高语言感知能力，使孩子知道哪些词句适用于哪种情况，看到这个词组就明白它是整篇文章的“文眼”。孩子有了良好的语言感知能力，不仅有助于表达能力的提高，更有利于孩子在写作方面的能力得以加强。

◎丰富孩子生活的内容。

不少著名的画家、摄影作家都要外出写生、采风，积累创作的原始材料。父母也要让孩子多接触社会生活，经常带孩子上公园、逛商场、去书店等，引导孩子观察、体会，逐步开阔视野，使孩子在亲身体验中增进对语言的理解。

孩子的表达能力有性格和环境等多方面的影响。如果父母耐心细致，有针对性地加以培养和锻炼，孩子都会变得活泼开朗；在学习上也会渐渐学得游刃有余。

52. 动手能力

现在的父母都知道心灵与手巧之间的密切关系，也懂得孩子的聪明的程度与动手能力有着千丝万缕的关系。但是，对于现代的中国家庭而言，真正让孩子动手的机会并不太多。不少父母认为孩子小，不舍得让孩子做什么；更认为孩子自控能力比较差，让孩子来做肯定做不好，从而一次次否定了孩子的动手能力的培养。另一方面，更多的父母是担心孩子上学之后功课多、任务重、压力大，一切都应该以学习为重，那些与学习关联不强的、无关紧要的动手能力根本就没有时间培养。

小飞上了数学课之后对一个问题迷惑不解，实在忍不住终于向爸爸开口请教了。

小飞问："爸爸，有个问题想请教你。你有时间吗？"

爸爸对小飞的开场白很满意，马上放下了手里的报纸，幽默地说："很高兴为你效劳。"

小飞皱着眉头说："爸爸，一张桌子有四个角，锯掉了三个角还有几个角呢？我想了很久也想不出来。"

爸爸也下意识地皱了皱眉头，心里想："真是个小懒猪啊！"但爸爸还是和颜悦色地对小飞说："你怎么不动手试试呢？"

小飞立刻瞪大了眼睛："什么？你让我真的锯桌子啊？好，我马上拿锯子去！"

"哎哎！……"爸爸赶忙叫住小飞，好气又好笑地说："你还真对桌子动手啊？你怎么没想过用一张纸来代替呢？"

“哦，对呀！我怎么就没想到呢！”小飞一拍脑门，恍然大悟。他赶紧找来一张纸，代替桌子进行折叠，很快就知道答案了。

小飞一直陷在问题中，总想着桌子和锯子，而爸爸并没有指责孩子的疏忽，更没有嗔怪孩子“你真笨”，而是提醒孩子可以用什么办法达到目的。通过这件事，小飞不仅增强了记忆，也明白了在学习中动手能力和创新意识都十分重要。

父母要鼓励孩子通过亲自动手来弄清楚自己的疑问，从小就要培养孩子的动手操作的好习惯。

动手能力的培养就是通过训练孩子的手、眼的准确性，身体的协调性和空间方位的知觉性，提高孩子手部肌肉动作的灵活度和实际操作能力，使孩子把对事物的强烈好奇心，转化为动手探索的意识，从而培养思维力、判断力和创造力。

现在不少孩子的动手能力很差，生活中不仅有6岁孩子打不开水煮鸡蛋、7岁孩子鞋带散了不会系急得直哭，还有10岁孩子还不会穿衣服，闹出背心外穿的笑话，12岁孩子还要妈妈喂饭等情况。父母的过于包办代替让孩子的动手能力得不到锻炼，渐渐地缺乏独立性和克服困难的勇气与能力。这样的孩子不仅很难成才，甚至连能否长大成人都成了问题。

所以，父母应当从小就重视培养孩子的动手能力，锻炼孩子的操作能力，教育孩子在日常生活中动脑又动手，心灵手巧全面发展。

◎根据孩子生理发展特点逐步提出要求。

儿童时期是孩子身体生长发育的关键时期，父母要了解孩子的年龄特点，在孩子的不同年龄阶段有针对性地提出相应的要求。比如，3岁左右的孩子，应该让他学会自己穿衣、吃饭，学会按一定要求洗漱、入厕、铺床叠被；5岁左右的孩子，可以安排一些如扫地、浇花之类的常规性的家务劳动让孩子参与；对于进入小学的学龄阶段的孩子而言，父母要给孩子一些安全性高但却有一定难度的家务事让孩子做，比如清洗自己的服装鞋帽或书包、学会择菜洗菜甚至炒菜、独立购买学习用品等。这样不仅能够使孩子很好地完成他们胜任的事，还能让孩子从自我服务的劳动开始不断激发劳动的热情，不断增强动手能力和操作能力的主观意识，自觉自愿地把生活中的问题付诸于行动来逐一解决。

◎让孩子明白动手能力是人生极为重要的一种能力。

心灵手巧就是手和脑互相促进、相互发展的结果。在家庭中，父母要让孩子明白动手能力是人生发展中最为重要的一种能力，动手能力是在经济自立之前的一种必需的自理能力。动手能力强的人才会获得更多的直接经验，才能更好地掌控自己的生活。

父母要让孩子积极参加集体活动，特别是学校的集体劳动，不能怕劳动会弄脏孩子的衣服而剥夺孩子劳动的权力。衣服脏了可以洗干净，而孩子失去了一次锻炼机会却是得不偿失的。

◎父母要随时随地培养孩子的动手能力。

在日常生活中，并不仅仅是劳动才能锻炼孩子的动手能力，像学习电子琴、打字、折纸、捏橡皮泥等都可以锻炼手指的灵活性，促进眼、耳、脑、手的配合。既使孩子的肢体得到了锻炼，又开发了孩子的智力。

举一个最简单的例子。父母可以让孩子自己动手剥鸡蛋，教孩子如何剥出光滑、完整的鸡蛋。通过这么一个简单的练习，增强孩子的自理能力，锻炼孩子手指、腕部关节的灵活性，还能培养孩子的耐心。也就是说，动手能力的训练并不一定需要花很多钱，只要父母肯动脑筋，完全可以利用家里常见的东西培养出心灵手巧的孩子。

◎**指导孩子自己动手制作玩具。**

不少父母总会感叹："想当年我们小时候拿几串纽扣也能玩好长时间。现在孩子们的玩具简直太多了！各式各样、花样翻新，可孩子玩几天他就不喜欢了。"

在物质匮乏的年代，不少人都是自己动手制作玩具，往往兴奋于有一把自己雕刻的拙劣的木头小手枪，或是对自己亲手削的木陀螺倍加珍惜。我们不妨让孩子学着父辈的样子自己动手制作玩具，比如用细竹篾做风筝、用鸭蛋壳滴蜡做不倒翁、用塑料薄膜做灯笼、用蜡光纸做风车、用纸折叠玩具、用蜡或肥皂雕刻玩具、用竹片制作竹蜻蜓等。动手能力与创造性活动是密不可分的，父母依然可以通过让孩子制作创造性的玩具使他的动手能力增强，也更能让孩子体验和珍惜自己的劳动成果。

总而言之，父母必须重视孩子动手能力的培养，使他们有机会参加各种动手的活动，促进孩子操作能力的合理发展。

53. 决策能力

现代社会需要有自信、勇敢、有决策力的人，一个优柔寡断、遇事胆怯的人很难在激烈的竞争中站稳脚跟，而只能被动地随波逐流、人云亦云，失去人生前进的方向。

我国传统的家庭教育向来不注意尊重孩子的意见，家庭里发生的一切事务基本都是大人说了算，孩子只有服从的份儿，更没有做决定的机会。哪怕这件事情是关系孩子自身利益的，父母也往往以“我是为了孩子好”“大人的考虑更全面”为由，担当了决策人的角色。其实，这种决策权的剥夺会使孩子从小就在被动服从的环境中长大，不仅没有独立意识，更难以对自己所做的事情负责。

决策能力是对未来的行为确定目标，并从两个以上的方案中选择一个合理的方案。培养孩子的决策能力其实具有很强的现实意义。不仅有利于培养孩子发现问题、分析问题、解决问题的能力，提高认知水平，还有利于培养孩子的独立自主精神和责任感，更有助于增强孩子的自信心，帮助孩子形成活泼、开朗、勇敢、积极的心理素质。良好的决策能力对于孩子的将来也是十分有利的，可以有效培养孩子的开拓创新精神，促进孩子社会性的发展，使孩子的管理能力、协调能力、平衡能力都得到发展。

父母如何在日常生活中培养孩子的决策力呢？

◎孩子的事情由孩子自己做主。

孩子的事由孩子自己作主其实包括两个方面，不仅包括孩子自己的事由孩子自己作主，还包括孩子之间的事也要由孩子作主。

孩子自己的事，父母不要包办代替，不要越界为孩子拿主意。该孩子做的家务事就要鼓励孩子独立地完成，该孩子独自处理的问题就要相信孩子的能力。

父母要放手由孩子自己做决定。女孩子喜欢画画，不喜欢舞蹈，父母就要尊重孩子的这个爱好，不要强迫孩子去适应父母的安排。不要以“女孩子学舞蹈即使不考级也可以塑造良好的形体”为理由，强迫孩子做她不喜欢的事情。兴趣是最好的老师，父母不要以成年人的眼光看待孩子自己的抉择。

在孩子们的交往过程中难免会出现一些矛盾和争执，父母不要盲目干预，孩子有他们自己处理矛盾和争执的原则。如果父母干预了，不仅达不到解决矛盾的效果，还很有可能使矛盾升级，更不利于锻炼孩子的决策能力。

所以，孩子的事情尽量由孩子自己做主。父母要以最大的信任、必要的指导和最低限度的帮助，起好调整或把关的作用，促进孩子独立、自主地发展。

◎教孩子相应的判断技能或技巧。

父母不仅要对孩子适当放手，还要教给孩子一些与他的年龄特征及身心发展规律相符的行之有效的判断技能或处理技巧。只有当孩子初步掌握了某一方面的技能或在某一方面有了成功的体验后，他才会有信心进行这方面的决策。如果孩子学会了自己做饭、洗衣服等技能，他就不会依赖于成人，而是自己决定什么时候去做、怎么做、做些什么内容等。

小月一家准备搬新家了，妈妈打算给小月换一张床。可小月并不喜欢妈妈之前预定的红色单人床，她希望父母给买大一些的木制床。于是，妈妈利用周末的时间，带着小月去了附近的几个家居市场。小月看到木制床的款式很多，不仅有普通的单层床，还有分上下铺的双层床、更有上小下大的“母子床”。小月在带有滑梯的床、直梯式的床还有梯柜式的床中犹豫不决。

妈妈看出了小月的为难，与小月一起对每款床的功能、价格、安全性、占用空间、是否方便活动、是否便于整理等进行比较、分析、综合、判断，小月认真地逐一比较，终于选出一个各方面自己都特别满意的床。

小月的妈妈没有因为小月不喜欢她事先安排的床而责怪孩子，也并不因为小月的不服从而粗暴地剥夺了小月的选择权和决策权，而是耐心地和孩子一起进行分析，帮助孩子运用比较、分析等方法来排除不中意的款式，最后通过综合比较判断出喜爱的款式。这个过程就是一个教授孩子判断技能、技巧的过程。孩子能够在这一过程中学会运用诸多方式方法辅助自己进行思考，最终得到满意的决策。

◎邀请孩子参与家庭事宜的决策。

孩子生活在家庭中，家庭的事也就是孩子的事。很多父母认为孩子不懂事，他不给自己添乱、能够乖乖地服从大人的决定就已经谢天谢地，哪里还需要他对家里的事情指手画脚？

其实，这种观点是不对的。孩子是家庭中的一员，也有权参与家庭的决策。家庭的事务对孩子也产生着许多影响，父母不能以为孩子还小，不懂事就剥夺他的决策权。只有让孩子感受到作为一个家庭成员参与决策的“主人翁”的责任感和幸福感，才能让孩子的决策能力得到锻炼和提高。

比如，平时的生活中，家里要添置什么日用品，买什么品牌、买什么型号，都应当征求孩子的意见；节假日去饭店吃饭，去哪家饭店、点什么菜也可以在决定之前征求一下孩子的意见，或事先询问孩子想吃什么，让孩子点一个他自己喜欢的菜。这些都是对孩子决策能力的一种锻炼。

◎生活中注意训练孩子的应变能力。

良好的应变能力是对孩子进行决策能力培养的重要要素。父母要针对孩子发展的实际水平，适当交给他一些任务，并创造一些情境来训练孩子的思维敏捷性和心理应变素质。比如，指导孩子去超市买东西，让孩子考虑购买物品太多该如何处理；弄丢了存包柜的凭条该怎么办等突发状况。使孩子在各种情境中深入思考，提高应变能力，从而促进决策能力的提高。

值得一提的是，锻炼孩子的决策能力，并不是以培养孩子的领导力为最终目的，而是让孩子增强自信心和自主意识，对自己的学习和生活乃至人生有清醒、自我、独立的看法和规划。

54. 领导能力

父母往往发现，在孩子还是学龄前的小宝宝的时候，带着自家的孩子在小区或游乐场和其他小孩玩要，总是会有一些孩子表现出较强的组织和领导能力。那些孩子总是能够主导游戏的进行，经常在活动中担当“孩子王”的角色。这些孩子一般性格热情而开朗，人际关系也很好，不仅受到其他孩子的喜欢和推崇，还常常提出一些建设性的意见使“追随者”趋之若鹜。当然，也有不少在游戏活动中担任“头儿”的孩子会显得比较霸道，什么都由他来主宰，也往往引起其他孩子敢怒而不敢言的不满和怨恨。

其实，孩子的领导能力并不是指孩子成为一群小孩中的“头儿”、“孩子王”，而是得到同伴普遍认可的、产生亲切感、信赖感、佩服感的应变、交往、语言表达都比同龄孩子强的佼佼者。

每个孩子都具有领导能力，只不过不同的孩了对不同领域的把握程度和自信程度不同罢了。有的男孩特别爱玩，对各种玩法都很在行，常常能用最简单的原材料创造出许多新奇独特的玩法，这样的孩子自然会受到其他孩子的拥戴，他就靠自己的“特殊才能”引领一帮孩子跟随他的方式进行游戏，他就是这群孩子中的“领袖”。如果父母善于发现孩子的闪光点，那你的孩子很有可能拥有某一方面的突出表现，她就具备了那个领域的领导能力。

家庭环境对孩子领导能力的培养起着至关重要的作用。父母应该如何有针对性地培养孩子的领导能力呢？

◎父母要为孩子提供担任领导角色的机会。

任何一种能力的培养都是一个循序渐进的过程。父母要让孩子在家里扮演组织者的角色，比如让孩子负责安排全家大扫除时的分工；组织晚饭后或周末的家庭娱乐活动等，使孩子逐渐获得勇气和信心。让他了解作为领导者必须要承担的责任和义务，明白领导者不是只会命令的指挥者，要站在参与者、被领导者的角度思考、斟酌自己的每一个决定，使每个人心服口服。

◎放手让孩子自己去探索。

孩子对世界充满了好奇，什么都想亲自尝试一下，但这种探索的欲望常常被父母无意地扼杀了。其实，孩子总是喜欢崇拜和模仿那些愿意探索、敢于挑战的人。可是父母们却常常教育孩子不要太冒险了。如果孩子刚刚拿起剪刀想自己剪窗花，妈妈就立刻大喊："别动，危险！"然后一把夺过剪刀厉声质问孩子："不是说过不许碰这些东西吗？你怎么不听？你不知道妈妈有多担心你吗？"虽然孩子竭力辩解自己在学校早就会使用剪刀了，但妈妈的担心和指责却让孩子越来越胆小，越来越循规蹈矩。即使孩子已经读小学六年级了，或许她依然会担心受到妈妈的责怪而不敢使用剪刀。这样唯唯诺诺的孩子在同伴中是没有号召力的。

比较恰当的做法是，父母教会孩子一些基本的技巧，然后放开手让孩子自己去探索。如果孩子想自己动手剪窗花，妈妈可以事先指导孩子如何折纸，如何灵活地运用手部力量在双手的互相配合下使剪出来的窗花轮廓更光滑、流畅。

◎引导孩子多想想成功，别太在意失败。

不少孩子对自己不自信，在做事情之前没有想象过成功了会怎样，而是把过多的精力放在“我如果失败了会怎样”，这样一开始就输了，已经把自己放置在失败者的境地了。虽然父母教育孩子不需要像破釜沉舟那样没有任何退路不得不往前冲，但是，我们要引导孩子多想想成功的喜悦。失败总是难免的，但只要努力，成功就是必然的。父母如果过多地把只能成功，不许失败的意识灌输给孩子，孩子就会特别怕犯错、怕失败。只有能够解决问题、能够激励别人、不怕失败的孩子才是勇敢的、对失败应付自如的、受到别人推崇和敬佩的孩子，这样的孩子才是具有领导才能的人。

◎鼓励孩子拥有梦想。

人们普遍认为，一个称职的领导者应该是有远见的，能把自己的观点和意图清晰明了地向其他人解释，并且能够影响甚至改变别人的看法和观点，使别人能够附和并拥护自己的主张，让别人跟着自己走。可以毫不夸张地说，领导者就是一个造梦者，他要用自己的魅力吸引众多的筑梦者共同实现梦想。所以，梦想很重要，父母不要对孩子不切实际的想法嗤之以鼻，更不要急于扭转孩子看似怪异荒诞的梦想。如果一个女孩宣布她想成为一名专业斗牛士，父母不要马上指出：“那个太危险了，女孩儿可不能干那样的工作。”如果一个男孩看过一场 3D 电影之后立刻被光怪陆离的视觉效果所吸引，一心想成为一名动画设计师，父母也不要立刻打击孩子：“你的数学那么烂，打开电脑也只知道玩游戏，怎么可能做动画设计师？”不管孩子的梦想对父母来说是多么稀奇古怪，父母都要鼓励他们。

必须要提醒父母们注意的是，虽然培养孩子的领导能力或领导意识对于孩子的将来益处多多，但父母也要注意帮助孩子克服领导地位带来的负面影响。如果孩子利用自己在游戏中的主导地位要挟同伴，以达到大家都听他指挥和安排的目的，那样只会引起同伴的不满和反感，久而久之，孩子就会失去同伴的信任和拥戴而丧失原来的领导地位。父母要提醒孩子“你和别的孩子都一样”，让孩子不要把自己的领导能力和领导地位混为一谈，以免地位感和优越感给孩子自身和同伴带来负面影响。

55. 交际能力

交际，是人与人之间相互联系的一种行为，更是人们运用一定的方式或手段进行信息传递、思想感情交流、互相促进并达到某种目的的一种最为基础的社会活动。

对人类而言，交际活动就像空气和水一样必不可少。作为在激烈竞争和广泛合作背景下成长起来的孩子，必然会面临更为广阔的交际空间、更为丰富的交际内容、更加频繁的交际活动。无论在学校还是将来在不同的岗位工作，孩子都必须和各种各样的人打交道，只有具备良好交际能力的孩子，才能更好地融入社会。也就是说，重视并努力培养了孩子的交际能力，也就等于培养了他们今后投身社会的工作能力。

现代教育学和心理学研究发现，现实生活中小学生之间的交际存在着一些差异和不良倾向，主要表现在以下四个方面：

一、在基本的与同学、老师的交际中，有的孩子表现得比较冷漠、害羞，不善于与同学、老师谈心，孩子的适应能力和应变能力都比较弱，更缺乏必要的竞争意识。

二、有的孩子在与他人交往的过程中往往做出过激反应：性格粗鲁莽撞，容易与人争吵或打架，缺乏做人的基本修养。这样的孩子往往会给生活在集体中的他人带来不安全感，孩子自身也没有可以信赖和倾诉的朋友。

三、有的孩子在与人交往中特别看重自己的利益，总是把个人的利益放在第一位，不善于设身处地替他人和集体着想。这样的孩子自我意识极强，特别容易与别人形成隔阂。

四、不少孩子在交际中表现得孤僻、骄傲。他们的交际圈很狭窄，往往仅局限于与个别同学来往，这样的孩子不会主动地、自主地选择朋友，容易自我封闭。

为什么当代孩子会出现上述不良倾向和交际行为？这正是独生子女一代面临的共同问题。因为独生子女普遍缺乏同龄群体，在日常生活中没有更多的机会与其他伙伴接触，身边围绕的都是成年的长辈，孩子之间的交往趋于空白，这使孩子们时常处于“无交际状态”。生活在以自我为中心的家庭圈子中必然要导致孩子在心理、交际上出现偏差。更为重要的是，随着物质水平的提高，孩子们生活中的电脑、游戏机、电视等逐渐占据了孩子大部分玩耍时间，孩子每日与这些物品相处的时间较多，使他们处于“与物交往状态”。

值得一提的是，在对待孩子的交际问题上，父母也存在一些不正确的认识。比如有的父母认为交际能力是天生的，无所谓培养的问题；有的父母认为交际不外乎就是能说会道而已，不算什么本事，丧失了语言能力的人照样在这个社会中过得很好，更何况孩子能够很好地表达自己，这就足够了。还有的父母直接把交际能力理解为孩子与朋友玩耍，认为交际会影响孩子的学习，如果孩子和品性不好的人交往，更会走向歧途。

不仅环境造成了孩子交际能力的低下，父母的忽略也使孩子不善交际，不会交际，甚至害怕交际。

交际能力的重要性毋庸置疑，交际作为一种能力必然也是可以培养的。作为父母，该如何培养孩子的交际能力呢？

◎给孩子自由选择朋友的权力。

对自由的渴望是孩子与生俱来的本能。父母要充分尊重孩子，赋予孩子自由选择朋友的权利，让孩子按照自己的原则构建属于自己的交际圈。

有的父母担心自己的孩子和那些高大健壮、性格冲动的孩子一起玩会吃亏，就限制自己的孩子和那些孩子玩耍，甚至以大人的眼光和评判标准为孩子筛选朋友。这会让孩子始终在父母的庇护下与人交往，既不懂得如何按照自己内心真实愿望与其他孩子玩耍，更不能在出现交往障碍或问题的时候通过实践经验学会如何自护。所以，请父母在必要的情况下仅作参考，而把选择朋友的自由权还给孩子。

◎经常带孩子到处走走。

利用节假日带孩子走出家门、走向社会、走进大自然，增长孩子的见识并陶冶孩子的性情，使孩子的身心在开放的环境中得以释放。父母会发现，孩子在出门玩耍或者是近郊或短途旅行之后，孩子好像变得更开朗活泼，连说话也更有条理性了。其实，外出旅游正是提高孩子交往能力的一种有效途径，孩子能够不断受到外界的刺激，在旅游中不断扩展交往的范围，增加交往对象。在旅游中，买车票、住宾馆、进饭店、购门票等都是要与陌生人打交道，如果父母有意识地引导孩子去做这些事，那么孩子就可以直接接触到一些新的对象，了解新的交际内容，渐渐地变得热情主动。而旅游结束之后，由于见多识广，积蓄了许多新奇特的经验和印象，这些都可以成为孩子的谈资，在与同伴、老师交流的时候更增加了许多话题。所以，经常带孩子到处走走，让孩子的胸襟得以开放，对于培养孩子的兴趣、促进孩子性格发展，提高交际能力都是很有益处的。

◎有意识地让孩子购物。

父母可以根据孩子的年龄大小，有意识地要他们进行小件物品的购买活动。我们可以和孩子一起到超市，安排 6 ~ 9 岁的孩子买油盐酱醋；带孩子去市场，指导 9 ~ 12 岁的孩子买鱼、肉或自己穿用的鞋、袜、手套等。现在不少城市的社区经常开展“跳蚤市场”活动，父母可以让孩子对家中的物品进行清理，特别是孩子的旧衣服、旧书本文具或旧玩具等，然后带上这些东西参加跳蚤市场的置换或闲置物品处理活动。孩子可以在交易的过程中接触到各种各样的人，有利于孩子加深对人的了解和认识，从而提高孩子的交际能力。

◎鼓励孩子独自做客待客。

不少孩子想到同学家玩耍，父母往往担心孩子由于贪玩而弄坏别人的物品，也担心孩子与同学发生争执甚至打闹。所以，往往孩子去同学家玩，父母还得做跟班陪同。孩子和父母一起去别人家做客，不用应酬，没有压力，交往活动的主角是父母。如果父母把这个主角让位给孩子，让他自己一个人去，与对方的一切接触都得由自己来应对，这无疑是把孩子推到了前线，让孩子没有任何可以依赖的条件，促使孩子不得不考虑如何交际。所以，父母要鼓励孩子独自去同学家做客、去邻居家串门。孩子的同龄朋友来家里做客，不妨让孩子作为主人来接待，这无疑使孩子的交际能力又得到一次锻炼。

56. 观察能力

英国杰出的生物学家、进化论的莫基人达尔文曾经说过："我既没有突出的理解力，也没有过人的机智。只是在观察那些稍纵即逝的事物并对其进行精细观察的能力上，我可能在众人之上。"达尔文的话清楚地指出，敏锐的观察能力对取得重要成就十分重要。

观察，是一种受思维影响的、主动的、有意识的、系统性的知觉活动。小学生《科学课程标准》指出："学习科学，就是去参加、去经历一个个的观察、研究、认识活动；没有观察，就没有研究，更没有认识。"可见，小学生的观察能力的形成对于孩子今后的科学学习及科学素养的提升具有十分积极的作用。

观察能力，不仅作为科学家取得重要成就的重要条件，更是人们认识一切客观事物和现象的基本能力。对孩子而言，观察可以运用形象思维获得丰富的感性知识，为抽象的理性认识打下基础，从而促进智力的发展。因此，儿童观察力的强弱，将直接影响认识过程各个环节的活动。所以，巴甫洛夫曾对他的学生说过："应该先学习观察、观察再观察。不会观察，你就永远当不了科学家。"

为了使孩子的观察能力得以提高，父母不妨参考以下建议：

兴趣是最好的老师，是孩子参与学习活动的原动力。孩子有了浓厚的观察兴趣，就会主动而持久地去观察并逐步认识周围世界。所以，父母要了解孩子的兴趣所在，注意培养孩子的观察兴趣。要尽量以符合孩子年龄特征的方式加以引导。父母要尊重孩子的选择，不要擅自为孩子确定观察对象，不强迫孩子观察。可以征询他的意见："你想看什么？"根据孩子的兴趣或与孩子共同选择观察的对象，这样才能使孩子全身心地投入到观察活动中，保持较长的观察时间，注意力越集中，观察得也就越准确，观察力也能随之得以加强。

大自然是取之不尽的宝库。父母可以多带孩子到郊外旅游，观察大自然中的一草一木、一鸟一虫。当孩子捉到一只蜻蜓时，你要告诉他蜻蜓是益虫，不能随便伤害，顺便引导他观察蜻蜓的体态构造和各器官的作用，还可以给他讲蜻蜓的生活习性等。

读小学一年级的苗苗最喜欢小蜜蜂了。因为在各种童话故事、动漫书籍中，小蜜蜂都是辛劳勇敢的代表。

有一次，爸爸妈妈带苗苗到郊区赏桃花，苗苗看到许多小蜜蜂，高兴得不得了。可当她凑近一看，脑子里却出现了许多问号：

为什么这些小蜜蜂屁股后面没有刺呢？不是说蜜蜂尾部有刺吗？

书里画的小蜜蜂都是拎着小桶来采花粉的，那都是童话故事，小蜜蜂是不可能拎桶的，但它们怎么把花粉带回蜂巢呢？

为什么小蜜蜂会像跳舞一样一会儿转圈一会儿又"8字形"飞舞呢？

苗苗把这些疑问都告诉了爸爸，爸爸若有所思地听完之后对苗苗的问题耐心地一一作答，然后说："你观察得很仔细，爸爸要送你一个礼物——《十万个为什么》，你可以从那套书里找到你想要的几乎全部的答案。"

父母要善于运用社会、自然界各个领域的丰富知识，启迪孩子去探索，不要因为孩子提出的疑问十分浅显而打击孩子的自信心甚至贬低孩子的智商，要带领孩子仔细观察并耐心解答孩子在观察中的疑惑。如果父母的知识点也出现遗忘或者空白，对待孩子的提问更要谨慎，可以和孩子一起通过翻阅资料、上网查询等方式找到最为科学合理的解释。

孩子对周围事物的强烈好奇心促使他们产生了观察的欲望，但受到年龄和心理的影响，小学阶段的孩子一般在观察方面都显得比较笼统而随意，并且受主观情绪的影响很大。也就是说，6～12 岁孩子的观察从严格意义上来说，仅仅是“看”。所以，父母要指导孩子掌握一些科学的观察方法。

父母要引导孩子学会按照一定规律，从各方面对事物进行观察。比如按照时间顺序进行观察。让孩子学会了解不同时间里阳光下物体影子的变化，或者按照方位顺序对大树进行观察。此外，由整体到局部，由近到远、由表及里、从头到尾、从上到下等多种顺序都可以作为观察的方式。这样有序地观察不仅能使孩子在“看”的过程中抓住观察目标的主要方面，又不会忽视次要的内容，也就从根本上提高了孩子的观察能力。

科学层面上的观察已经不仅仅是用眼睛看，通常还包括耳朵听、鼻子嗅、手指摸、舌头尝等多种感觉的综合运用。父母要尽可能让孩子运用各种感觉器官参加实践活动，对于客观事物在多方面表现的特性都有所了解和感悟，让不同的感官去鉴别事物的形状、色彩、软硬、冷热、声响、气味等。只有调动多种感官参与体验、综合运用，才能使感觉器官得到锻炼，从多方面增强孩子头脑中所形成的暂时联系，提高孩子的综合观察能力。

观察是一种心理过程，更是一种直观的经验积累。发展良好的观察力，可以使孩子认识世界，帮助他们在周围的环境中认准目标，对孩子的整个智力发展及个性的形成有很重要的作用。在日常生活中，父母要做个有心人，采取正确、科学的方法，注重培养孩子的观察能力，这将对孩子学习知识和智力发展大有益处。

57. 自制能力

我们先来看看这个著名的“糖果效应”。

心理学家戈尔曼告诉孩子们说：“你们每个人的桌上都有两颗糖果，如果你现在吃，就只能吃一颗糖。但是，如果你能等我回来后再吃，这两颗糖就都归你了。”说完后戈尔曼就径直出去了，留下孩子们呆在房间里。

在戈尔曼踏出房门后不久，一些孩子就迫不及待地抓起了桌上的糖果吃了起来。而有一些孩子，虽然心里很难受，但还是选择等待戈尔曼回来，希望得到两颗糖。在戈尔曼离开的这20分钟的时间里，这些控制了自己不伸手拿糖的孩子们或闭眼不看、或抱头休息、或喃喃自语。虽然有的孩子最终没有抵制住糖果的诱惑，但他们中的部分人终究还是等到了戈尔曼的返回，如愿得到了两颗糖。

经过12年的追踪，心理学家发现，那些抵制住了糖果诱惑的孩子们，学习成绩明显较好。长大之后都有较强的自制能力，适应性、独立性强、乐观而自信，不会轻易向困难低头；而那些抵制不住一颗糖的诱惑的孩子，学习成绩要相对落后，遇到压力就畏缩不前，自尊心很容易受到伤害。长大以后常常出现多疑、妒忌、神经质、任性的问题。

这种从小时候的自控、判断、自信的小实验中能预测出孩子长大后个性的效应，就叫“糖果效应”。

虽然孩子逐渐明白事理，可毕竟受年龄和心理的限制常常控制不住自己的想法，常常只顾眼前利益而放弃了坚持与克制。孩子的人生道路很长，一路上要面临的各种诱惑很多，如果仅仅满足当前的需要，往往就失去了真正的目标。

现在的独生子女家庭中，大人们都对孩子有求必应，孩子不仅在行为上“独”，在思想上更是“独”。他们头脑中的思维定势就是：最好的都是我的，我想要什么就必须马上得到。大人们对孩子的百依百顺也在很大程度上使孩子的这种以自我为中心的思想不断得以巩固和加强。这样的孩子不懂得谦让、更不懂得克制，自制能力很差，什么都由着自己的性子来，随自己的喜好做事，毫不顾及别人感受或需求；做事情或学习也常常浮于表面，冲动而盲目，不能很好地沉下心来管好自己的身心；不仅学习成绩不佳，人际交往也常常陷入僵局。

为了让孩子在生活和学习中能够拥有持久的专注和耐心，父母应当积极培养孩子的自制力，让孩子学会控制自己的欲望，还要让孩子明白：等待和自我控制之后能够获得更多回报。

◎父母要做孩子的榜样。

有的父母自己就缺乏自控能力，没有给孩子树立良好的榜样，孩子必然也不会是一个自制力强的人。比如，有的爸爸向全家宣布要戒烟，可几天之后实在忍不住又偷偷开始抽烟，甚至比以前吸得更频繁。这样出尔反尔的表率必定会让孩子觉得大人都说话不算话，连自己一向崇拜的“超人爸爸”也禁不住香烟的诱惑，自己肯定也不能控制住想吃糖的想法。

父母除了要以身作则，在孩子面前表现出超强的自制力之外，还要对孩子信守承诺，如果父母对孩子许诺：“你在换牙了，如果你能坚持这个月不吃糖，我就会送你那套你一直想要的漫画书作为奖励。”但在孩子艰难地捱过一个月之后，父母却像得了健忘症一样绝口不提这件事，孩子就会感到后悔“早知道这样，我就不相信他们了。”孩子有了这样不愉快的经历，以后也不愿意轻易相信别人了。所以，父母一定要对孩子信守诺言，答应孩子的事情一定要做到。不能做到的，就不能随意答应，更不要轻易许诺。

◎正确判断孩子的需求。

作为心理学概念的“延迟满足”是自制能力的体现，不是单纯地让孩子学会等待，也不是一味地压制孩子的欲望，而是一种克服当前的困难情境而力求获得长远利益的能力。父母要充分理解并灵活运用“延迟满足”的方式来锻炼孩子的自制能力，必须了解并不是孩子的所有需求都必须延迟一定时间才满足；而要对孩子提出的需求有正确的判断，果断地决定哪些需求是可以立刻满足的，而哪些是需要给孩子一定考验，需要孩子等待的，而哪些是根本就不能满足的。

◎对孩子进行一定的自制训练。

自制能力是在日常生活和学习中善于控制自己情绪和约束自己言行的能力。培养小学阶段的孩子的自制能力，如果只是一味地说教，效果并不理想。玩是孩子的天性，作为父母应该尽可能地为孩子创建丰富的活动平台和游戏内容，让孩子在玩耍当中强化认识、获得体验，逐渐形成一种良好的行为习惯和意志品质。

为了在家庭中对孩子进行自制力训练，父母可以引导孩子在个人需要、学习目标、游乐时间、承诺、个人情绪等五个方面加强锻炼。

1. 锻炼孩子个人需要的自控力。每个孩子都希望尝试自己感兴趣的事情，都希望得到别人的关注和赞扬，都希望在身处逆境或困难时得到别人及时有效的帮助，这些都是孩子的内心需要。父母可以根据孩子的特点教给孩子一些看似不可能完成的任务，或者和孩子互换角色，让他体验为人父母的责任和艰辛。通过完成任务和角色体验，让孩子获得小小的满足感和成就感，有效地点燃孩子内心的渴望。

2. 锻炼孩子完成目标的自制力。目标是内需的具体化、明确化的体现，父母要在日常的生活中引导孩子从实际出发制定现行的目标。给孩子定一些“跳一跳就能实现”的目标，让孩子尝到甜头，也指导孩子根据自己的需要设立努力的目标，并学会分解目标之后一步步地去实现。比如，有的孩子总是不会收拾自己的学习用品，父母不要督促孩子把自己的东西收拾整齐。这样笼统而含糊的指导对于孩子而言没有任何的实际意义。父母可以让孩子为自己拟定“学会整理内务”的目标，引导孩子这个星期学习收拾书本文具并坚持下来，下个星期整理个人房间。这样一步步地使孩子不断得到锻炼并获得成就感，坚持一段时间之后孩子自然会养成善于收纳的良好习惯。

3. 锻炼孩子对时间的控制能力。会珍惜时间、善于利用时间的人往往具有较强的自制能力。而那些自制能力差的人往往不守时、不惜时。父母要教会孩子合理有效地利用时间，让孩子根据自己的方式或原则安排个人活动，使孩子确立什么时间做什么事情的思想。

4. 锻炼孩子对承诺的自控能力。说到做到、言出必行的人往往自制能力很强，会为了自己的一句承诺而付出全部的努力。父母要教育孩子言而有信，认真履行对别人的承诺，逐渐学会自我调控。

5. 锻炼孩子对情绪的自制能力。善于控制情绪也是自制力的一种表现。一个会控制情绪的人不会因一时的失败而垂头丧气失去前进的动力，也不会因一次胜利而好高骛远做出脱离实际的判断。父母要关注孩子的情感变化，随时做出相应的指导，引导孩子学会调整自己的想法，学会调节情绪。

58. 组织能力

一个妈妈对自己孩子的表现感到焦虑，“我的孩子从小到大都是很听话的孩子，今年他想竞选班长，可他对活动的组织能力较差。虽然他也想有所改观，但却不知如何入手，我们作父母的给他不少提议又不能使他满意。为此，他常闷闷不乐，甚至开始觉得自己比不上别人，都打算放弃竞选了。很想知道，如何帮助孩子提高组织能力？

无论在生活中还是在学校里，组织能力都是孩子不可获取的因素。即使孩子不当班长、不组织活动，但对于孩子将来的发展而言，有一定组织能力肯定会在今后的学习和生活中更加主动而自信，更能够使孩子站在一定高度处理生活中遇到的各种困难或挫折，而不是盲目地跟从，随大流、无个性地生活。

一般情况下，组织能力不仅仅是把散乱的人或事按照一定规律或规则进行有条理地安排，组织能力其实还包含号召能力、筹划指挥能力和应变能力等三个方面的综合能力。所以，在家庭教育中，父母要有针对性地从这三方面入手，对孩子进行必要的指导和教育。

我们都知道，胆小的孩子是没有办法出众的。无论这个孩子有多么出彩的创意，能够策划多么好的一个活动，但他的胆怯和柔弱是没有办法号召大家来参与活动的。父母平时要多鼓励孩子走出家门，增加户外活动，多带孩子去串门、访友，和各种年龄的人接触，逐渐增强信心，克服胆小。父母不妨让孩子当众表演，可以有效地增强孩子表现欲，使孩子的内心逐渐变得强大。

孩子的组织能力不是一天两天就能形成的，必须经历平时的不断积累。父母要教孩子与人沟通的技巧和一些待人接物的基本礼仪，让孩子知道如何巧妙地与别人交谈，明白和别人交流时选择对方最感兴趣的话题才能引起对方的共鸣。父母可以提醒孩子在与人交谈时多谈“你”，少谈“我”，这样可以让别人感受到关注与尊重，愿意继续这段交往。

父母可以创设一些情境，让孩子了解对别人的观点、做法要加以赞许；在倾听时要关注每一个人，不要只是关注那些爱说话的人。如果孩子能够掌握这些交流技巧，他会受到别人的欢迎，从而拥有一定的号召力，为良好的组织能力打下坚定的群众基础。

父母在平时要注意对孩子组织能力的培养，比如在孩子生日的时候，由他自己出面邀请小伙伴或同学到家里过生日，自己决定生日派对中的节目。父母可以给孩子定额的资金让他自主地购买生日派对所需的零食。在日常生活中，也要注意邀请孩子参加家庭事务的决策，多和孩子进行讨论，家里要添置家具、更换物品等可以倾听孩子的意见或建议。

事实证明，每个人都愿意和幽默、开朗、乐观的人共事，乐意受到他的指导。心理学家研究发现，幽默感除了能使自己产生快乐的情绪之外，还能促进人际交流，扩大人际影响，能够在组织中加强沟通、化解分歧，缓解紧张关系，更能够拉近与别人的心理距离，说服别人，让生活变得更轻松。有幽默感的孩子更能获得别人的好感，更会增加孩子的个人魅力，让他成为最受欢迎的人。因为幽默而产生的凝聚力会使别人自发地服从。所以，使孩子具有幽默感对于孩子的组织能力有着积极的作用。

第7章

独立：让孩子做力所能及的事

父母要让孩子尽早作为一个独立的个体，从自己的生命中分离出去，以他独立的人格，面对他自己的世界。父母不要总以为孩子永远“长不大”，该放手时要放手，因为你不可能陪孩子一辈子。

59. 相信孩子自己能做好

中国的父母对孩子包办代替过于细致，导致有的孩子在小学三年级时还不会拉外套拉链，有的孩子小学五年级还不会自己系鞋带，有的孩子到小学六年级都不会自己扎头发。孩子做点儿什么事，父母总是担心孩子做不好，生怕孩子受到一丁点儿伤害，常常不让孩子参与任何家务活，也不相信孩子能把事情做好。

我们经常看到孩子站在妈妈旁边想拿过妈妈手里的吸尘器自己打扫卧室卫生，而妈妈却不耐烦地说："你到客厅玩去，别给我添乱了。让你自己来还不知道给我搞出什么乱子呢！到时候这儿戳戳、那儿捣捣的，房间没收拾好反倒蹭掉了床脚漆，还是我自己做比较保险。"很显然，孩子的心会被妈妈的这番话伤害到。他只不过看到妈妈劳累，想帮个忙而已，更没想过会给妈妈添乱。而妈妈不信任的神情和鄙夷的一席话让孩子的感恩之情顿时烟消云散，自觉"好心当作驴肝肺"的孩子以后可能再也不会主动帮妈妈搞卫生了。即使妈妈累到了，他也不会主动承担家务劳动，因为妈妈曾经的话语让他害怕被再次伤害。

独生子女的父母不仅剥夺了孩子参与家务和应该的社会劳动，还对孩子的衣食住行、生活起居极不放心。他们总认为孩子还小应当被照顾，唯恐离开了自己的呵护就不能生活，总以为等孩子大一些了再放手也不迟。父母对孩子的生活大包大揽，使孩子失去了锻炼手脑能力的机会。致使孩子不仅不会主动承担家务劳动，就连自己的内衣内裤、袜子都没有动手洗过。难怪很多孩子上大学都还需要家长护送。即使孩子到了父母认为可以放手的年龄，孩子往往也会因为适应能力低下、自理能力极差等原因不得不继续当父母的“大宝宝”。面对已经成年的儿女，父母还能怎么样？只得容忍孩子的“啃老”继续肆无忌惮地张扬，只因这个苦果是父母自己种下的。

为了让孩子将来能够自立自强地在竞争激烈的社会中立足并取得一定的成就，父母一定要改变自己的家庭教育观念，相信孩子的能力，使孩子在父母的指导和协助下学会想要学会的一切，使孩子和家庭都获得更多的幸福。

美国总统奥巴马曾说：“毁掉孩子的不是家庭，而是家庭教育”。要想使自己的孩子将来的磨难少一些，现在就要让孩子多经历磨难；要想孩子将来会做事，现在就必须让孩子多做事，使孩子不仅从书本，更从生活实践中学到受益终生的经验。父母不要轻易低估孩子的能力，相信孩子在我们放手之后是能够把很多事情做到并且能够做好的。

读小学五年级的悦悦由于爸爸出差在外，身为医生的悦悦妈妈也经常上夜班，为了照顾悦悦，妈妈只好把乡下的奶奶请来照顾悦悦一段时间，悦悦也很喜欢奶奶，祖孙两个相处得很融洽。

悦悦的爸爸妈妈虽然平时很忙，但对孩子的教育却丝毫没有松懈，他们一有时间就会带孩子参加各种各样的活动，开阔悦悦的视野。在平时的教育中也注意锻炼悦悦的独立意识，家里的许多事情都邀请悦悦参与决策，渐渐地，悦悦变得自信而独立。

有一天晚上，悦悦完成作业后正和奶奶在家看电视，奶奶的高血压突然犯了。悦悦在短暂的惊恐之后很快镇定下来，赶紧拨打了120和妈妈的电话，并且帮奶奶找了药服下。

在等待120的时候，悦悦以最快的速度准备了一个书包，里面放了一壶热水、一些卫生纸、奶奶平时的病历本和医保卡，还为奶奶带上了一件外套。准备妥当之后，悦悦就一直握着奶奶的手，和奶奶说话，不时亲吻奶奶的额头，虽然她的眼泪止不住地流，也不知道该怎么做才能让奶奶感到好受一些，但她一直鼓励奶奶要坚持。

闻讯赶来的120对奶奶进行了现场急救，然后把奶奶抬上了救护车。

在医院里，随后赶来的妈妈看到背着大包的悦悦，第一次感到：女儿长大了。

通过这件事我们可以发现，孩子上学之后，独立意识逐渐增强，虽然他们的心智和能力仍然让父母担心，但孩子在关键时刻表现出来的沉着冷静让父母不得不承认，孩子在一定程度上可以不依赖大人做事了，甚至能够应对一些突发事件。如果父母们平时注重锻炼孩子的独立意识，培养孩子的自立精神，相信孩子自己能够独立处理好生活中的琐事，孩子就会受到肯定和鼓励，变得自信，克服困难的勇气和力量也会有所增加。

可是，现在很多父母望子成龙心切，为了孩子能够把所有的时间用在学习上，几乎不让孩子参加家务劳动，更不让孩子料理那些属于他自己的事情。比如削铅笔，本来有安全性较高的卷笔刀，父母也亲自为孩子卷笔，不让孩子动手；孩子写作业，父母在一旁端茶递水送水果。父母承担起了给孩子准备学习用品的各项任务，在孩子的生活中不仅是父母，更扮演着书童的角色。

还有很多父母，对孩子的户外活动不放心，出门之前为孩子准备许多自己考虑应带的随身物品。即使孩子去学校上学，也要替孩子准备应有尽有的物品，怕孩子饿着、冻着，父母的想法是好的，但却使孩子不堪重负。

其实，很多时候，孩子能够独立地办好许多事情，只是父母不让他们做，怕他们做不好，更怕他们受伤。所以，父母要在平时注意锻炼孩子各种适应和生存的能力，让孩子拥有基本的生存技能和劳动技能，这样也能使父母对孩子放心，相信孩子能够照顾好自己。父母应当时刻提醒自己，不要剥夺孩子成长的一切“机会”，不论是在生活上，还是在学习上，都要尽量创造条件让孩子自己处理，努力发现孩子的需要，在合适的时机为孩子提供必要的帮助，努力做孩子成长道路上的观察者、支持者而不是统治者、代理人。

60. 家务活儿孩子也有份

父母认为孩子进入小学之后，随着年级的增长，学习就会越来越紧张，在学校里上课、自习头脑紧张了一天，回到家里就应该让他休息。孩子正是长身体的时候，还是别太累了。而且父母担心孩子做不好家务，让他拖地，他可能随便在地上“写大字”，不仅拖不好，还把灰尘或脏东西弄得到处都是；让他擦窗户，他可能会把窗户越擦越脏；让他用抹布擦拭桌柜，他可能还会不小心把柜子上的摆件碰倒在地，摔得四分五裂，东西碎了不说还增加大人的劳动量。父母们只求孩子能够自己乖乖地看书，别给大人捣乱就行了。真要让孩子来帮忙，肯定是越帮越忙，到头来大人不仅要照样做家务，还得收拾他鼓捣出来的烂摊子，还不如大人自己做省事省时。于是，孩子便被父母“驱逐”出现场。

而且，许多父母在孩子小的时候舍不得让孩子做家务，也片面地认为家务活儿没有什么技术含量，一学就会了，孩子只要安心学习，以后大了再帮忙做家务也不迟。可真等到孩子读小学、初中了，父母需要孩子来分担一些简单省力而自己暂时没空完成的家务活儿时，父母们却蓦然发现，即使教给了孩子做家务的技巧和方式，孩子学会了却不愿意动手了，因为孩子已经习惯于看父母做家务，享受别人的劳动成果而懒得自己动手了。

对于学龄前孩子而言，父母让孩子参与简单的家务能够使孩子的自理能力得到提高；而对于 6 ~ 12 岁学龄期的孩子，做家务不仅能使孩子对父母的依赖性有所降低，而且还能让孩子在紧张的脑力劳动之余得到适当的调节，更能使孩子通过帮父母分担家务活儿体会到父母的辛苦，变得比较懂事。孩子拥有积极乐观的心态，乐于助人，身体素质也比较好，当他走进社会时，相对也容易与人融洽相处。

所以，我们不要小看家务劳动对孩子的影响，而要清醒地认识到，让孩子做家务是帮助孩子健康成长的最好机会，可以增加孩子的做事能力、培养孩子的责任心，对孩子的一生意义重大。

◎父母别怕孩子“帮倒忙”。

父母让孩子分担家务时，要预先考虑一下孩子在做家务的过程中可能会出现的不良后果，提前做出预防，可以有效地把事态控制在自己的手里，又不会剥夺孩子做家务的机会。比如，让孩子洗自己的衣服时，可以让他自己选择是在盥洗池里清洗还是拿盆装水后放在地上坐着小凳子洗。如果孩子愿意在盥洗池里洗衣服，可以提前把周围可能被孩子碰掉的东西收拾起来，给孩子足够的空间让他自由操作；如果孩子想坐小板凳在地上洗，父母可以考虑让他穿塑料拖鞋或用旧毛巾铺在洗衣盆下面起吸水、防滑的作用。针对有的妈妈担心孩子洗衣服会受凉的问题，妈妈不妨不定时地观察孩子的劳动进度，关注洗衣盆里的水温，感到水温变凉及时添加热水，使水温保持在适合的温度就不用担心孩子接触凉水时间太长而引发感冒了。

◎根据孩子的年龄分派相应的家务。

为了让孩子更安全、更顺利地做好家务活儿，父母要根据孩子的年龄，给他分派相应的家务，让孩子做一些力所能及的事。

所谓“力所能及的事”就是孩子在适当的年龄做适当的事。如果我们让两三岁的孩子洗碗，摔破碗碟一定是必然发生的结果。但是如果指导两三岁的孩子摆筷子、帮大人拿拖鞋、收集轻的纸片类垃圾等，孩子一定完成得很好。

所以，父母要给小学阶段的孩子安排一些他能够胜任的家务活儿。小学一、二年级的孩子，可以做一些类似于学龄前孩子所做的家务事；而中高年级的孩子，则可以考虑让他洗自己的衣服、书包、球鞋，整理冰箱、擦拭家具等事情。在培养孩子劳动习惯、锻炼自理能力、培养独立性的同时，让孩子通过自己的双手感受到劳动带来的成果，欣喜于自己给家里带来的改观，让孩子感到自己是一个有用的人，感受到劳动给自己带来的快乐和满足感。让孩子在劳动中不断接触到新东西、不断积累一些解决问题的新办法，对孩子的智力发展也有帮助。

◎不要盲目学习西方教育中“孩子做家务，家长付酬劳”的方式。

在不少西方国家，父母对孩子的要求是“要花钱自己挣”。孩子们靠给父母做雇工挣零用钱，而大多数欧美国家的孩子从小就养成了勤劳节俭的美德和艰苦自立的品格。

在我国，也有不少父母为培养孩子的独立能力，会安排些家务给孩子做，并以洗一次碗给孩子一元，扫一次地给他一元的方式让孩子得到一定酬劳。但是，父母渐渐发现，以后只要让孩子干点活儿，他就会把手一伸，说：“拿钱来！”当孩子不想要钱的时候，他就选择不做家务事，对父母说：“我这星期的钱挣够了，所以你们自己去倒垃圾吧！”

为什么西方家庭教育中用这个办法能培养孩子的勤俭节约和财商，自己反倒把孩子培养成惟利是图的人了呢？

这正是片面理解孩子给父母做雇工的含义，笼统地认为孩子做家务就要给相应的酬劳。父母要让孩子自然而然地做家务，同时为想赚钱的孩子提供一个有薪水的特别家务事清单，清单内容应该是日常规定的家务事以外的特殊任务。比如修理东西、擦亮鞋子、清洁冰箱等这种发生频率较低的家务活儿。这样把家务活儿进行“普通而必须”与“特殊有酬”的划分，孩子就会既能完成日常的家务活儿，又可以积极参与有偿的劳动，增加孩子做家务的兴趣。

61. 陪伴孩子独立做实验

孩子进入小学之后，会有一些涉及到与实验的相关课程，孩子们在课堂上意犹未尽，回到家也常嚷嚷着："我要做实验！我要做实验！"或许孩子未必能够理解"实验"二字的真正涵义，或许孩子只是把实验当做一种新奇的玩法。但是，父母如果能够很好地利用孩子的好奇心，注意带着孩子对身边的事物变化进行观察，鼓励孩子思考，与他一起动手学科学、用科学，一定会让孩子对实验与科学产生浓厚的兴趣。只要父母们善于引导，给孩子创造条件，对于孩子来说，从小做实验、学科学，当"科学家"并不是件遥不可及的事。

有的父母可能会认为让孩子做实验不是瞎折腾吗？要给他提供各种实验设备，哪怕不是玻璃的，也说不定一会儿没看见他就把东西砸了、素材洒一地，最后受累的还是大人。其实，父母们完全可以给孩子提供一个专门的角落或房间作为"家庭实验室"的场地，在给孩子一定的规范和区域划分之后，明确告诉孩子应该如何正确地在这个区域内进行试验，这样可以有效地使孩子的活动在相对固定的地方进行。

如果孩子很热衷于实验又不知道该做些什么实验，而父母又担心孩子在做实验的过程中由于选材不当、操作不当而使自己受到不必要的伤害，父母不妨协助孩子采用平时常见的一些简单的材料，和孩子一起动手操作，不但可以训练孩子的动手能力、还能增加亲子之间有效的沟通和交流。

◎传声筒。

传声筒是最为简单的科学小实验了，也是一个容易制作的手工作品，可以通过操作，让孩子感知空心的传声筒传出的声音清晰响亮，实心的传声筒传出的声音模糊不响亮。父母可以和孩子一起动手制作，激发孩子的求知欲、好奇心，让孩子明白原来这么简单的物件能够告诉我们这么大的科学原理。

传声筒的具体制作方法是：两个喝水用的纸杯，一条毛线，两根回形针，这些东西简单易找，而且普通家庭一般都有。

用剪刀把纸杯底戳个小洞，把毛线从洞口穿过，两端毛线头朝纸杯内各绑住回形针，传声筒就做好了。如果没有回形针也没关系，把毛线头打个结不至于从杯底的小洞滑出就行了。传声筒做好后，爸爸或妈妈和孩子一人拿住一个杯子，一个拿着纸杯对着嘴巴讲，一个对着纸杯贴着耳朵听。亲子之间可以通过传声筒打电话、说悄悄话。在游戏中可以让孩子试试把毛线拉直听和松松地听的效果有什么不同。让孩子通过自己切身的感受，明白毛线拉直会听得更清楚，使孩子通过玩明白一些难以用语言描述清楚的科学原理：空心纸筒可以起到放大声音的作用；传声筒是毛线震动发声的，线如果拉不直，震动不明显，就听不到声音。

◎变色实验。

孩子对颜色一般比较敏感，无论是学龄前孩子还是学龄阶段的孩子，“变色实验”无疑是一种屡试不爽的神奇实验。父母可以为孩子准备水粉画颜料、调色盘、毛笔，可以让孩子把调出的颜色在白纸上作画，也可以把调出的颜色倒在装有清水的透明玻璃瓶中。慢慢的，孩子就会知道红、黄、蓝是基础的“三原色”，互相搭配之后搅拌均匀就会变出不同的颜色。比如红 + 黄 = 橙，红 + 蓝 = 紫，黄 + 蓝 = 绿、红 + 白 = 粉、黄 + 绿 = 草绿色、蓝 + 紫 = 蓝紫、白 + 黑

=灰、红+橙=桃红。孩子还可以根据自己的喜好创造出其他特殊的颜色，比如黑+绿=墨绿，白+黄=淡黄等等，通过不断尝试得到许多意想不到的颜色，体会到简单颜色变出的绚丽世界。

当然，为了让孩子尽情地做实验，也为了避免不小心弄脏地面、墙壁或衣服，父母不妨给孩子准备围裙，在孩子的专属实验区域中粘贴墙纸，地面铺设报纸等，方便收拾和清洁。

◎鸡蛋漂浮。

为了让孩子明白“浮力”，可以玩“鸡蛋漂浮”的实验，用广口的玻璃杯接清水后把一个鸡蛋放进去，父母引导孩子观察鸡蛋的变化。一开始孩子会发现鸡蛋沉下去了，然后不断地在水中加入盐，并用筷子小心地搅拌使盐溶解，随着盐的不断加入和溶解，原本沉在杯底的鸡蛋会渐渐地浮上来。父母可以借此联系生活中的事件和孩子讲一些有关重力和浮力的知识，即使孩子不能理解浮力到底是怎样的，但通过这样直观的现象，孩子能够在心里对浮力产生一定印象，有助于他将来结合学校的课程对物理知识更加感兴趣。

◎纱布运水。

用两个透明的杯子，一杯装水，一杯空着。拿一条纱布，各放入杯子的两头，让孩子观察杯子里的水把纱布当作“桥梁”被运到了空杯子里。使孩子通过直观的了解看到纱布的毛细现象，也明白了当两杯水差不多一样高度的时候，就不会再运水过来了。

除了上面的几个小实验之外，父母还可以协助孩子做水的三态变化实验、磁铁吸铁、光的反射等实验，不仅满足孩子的好奇心，激发他们的求知欲望。还能提高孩子的观察力、思维能力，让孩子在玩耍和观察中培养孩子对科学实验的兴趣。

62. 懂得每一件物品的价值

可能是受现在家庭经济条件或社会环境的影响，孩子想得到东西太容易了，使得孩子忽视了珍惜的意义。随着孩子的不断成长，父母会为孩子购买更多的新物品：孩子长高了，要买新衣服、新裤子、新鞋；孩子上小学了，要不断更新书本和玩具……

有的父母自己小时候由于家里条件艰苦，没有很好的物质生活，于是在自己有了孩子之后，尽力给孩子提供衣、食、住、行玩等各种物质条件，以弥补自身的遗憾。这样往往造成孩子非名牌不穿用，非高档食物不吃的后果。

有的父母在孩子当着外人的面哭闹的时候，不忍心看见孩子哭，也怕别人笑话自己小气，就会不得已向孩子屈服，买下了昂贵又不实用的玩具或不合适的零食。

有的父母由于工作繁忙，陪伴孩子的时间少，把内心的惭愧变成购买很多各式各样的衣物、玩具、食品，认为那样就能弥补亲子关系。

有的父母认为孩子读小学之后用脑的时候开始增多，为了使孩子大脑的生长发育得到充足保证，父母不惜为孩子购买昂贵的食物，非“高档”蔬菜瓜果不吃、非进口水果不吃。过于在意食物的“档次”高低，可结果往往适得其反。孩子也在这种思想中不知不觉地对萝卜、白菜等所谓的“低档”菜不屑一顾。

当然，也有不少父母本人就喜欢奢侈、爱炫耀：即使工作不忙，路途不远，也要用轿车接送孩子上下学；平日里带孩子出门玩耍、购物一掷千金，不知节制；给孩子很多零用钱又不引导孩子合理消费，造成了孩子在购买物品时不顾实际需要，见到喜欢的就买，渐渐产生了无度消费有理的思想，视奢侈为自然，对尚能使用的旧物品不懂得珍惜和节约。

豆豆要买书或吃的，只要她开口，爸爸妈妈一定会帮她买来，只要豆豆高兴，只要豆豆学习成绩好，爸爸妈妈都对她有求必应。让爸爸妈妈感到满意的是，豆豆也很争气，小学五年级了，每次考试都是全班前三名。不过，老师的一番提醒让爸爸妈妈关注到了以前从未注意的问题。

有一次，数学老师看见豆豆用一个特别漂亮的硬皮本来做草稿。老师问豆豆是不是忘记带草稿本了。可豆豆无所谓地说自己平时就用这样的本子来写草稿的。老师提醒豆豆，那样是不是太浪费了呢？豆豆不以为然地说："没关系，我家的漂亮笔记本可多了。妈妈说我成绩好，会给我买这样的本子作为奖品，随便我怎么处置。"

老师见豆豆一点儿都不觉得她的行为是一种浪费，而且从豆豆的言语之中也可以判断出父母的宠爱使豆豆对唾手可得的东西缺乏珍惜的感情。于是，老师专门和豆豆的父母进行了一次长谈，使他们意识到了这个问题的严重性。

随着孩子不断长大，对金钱、理财的意识不断明确，他们想要的东西也会变得越来越贵重。这时候，我们可以要求孩子以等价的劳动进行交换，除了做好他分内的家务之外，做一些不常做的家务活，比如清洁冰箱等任务，让孩子通过自己的劳动换取礼物，这样能使他对通过劳动所得的物品感到珍惜。

为了让孩子懂得珍惜，父母要要让孩子懂得每一件物品的价值，让他明白那是父母辛勤劳动的果实。无论是一粒米、一片菜叶，还是衣服、玩具、工艺品，只要是家里的东西，每一样都是用爸爸、妈妈的工资换来的。让孩子通过体谅父母，学会珍惜父母为自己提供的一切物质条件。

要让孩子学会珍惜，父母还必须特别注意教会孩子正确地使用零花钱。孩子进入小学之后，渐渐地会需要一些零花钱来应对在学校里的一些特殊情况，比如临时买铅笔橡皮等。父母要有限度地给孩子零用钱并教育孩子把钱用在正当的要求和正确用途上，使孩子养成正确的理财观念。

63. 对孩子鼓励要多过“意见”

不少父母总是担心孩子这也做不好，那也做不好。虽然父母们出于保护孩子的目的对孩子的一举一动都十分关心甚至包办代替，然而父母这样做其实是低估了孩子的能力，孩子完全有能力证明父母的担心是多余的。只是我们不敢放手，让孩子的能力无法得到体现而已。希望父母们能够勇敢地放手，就会发现孩子们比我们想象的要棒得多。

爸爸打算周末带小磊回乡下看望奶奶，可等他们买好票准备上车时，爸爸的手机突然响了，医院里有个病人等着爸爸回去做手术。爸爸挂上电话就和小磊商量，下个周末一定带他去看奶奶，这一次就先跟爸爸一起去医院。可小磊实在是太想奶奶了，他恳求爸爸让他一个人去乡下。虽然爸爸放心不下，但医院的电话催促他赶紧回去，加上小磊也软磨硬泡要单独成行，想到小磊已经读小学五年级了，去奶奶家的路也比较熟悉，最终还是答应了儿子的要求。

爸爸进入手术室后就不能再接电话了。小磊到达奶奶家之后，马上就给爸爸所在的办公室打电话，麻烦爸爸的同事转告爸爸自己已经平安到达了，让爸爸不要太担心。

爸爸下班之后和小磊通话，小磊很轻松地对爸爸说起奶奶家的趣闻：“奶奶养的小黑狗长大了！它还记得我呢！”还不忘对爸爸说：“爸爸，你刚给病人做完手术，很辛苦了，你好好休息吧，我明天自己坐车回去就行了。我能行！”虽然爸爸仍然很担心，但他明天确实还有一台手术要进行，只好一再叮嘱儿子要小心，注意安全。

第二天一大早，小磊就和奶奶道别，背上奶奶送的一些东西就到了车站，并顺利地买了车票、坐上了车。由于爸爸走得匆忙，没有为小磊准备家里的钥匙，小磊提着东西直接到了爸爸所在的医院，耐心地在爸爸的办公室里等待。

聪明可爱的小磊受到了爸爸同事的欢迎，叔叔阿姨给他吃水果，他也很安静地在爸爸的座位上玩，还不忘给大家分一些从奶奶那里带回来的特产。

爸爸做完手术回到办公室，一眼看见正在座位上等待自己的儿子，爸爸高兴地把小磊举了起来，夸他："真能干！"小磊也感到自己特别的棒。

孩子上小学之后，独立意识日益增强。虽然在大人眼里，他们还是小孩子，但孩子自己已经能试着独立做事了。对于孩子的这种渴求，父母不妨予以肯定，并对孩子加以鼓励，孩子得到大人的信任和鼓励的眼神或言语，会变得更加自信，也会增强克服困难的勇气和力量。

如果父母对孩子的能力持怀疑态度，常用"你行不行啊""你别逞能了"之类的话来回应孩子的积极和自信，孩子就会受到打击，内心会很压抑，会觉得自己真的像大人们所说的那样什么事情都做不好，只会给别人添麻烦。孩子就会在被否定之后自暴自弃。

小哲看到爸爸正在修理自行车，他也很想帮忙，就学爸爸的样子拿了个扳手准备拧车前轮。爸爸一看，赶忙阻止小哲："你小子别给老爸添乱了！没见我正在给链条上油吗？待会儿你搞得满身邋遢，你妈还不都怪到我头上？这没什么好玩的，你一边凉快去！"爸爸一把夺过小哲手里的扳手，用力地丢在地上，又埋头摆弄着自行车零件。

小哲呆呆地站在一旁，有些不知所措。他只不过想帮个忙而已，至于让爸爸这么上火吗？

可以想象，小哲的心里一定很难受，很委屈。他的爸爸并没有注意到孩子的心理变化，只把孩子对修理自行车的兴趣理解为贪玩的表现，粗暴地制止了孩子的求知欲，更用一些打击性的语言让小哲的心灵受到压抑。小哲会逐渐变得唯唯诺诺，怕大人不开心而把自己的喜好、愿望和想法深深地隐藏起来，从而变得孤僻、沉默，失去孩童应有的童真。

孩子的任何一点微小的进步，都值得父母们鼓励，父母的鼓励和肯定对于孩子来说特别重要，对孩子的成长也有着很大的影响。在日常生活中，父母们应该多对孩子用一些鼓励性的语言，比如："你真棒！""你真的很能干！""别灰心，再努力一下肯定会成功的！""你是我们的骄傲！""没关系，失败是成功之母，你已经做得很好了！"孩子听到这些鼓励的话语，一定会信心大增的。

父母们一定要给孩子多一些鼓励，多一些信任，放手让孩子自己独立去面对所遇到的事情，相信孩子自己一定会做得更好。

64. 教孩子合理安排自己的时间

有的老师反映，自己每次家访的时候，总会听到家长告状：“孩子做什么事都很慢。吃顿饭要一个多钟头，每天吃得冰凉不说，还常常剩饭。”有的家长反映：“孩子上厕所拿一本书看，常常是一蹲厕所就差不多半个小时。”还有的家长说：“我家孩子做作业速度太慢了，别家的孩子写完作业都在下面玩了，我家孩子还在家里埋头苦干。我看实际上也没几项作业嘛！真不知道他怎么要磨蹭别人一两倍的时间才能做完。”

为什么孩子不懂得珍惜时间呢?

有的孩子根本就不知道什么是浪费时间，因为父母们往往很关注孩子学习知识技能，而忽视了对学习习惯、生活细节的培养。孩子没有时间概念，没有危机意识和紧张感，自然就养成了浪费时间的坏习惯。

有的孩子因为父母比较专制，教育方式比较粗暴，在父母的严格要求下，孩子对父母又怕又恨，产生了逆反心理，常常是父母要求他“赶快”、“快点”而孩子故意慢慢做，通过拖延时间来进行反抗。

为了让孩子懂得珍惜时间，自觉进行时间管理，父母们不仅要改变自己的教育理念，尊重孩子的选择，关注孩子的兴趣和需要并适当满足孩子的合理需求，还要让孩子参与时间的规划和制定，并自觉遵守时间安排。

比如，父母把孩子看作独立的个体，和孩子一起商量制定合适的计划表，并明确规定各个时间段应该做到的事情。让这个孩子也认可的时间表变成“隐形的监督者”，督促孩子自觉地遵循计划完成各项事情。

当然，父母不妨让孩子亲身体会到磨蹭带来的烦恼，切身感受到不守时、不惜时造成的不良影响和危害，更有助于孩子自觉自愿地珍惜时间。比如，孩子早晨起床之后，磨磨蹭蹭，一会儿要求穿那件他指定的衣服，一会儿要求按照她的喜好来扎辫子。父母不用着急上火，更不要为了赶时间马上听命服从，而是简单地提醒孩子“再不快点可要迟到了”。如果孩子依然我行我素，就不妨任由他去，让孩子亲身体验做事磨蹭造成的上学迟到的后果，深刻认识到磨蹭给自己带来的害处，才会使孩子珍惜时间，自然而然地加快速度。

除此之外，父母要尽早让孩子认识钟表。不少孩子做事拖拉，没有时间观念，很大程度是因为孩子不认识钟表。时间对孩子来说是一个非常抽象的概念，我们不妨利用家里的钟表告诉孩子，时间一分一秒地过去，走过就没有了，就不会再重来了。

父母可以用一些直观的数据让孩子了解时间的重要性：下午放学后在外面玩，回家后吃饭到晚上 9 点睡觉，总共有 3 个小时的时间，在这 3 个小时的时间里，吃饭用 20 分钟，写作业用 30 分钟，洗漱 10 分钟。这样，3 个小时减去 60 分钟，还有 2 小时，想做什么都可以，可以看自己喜欢的书，做自己想做的科学实验，玩自己想玩的益智小游戏。可是，如果不珍惜时间，在放学的路上边走边玩，耽误 30 分钟，吃饭时边看电视边吃用了 30 分钟，写作业磨磨磳磳用了 1 小时 30 分钟，洗漱时一边洗脸刷牙一边玩水用了 30 分钟，3 个小时被全部用掉了，就没有时间玩要或做自己想做的事情了。通过这样具体而详细的分析，孩子可以认识到时间的重要性，明白自己要合理地规划和安排时间，才能既完成各项任务，又能开开心心地玩要。

为了让孩子更深刻地认识时间的重要性，更好地珍惜时间，父母要以身作则，做珍惜时间、守时的父母。对于没有时间观念的孩子，父母尽量不要干扰他学习，注意让那些非学习用品远离孩子的书桌。孩子在学习时，父母要注意自己的言行，不大声打电话或聊天，给孩子提供一个相对安静的学习环境。如果孩子已经在一定时间里保质保量地完成了学习任务，父母就应当及时地肯定或鼓励孩子的努力。

当然，父母更要让孩子学会劳逸结合，把学习与适当的文体活动相结合，不仅可以消除大脑的疲劳，还能提高时间的利用效率。历史上很多成功人士都是善于利用时间的人，像爱因斯坦，他在工作之余会拉小提请、弹钢琴；梅兰芳练习京剧技艺之余，会养鸽种花……如果我们的孩子们能够灵活地把休息和学习相结合，一定能够玩得开心、学得顺心。

由于个人对时间的处理态度、安排内容、使用方式各不一样，必然会给个人的成绩或成就带来各种不同的影响，也就导致了有的人平庸而有的人杰出。历史上一切有成就的人，无一不是珍惜时间、善于利用时间的能手。让孩子们懂得并学会珍惜时间，不仅能够使孩子过得更充实，而且能够使孩子的素质和能力得到很大的提高。

65. 给孩子犯错的机会

记者采访一位事业上非常成功的企业家时，询问企业家成功的秘诀是什么，这位企业家微微一笑，回答说："我的成功秘诀只有三个字——Never make mistakes（不要犯错）。"

记者又问："您能告诉我们您是如何做到不犯错的吗？"企业家回答："很简单，只有一个字——Experience（经验）。"

于是记者继续追问："那您可以再告诉我们您是如何得到那些宝贵的经验吗？"企业家慢条斯理地回答："当然，同样也只有两个字——Made mistakes（犯错）"。

这个像绕口令一样的故事充分说明了犯错——经验——避免犯错之间的必然联系。然而，不少中国的父母往往不给孩子犯错的机会，也不准孩子犯错，在大人的观念里，不犯错的才是好孩子，好孩子都是中规中矩的。孩子一旦犯错，父母就会予以惩罚，不仅没有使孩子停止犯错，反而逼着孩子学会了欺骗以求不受到体罚和责骂。在这一点上，西方国家的父母做得很好。

一位毕业后留在美国的女孩，结婚生子之后请自己的母亲远渡重洋去帮她照顾孩子。有一天，老人回家对她说了一件亲眼看到的事，让这个年轻的妈妈第一次感受到了中美文化的差异。

老人带着孩子在住家附近玩耍，看到对面邻居不满三岁的孩子拿着一把把钥匙正笨拙地插入锁孔，想打开大门，可怎么也打不开。而小孩的父母索性把刚从超市采买回来的物品放在地上，耐心地等孩子开门。那孩子折腾了很长时间后，终于把门打开了，一家人兴高采烈地拎起东西回家了。

这位中国老太太很不能理解孩子父母的做法，惊异于外国父母等孩子开门的耐心程度。老人感慨地说："真不知道那对年轻夫妇怎么想的，孩子面红耳赤地踮着脚尖插钥匙，他们不仅不帮忙，还站在一旁笑眯眯地看，孩子都快急哭了。要不是我的英语不好，我肯定会去帮那个可怜的孩子。"

老太太的女儿，也就是年轻的妈妈听完老人的描述之后，缓缓地对老人说："妈妈，这就是西方教育的不同啊！西方的父母要让孩子先犯一些'错误'。如果是孩子要求的，他们会放手让孩子通过自己的努力来解决问题，这样那个孩子就再也不会忘记那扇门是怎么打开的了。"

老人听了，若有所思地点点头。

一位伟人说："让孩子自己去探索，自己去发现生活吧！"孩子的错误就是一次次趋向于正确的探索和尝试。

孩子的错误其实大致可以分为两种：一种是长辈必须要予以纠正的原则性错误，像欺负弱小、乱丢垃圾等错误的行为，如果大人一味纵容、忍让，后果不堪设想；另一种是孩子能够通过不断尝试和探索进行纠正的错误，主要是一些生活常识方面的尝试，孩子在不断犯错的过程中，使自己的心理和生理得到自我完善，变得更能适应生活、更加独立、自理。

每个人都难免会犯错误，更何况是孩子。作为家长，在孩子犯错的时候不要激动、愤怒，要给孩子机会去经历人生中必不可少的经验积累过程。让孩子通过犯错误的方式得到经验的总结和积累，使孩子的生活经历变得日益充实，进而更有助于孩子逐渐自立和自律。

◎孩子犯了错，父母不要盲目指责。

有的孩子犯了错，父母不是打就是骂，本来只是一件无伤大雅的小事，却让孩子幼小的心灵受到极大的摧残。所以，当孩子在尝试新事物的过程中犯了错误时，父母不要盲目指责孩子这里不好，那里不乖，要积极地帮助孩子找出原因，并鼓励孩子再次尝试。这样不仅可以保护孩子的自尊心，还能使孩子的自信心在不断尝试中得以增强。如果孩子主动帮忙做家务，由于手上有滑滑的洗洁精而不小心摔破了碗。父母不能因为这个碗摔碎了的结果而否定孩子努力做家务的行为，要感谢孩子为父母分担的体贴之心，更要指导孩子如何做可以把碗洗干净又不会摔破。这样可以很好地保护孩子的自信心，使他更愿意参加家务劳动，也能在不断尝试中积攒很多切实可行的做事经验。

◎对于主动承认错误的孩子要予以肯定。

有的孩子犯了错误之后会主动承认错误，父母要对这样的孩子予以极高的肯定，因为他是有责任心的人，会为自己的所做所为负责，不会逃避责任。有这样敢于认错的孩子的父母也是优秀的父母，因为父母的鼓励和信赖让孩子可以毫无顾忌地敞开心扉。父母要给予孩子犯错误的权利和改正错误的机会，冷静地听听孩子的想法，帮助孩子找出错误的原因。如果孩子不愿意主动承认错误，父母要及时反思自己的教育方式是不是太过严厉苛刻，要客观地指出错误的危害性，让孩子在鼓励中知错改错，帮助孩子从失败和错误中走出来，帮助他们找到解决问题的方法和战胜困难的自信。

值得注意的是，要发自内心地对孩子进行鼓励，而不要持有敷衍或不认可的态度。如果父母平时经常批评孩子、否定孩子，即使偶尔心血来潮想鼓励孩子也会让孩子认为父母是在欺骗他；

甚至更担心父母是不是想通过这种方式获得更多不利于自己的信息，用来惩罚自己。这会让孩子感到更害怕，更加对父母封闭自己的内心。

66. 给孩子戴一顶合适的“高帽”

我们都知道，每一个人的心灵深处都渴望得到别人的肯定和认可，来自别人的一句普通的喝彩或随口的欢呼都会给我们的生活注入活力，会改变一个人对事物的固有看法，甚至影响一个人人生的发展轨迹。对于孩子而言，他们幼小而敏感的心灵尤其渴望得到同伴、大人的认可，对来自别人的赞美特别欢欣鼓舞。如果父母在生活中多鼓励孩子，为孩子适当地戴一顶合适的高帽，会让孩子的自信心倍增，不仅可以改掉以前的坏习惯，还能变得越来越开心、快乐。

8 岁小朋原本是一个脾气倔、很调皮的孩子，每次做错事了爸爸妈妈批评他，他都不会听。有一次爸爸忍不住对小朋一番训斥，并动手打了他，小朋不仅不收敛不求饶，反而昂着头，冲着爸爸高高扬起的巴掌一副“慷慨就义”的不屈模样。爸爸妈妈都不知道该怎么教育小朋了，经常为此烦恼不已。

后来，妈妈按照一本家庭教育书上看到的内容，改变了方法：试着用商量的语气对小朋说话；在小朋做错事的时候，爸爸也不再是那种“恨铁不成钢”的态度，而是和小朋一起分析到底哪里做错了导致了失败；每当小朋有了一个小小的进步，爸爸妈妈就会高兴地表扬；家里来客人的时候，爸爸妈妈再也不像以前那样数落小朋的各种顽劣行径，而是当着小朋的面有意无意地向客人说起小朋的各种进步……过了一段时间，爸爸妈妈欣喜地发现，小朋变乖了，懂事了，爸爸妈妈讲的道理也听得进去了。

其实，给孩子戴“高帽”，是另一种方式的教育，如果父母们能够掌握这种方法并灵活地、适当地运用，能在很多时候比批评更管用。

在现实生活中，恰当地给孩子“戴高帽”是一个很有效的方法，这个“高帽”并不是虚假表扬和一味护短，而是“预支”表扬，为孩子的行为指明目标和希望，增强他的信心。

妞妞读小学二年级了。在暑假的时候，妈妈要求妞妞学写毛笔字，妞妞也对这个新鲜的东西十分感兴趣，一口就答应了下来，而且摩拳擦掌、跃跃欲试。

可开始的几天里，妞妞连握笔都很困难，写的字更是东倒西歪。妞妞很快感觉到毛笔字没有想象中那么好玩，不仅不好掌握，反而还很枯燥。于是妞妞觉得心灰意冷，向妈妈暗示要打“退堂鼓”了。

妈妈认为，万事开头难，要是妞妞很容易就被拦路虎给吓倒了，轻易地放弃了，以后再鼓励她学写毛笔字就更加困难了。而且小学三年级以后不少学校也规定孩子要学习毛笔字，如果妞妞因为这次失败而对毛笔字产生了抵触心理，那就耽误了孩子学习了。

于是，妈妈暗暗改变方法，鼓励妞妞按照妈妈写的字一个个来。妈妈每天让妞妞写20个毛笔字，不让妞妞感到烦累；妈妈每天都会从一大堆七歪八扭的字中选出某些字的某个笔划用红色毛笔圈出，以示鼓励，大大地夸奖妞妞那些笔划写得如何好这些笔锋很有力道。

妈妈的各种“高帽”策略，效果十分显著，妞妞的积极性被调动了起来，写得更认真了。与此同时，值得肯定的“红圈圈”也每日递增。随着书写水平的不断提高，妈妈对妞妞练字的要求也逐渐提高了。不仅要握笔正确，而且还要具有行笔规范。通过一个暑假的练习，妞妞笔下的毛笔字逐渐像模像样了，不仅框架结构美观，起承转合符合毛笔字要求，而且妞妞的钢笔字也得到了一定提高，连妞妞的急脾气也被磨砺得比较平和了。可谓一举三得。

当然，对孩子的评价还是要恰如其分，给孩子“戴高帽”的目的是要培养孩子的学习兴趣，引发孩子的学习热情。父母在给孩子戴高帽的时候要注意以下几点：

◎给孩子“戴高帽”要具体而真诚。

在日常生活中，不少父母在赞赏孩子时，喜欢用“哦，真是太好了！”“你真棒！”“太了不起了！”这些话，而孩子对这种赞赏却不大领情。

比如一个6岁的孩子画了一幅画给妈妈看，问妈妈：“我画得好吗？”妈妈看了一眼画，赞美道：“画得多好啊！”可孩子依然举着那幅画，没有要离开的意思。妈妈随即意识到这样说不行，于是她对这幅画进行了具体的描述：“你看，你把蝴蝶画得特别美，我超级喜欢你画的触须。还有你画的这幅画结构很好，妈妈看了像是走进了美丽的花园一样，心里很开心。”结果孩子立刻高兴地对她说：“下次我会画出更好的画。”

由这个案例我们不难发现，给孩子戴“高帽”，不光要表示赞美，那样显得太笼统，而应该用赞赏的语气具体地描述你所看到的和你所感受到的。这样孩子才会感觉到你的赞赏是真诚的，这样的“高帽”才是合适的，才会收到很好的效果。

◎给孩子“戴高帽”时掌握分寸十分重要。

适当的赞赏可以树立孩子的自信，但是一些不必要的“高帽”，或是夸大其辞的“高帽”不仅不能收到很好的效果，起不到任何鼓励作用，反而会影响孩子的身心健康。所以，给孩子的“高帽”要适时适当，要掌握好分寸。如果长期都是动不动就表扬，父母把赞美的话语时常挂在嘴边，孩子的周围，都是掌声一片，孩子听到的都是好话，容易让孩子产生骄傲情绪，他的抗挫折能力也会越来越差，心理承受力也逐渐减弱，经不起一点风浪。所以，父母给孩子“戴高帽”的时候要掌握分寸，懂得适时表扬。

◎给孩子“戴高帽”可以尝试先扬后抑。

古代先贤孟子曾有“教亦多术也”的感慨，说明古人已经意识到了，教育的方式不应是单一的。而现代研究表明，长期只受赏识的孩子一旦遇到挫折，就会埋怨别人，把所有问题归咎在外部因素上，对自己的能力也产生怀疑，变得心浮气躁，不能沉静思考，对学习和生活产生严重的影响。所以，对孩子鼓励较多的“赏识教育”与“挫折教育”应该有机地结合在一起。

具体说来，父母不妨在评价孩子的时候“先扬后抑”。比如孩子讲故事给父母听，父母可以夸奖孩子讲得很流畅，声音很动听，然后稍微停顿一下，再指出孩子的不足，“但是，我给你提个小小的建议好吗？如果你能在讲故事的时候把人物的表情做出来就更棒了。”如果父母这样以商量的语气提出建议或意见，孩子就不会感到抵触，并且还会很乐意地接受。

第8章

沟通：蹲下身子用心灵与孩子对话

在孩子成长的过程中，他们的思想越来越独立。他们也许会犯这样那样的错误，父母应多和他们沟通，反复、耐心地引导，而不是以忙为借口，一味地冷淡或责怪。

67. 在孩子的错误中发现优点

在生活中，发现孩子的错误并不难，难的是从孩子的错误中发现优点。著名教育家陶行知先生有一个“四块糖”的故事。通过这个真实的故事，我们可以看到，每个孩子都不可避免地犯这样那样的错误，孩子能够在不断犯错误、纠正错误的过程中成长起来，陶行知先生能够在孩子所犯的错误当中发现孩子的优点，用赏识的态度教育孩子，这种方式比严肃的批评或打骂更加有效。

有一天，陶行知看到一个男生用泥块砸另一名同学，身为校长，陶行知马上制止那位同学，并且要他放学之后到校长办公室接受批评。

当天放学之后，陶行知回到办公室时，看到男生已经等在办公室里准备挨批了。陶行知从口袋里掏出了一块糖递给他说：“这是奖励你的守时，因为你按时来了，而我却迟到了。”

当男孩惊异地接过糖果后，陶行知又摸出一块糖给他说：“这也是奖励你的，我不让你打同学，你立即就住手了，说明你很尊重我。”男生将信将疑地接过第二块糖果。

陶行知又掏出第三块糖给男生，说：“我刚才去你们班里了解了一下，你打同学是因为他欺负女生，你动手打他，虽然方式不对，但说明你为人正直，有很强的正义感。”

男生感动地哭了，原来校长这么理解他，他后悔地说：“校长，我知道我错了，那位同学再不对，我也不该动手。”

陶行知高兴地笑了，又拿出第四块糖说：“现在你已经认识到了自己的错误，再奖你一块糖，我们谈话也该结束了。”

陶行知面对孩子的错误，没有批评，只是在第一时间制止了孩子的行为，然后积极地进行相关调查，深入了解事情发生的经过；在教育孩子的过程中换一个角度，换一种眼光，用赏识的心态在孩子的错误当中发现闪光点，让孩子也惊异于自己诚实守信、尊重师长、为人正直、勇于认错的优点。可以说，陶行知对待孩子的处理方式，不仅仅使孩子认识到自己行为的不当，更在孩子的心灵深处产生了强大的冲击力，使孩子自觉产生改正错误、完善自己的愿望。

不少老师或父母看到孩子动手打人，往往会在第一时间制止孩子的粗鲁行为，然后立刻当众对孩子进行教育，并要求孩子向别人道歉。即使知道对方有错在先，也把所有的错误都归咎在动手打人的孩子身上，对孩子说：“不管别人怎么样，你动手打人，就是你的不对。”这样的教育方式不仅会在不知不觉中伤害孩子，还会使孩子感到怨恨，甚至激起孩子的仇恨心理。

我们不难发现教育中存在一种奇怪的现象，孩子小的时候父母对他的表扬很多：“你真棒！”“你太厉害了！”“你真懂事，真是妈妈的好宝贝！”这样的表扬充斥在孩子的生活中。然而，随着孩子逐渐长大，父母反而越来越吝啬对他们的表扬和褒奖，有的孩子甚至和表扬绝缘了。孩子听到的批评不断增多：“你怎么回事啊？这么简单的事都不会！”“我都跟你说了好多遍了，怎么总是记不住？”“这样的错误你还要犯多少次？我都替你脸红了！”为什么父母能够理解并接纳孩子小时候犯错，而对逐渐长大的孩子犯下的错误怒不可遏呢？或许有的父母会这样回答：“那是因为孩子长大了，小的时候不懂事，长大了我们也教过他那么多避免错误的方法，再犯错误肯定是不能容忍的。”或许，孩子的一错再错确实让父母大伤脑筋，但父母态度的变化着实伤害了孩子的心。

公交车站里，一对母女正在等车。

突然，一阵大风把妈妈的裙摆撩了起来，妈妈想用手按住裙摆，可是手里还提着一个包，非常不方便。看到妈妈慌乱而狼狈地整理裙子，一旁的女儿赶忙对妈妈说："妈妈，我帮你拿包吧。"妈妈犹豫了一下，把包递给了小女孩，并叮嘱她要提好，不要掉地上弄脏了。

风更大了，吹起的沙粒迷糊了小女孩的眼睛，小女孩急忙伸手揉眼睛，可不小心把包掉在了地上的水坑里。小女孩以极快的速度把包捡起来，一脸的不安。

虽然小女孩竭力地用手擦拭包上面的泥水，但妈妈的脸色已经变得非常难看了，厉声训斥小女孩："我不是说了让你拿稳吗？怎么这么笨？早知道就不给你拿了，真是没事找事！"

小女孩低着头，眼泪扑簌地往下掉，而一旁的妈妈一把夺过包，一面仔细地擦拭着包上的泥点，一面皱着眉头絮絮叨叨地数落孩子的不是。

妈妈的训斥让小女孩十分委屈，她也不想包掉地上，她并不是故意的，只不过是想帮妈妈分担而已，却没有想到会出现这样的错误。如果以后再遇到类似情况，小女孩的脑海中一定会把这天的遭遇回放，勾起她难过的记忆，或许妈妈主动要她拿包，她会为了避免自己再次受到伤害而拒绝对妈妈提供帮助。

如果妈妈的反应不是这样的呢？

妈妈从小女孩的手中接过包，正想说孩子"办事不利"，可看到孩子不安、惶恐的表情，妈妈突然意识到孩子知道自己犯错了，已经很害怕了，不能再刺激孩子幼小的心灵了。于是，妈妈拿出包里的纸巾，慢慢地擦拭包上面的泥点，然后对女孩说："皮包擦擦就干净了。这几处擦不干净是因为刚好在布料上面，妈妈回去拿小刷子沾点清水就能刷干净了。"

小女孩怯怯地问："妈妈，我不是故意的。真的。"

妈妈抚摸着小女孩的头，轻轻捏捏孩子可爱的小脸蛋说："妈妈怎么会怪你呢！我知道你也不想它掉进水里啊！你主动帮妈妈拿包，妈妈应该感谢你呢！"

小女孩还是很后悔："可它弄脏了，要是布料上的泥刷不干净怎么办？这是爸爸送给你的生日礼物，爸爸看见了，他也会伤心的。"

妈妈安慰女儿说："爸爸给我买的包，上面还有你不小心留下的泥点子，你和爸爸对我的爱都在我这个包上了，我们怎么会伤心呢？你并不是故意的，而且每个人都有不小心的时候，妈妈也犯过这种错误，不过妈妈以后就特别注意了，也就没有再犯过类似的错误。妈妈相信你下次就不会这样了。"

"嗯，我知道了，我会记住的。妈妈，我还想帮你拿包，好吗？"小女孩说。

"好啊，妈妈相信你！"妈妈又把包交给了小女孩。这一次，小女孩紧紧地抱着包，脸上却露出了微笑。

孩子是在周围人的肯定或否定评价中认识自己、自我评价的。如果父母总是以否定评价来对孩子的言行举止进行评判，必定会使孩子的信心大减，产生自卑心理。不仅仅是孩子，每一个人都渴望被别人肯定来获得前进的动力。这种心理需要的存在正是为什么要坚持看到孩子的优点、即使孩子犯了错也要从错误中找出闪光点加以表扬的原因。

所以，父母要善于找到孩子错误中隐藏的优点，然后赏识孩子，让孩子在保持优点的基础上充分认识错误并改正错误，才能使孩子养成正确对待错误的良好习惯和心态。

68. 重视孩子的表达

不少父母认为，孩子能说话，自然就会有所表达，如果孩子把心里的想法说出来，他的表达能力就没有问题。但是，父母往往忽略了孩子在很多时候正以非语言的不同形式表达着自己的情绪和感受，如果父母仅仅把注意力放在“听孩子说”上面，对孩子的潜台词或隐藏在内心的实际想法就不会有所察觉。所以，为了更好地了解孩子，引导孩子积极健康地生活、学习，父母要重视孩子的表达，不断拉近与孩子的心理距离。

孩子表达自己的方式有很多种，有的孩子遇到了难以独立解决的困难或受到了委屈，会以哭泣来表达自己的无助。父母不要盲目地批评孩子：“只知道哭！哭有什么用啊？哭能解决问题吗？”那样会让孩子感到更加难受，自己本来已经为现在的处境十分忧虑了，父母的责怪更让孩子觉得自己没用，除了会哭，一无是处。面对孩子的这种表达方式，父母要予以理解，尊重孩子的发泄方式，让孩子自由地哭泣之后再和他一起讨论如何解决问题。

有的孩子烦闷的时候“茶饭不思”，父母要在排除孩子生病等原因之后重视孩子的情绪表达，不要以“你才这么点儿大就烦闷，以后烦心事还多着呢！”孩子对父母的冷嘲热讽极为反感，他会感到自己已经很不爽了，父母不仅没有给予必要的关注，还说一些“风凉话”。久而久之，孩子会和父母产生心理隔膜，不愿意主动把困惑或心事向父母吐露，甚至用错误或极端的方式自行解决。

有的孩子内心苦恼、难受，会通过暴力的方式把这种压力释放出去，于是就出现打人的攻击性行为。如果父母没有找到问题的根源所在，只关注表象，只看到了孩子打人的行为，认为孩子有暴力倾向、行为粗鲁缺乏管教，就在家庭教育中对孩子更为苛刻严格地管束，孩子必定会“越逼越反”。要知道，孩子打人必定是有其原因的，无缘无故对别人动手的孩子一定存在某些心理隐患。所以，父母要透过孩子打人的表象，尝试着用耐心、平和的心态和孩子平等地交流，了解引起他脾气暴躁、反常的原因，以引导孩子合理地释放压力。同时，为了减少孩子的敌意攻击这种表达方式，父母也要注意自己的教育方式，不能动辄就对孩子粗暴呵斥，更不能在教育孩子的时候以攻击的行为为孩子做不好的示范。

由于性情不同、心理发展阶段和教养方式不同，有的孩子，特别是一些平时看起来很柔弱、听话的内向性格的孩子，容易用沉默寡言来表达自己的情绪。父母要关注孩子的变化，如果孩子原本行为正常、情绪平和，却突然变得沉默、不爱说话了，就可以考虑他们是否遇到了什么烦恼。对于那些性格外向、敏感而急躁的孩子，他们的表达方式更容易用“打死你”、“烦死了”、“你神经病”之类的诅咒性语言来发泄内心的烦躁。虽然孩子的这种表现确实令父母感到伤心，但父母应该尊重孩子的表达方式，不要从字面上理解孩子的意思，认为孩子很残忍、大逆不道而对孩子进行惩罚，要理解孩子那样言辞激励，只是在表达心情而已，并非真的希望他所诅咒的事情会发生。父母要对孩子的狠话冷处理，重在引导孩子说出语言背后的苦恼，要用心体会孩子的苦衷，倾听孩子的心声。

有的孩子在心事折磨的时候往往喜欢玩弄某个物品，借以寻求内心的安慰。父母要关注孩子的变化，如果看到原本不是很喜欢玩弄小东西的孩子突然特别迷恋某件东西，那说明孩子的内心很有可能正在经受某种煎熬。父母要给予足够的理解与支持，不要觉得孩子行为怪异或是已经到了小学阶段还有“恋物癖”就大声训斥孩子，强行把物品从孩子那里拿走；而要给予孩子足够的温暖，让孩子有安全感，然后再试图引导孩子说出内心的挣扎。

还有的孩子平时活泼开朗，和同学、朋友玩得很好，可突然变得不合群了。父母就要考虑孩子这种变化背后的情绪问题，不要强求孩子立刻放下心理包袱和同学玩耍，更不能漠视孩子的情绪表达，认为“让他一个人在那儿呆着，过会儿就好了。”这会让原本就需要别人关注的孩子变得更加孤独、脆弱，需要更长的时间自我疗伤，甚至无法找到更合适的发泄途径而出现自我伤害的情况。父母要给予孩子关爱和鼓励，和孩子在一起，哪怕他不愿开口承认他不开心，有父母默默的陪伴，孩子也会逐渐调整状态，调节情绪，从自我封闭的状态中走出来。

69. 换个角度看待孩子的“捣蛋”

我们不能否认，无论在家庭教育或学校教育中，老实、听话、顺从、循规蹈矩的孩子往往会得到父母和老师更多的偏爱，而那些淘气调皮的孩子往往受到的批评最多。淘气的孩子总是让父母和老师付出更多的心血和精力，他胆大妄为，把家里弄得乌烟瘴气、喜欢搞破坏，在学校上课不专心、好动顽皮。调皮的孩子总是会制造出各种各样让人头疼的一大堆麻烦。任凭父母、老师厉声呵斥还是好言相劝，甚至施以惩罚，淘气的孩子依然我行我素。

悠悠快 7 岁了，却总是爱恶作剧，不是把爸爸的拖鞋偷偷丢到垃圾桶，就是把奶奶的钥匙藏在洗衣机滚筒里，要么就把妈妈的手机塞到沙发缝里，每每看到大家着急地找东西，悠悠总是乐得不行。家里的大人们面对悠悠的淘气行为很伤脑筋：训斥悠悠吧，又觉得也没有什么大错误；不责骂他吧，他又会让大人们一次又一次陷入麻烦的境地。妈妈语重心长地和悠悠讲：“悠悠，你都快 7 岁了，是小学生了，不能再淘气了，你在学校淘气的话，老师和同学都不会喜欢你的。”可悠悠眼睛望着天花板，一副无所谓的样子。没过几天，悠悠的班主任老师给妈妈打来电话，说悠悠太调皮了，把虫子放进女同学的文具盒里，还在纸上画乌龟壳贴到别人的背上。妈妈听着老师的电话，脸上红一阵白一阵，挂上电话后就把悠悠揍了一顿。可不到一个星期，悠悠又故态重演了。

孩子太淘气，不是邻居找上门，就是被老师叫去开家长会，真是让父母伤透了脑筋。但是，德国汉堡的儿童心理学家托马斯·卡尔松为此却要向你道喜，孩子淘气说明智商较高。根据他的观察资料显示，淘气的孩子富有创造性和想象力，日后成才的可能性较循规蹈矩的孩子更大。

父母不妨换个角度看待孩子的淘气，相信只要合理引导，孩子会变得“有作为”地淘气。

◎用发展的眼光看待孩子的“淘气”。

不少孩子的淘气只是阶段性的表现，不同年龄段的孩子有不同的“淘气”方式和表现。但是孩子总归是要长大的，用发展的眼光来看待孩子淘气的问题，可以帮助家长调整好自己的心态，包容、理解淘气的孩子。

如果父母把淘气的孩子看成是发展中的人，就会知道孩子具有很大的可塑性，不可避免地会出现错误，当然也能改正错误。父母不妨把孩子的错误看成是他发展过程中的实践，以平和的心态、关爱的心情耐心地教育孩子。

◎从欣赏的角度看待孩子的“淘气”。

不同年龄段淘气状态不同。有的孩子爱恶作剧，他们往往会设计出一个有新奇感的方案，这个方案需要考虑的各种因素很多。如何才能吓倒别人而不被别人提前发现，如何能使恶作剧顺利启动……不要以为恶作剧很简单，其实它的动脑筋强度决不逊于甚至会超过任何一门家庭作业，对于孩子的智力发育无疑是一次催化。

父母要从欣赏的角度看待孩子的淘气，更要抓住淘气中蕴涵的教育契机。比如，孩子趁爸爸洗脸的时候故意把爸爸的洗面奶推倒在水里，这时，爸爸不妨和孩子一起做个沉浮小实验，既使孩子的探索兴趣得到了满足，又让他获得了有关的知识，发展了动手能力。

◎认真区分“淘气”与“不良行为”。

父母不要只看到孩子的缺点，要明白淘气与不良行为之间的差异。了解淘气是孩子探索世界时天真、幼稚、活泼的举动。虽然淘气的行为中会有不恰当的行为，但这是幼稚所致。而不良行为却是品行问题。对待孩子淘气，父母要宽容和引导，而对待不良行为却不能宽容，要及时制止和纠正。生活中不少孩子出现了不良行为，比如骂人，父母往往误认为是孩子淘气而一笑了之，不加管教，可是等到孩子满嘴脏话时想管教一下已经悔之晚矣。

◎对孩子进行耐心地引导。

即使进入小学阶段，孩子的是非判断能力仍然较弱，由于孩子缺乏对自我行为的把握能力，不能把自己的行为控制在适当的度上，所以有些淘气的行为因为缺乏调教和引导而逐渐演变成了不良的行为。比如孩子出于淘气把东西弄坏了，孩子开始可能是好奇，想看看里面是怎么回事，但如果父母任由孩子一而再、再而三地弄坏东西，孩子的行为就可能演变成有目的、有意识的破坏性行为。所以，对待孩子的淘气要认真甄别，对有些可能会发展成不良行为的淘气表现不能听之任之，要及时耐心地加以引导和调教。

70. 和孩子进行非语言沟通

儿童心理学家表示，非语言沟通是运用恰当的目光、动作、声调等与孩子进行交流。语言学家艾博特·梅瑞彬曾做过一系列研究，通过研究他发现，人与人之间的沟通中，有93%是通过非语言的方式进行的。而通过面部表情、手势、形体姿态等肢体语言更占了非语言沟通方式的55%之多。可见，非语言信息在沟通中十分重要，并且运用得非常广泛。父母在和孩子交往的时候，不妨尝试巧妙地运用肢体语言鼓励、关心孩子，更能获得一些意想不到的效果。

那么，在日常生活中，父母该如何用非语言的方式与孩子进行情感交流呢?

◎用微笑和点头对孩子表示肯定。

微笑是一种有效的沟通方式，而点头给予孩子的是一种认可和鼓励。当孩子做了正确的行为后，父母可以用点头、微笑的方式对孩子的努力表示赞赏，称赞孩子的成功，鼓励孩子不断进步。点头和微笑可以使孩子的心理产生认可感，从而拉近亲子之间的距离。孩子会从父母充满爱意的微笑和点头中获得更多的信心，会努力把事情做得更好。如果孩子练习跳绳，在很多次失败之后终于能够连续跳几次，父母的微笑和点头能够让孩子看到希望。即使亲子之间没有一句语言，但却在无声中使双方都感受到爱意。

◎用眼神表示默许或反对。

不少孩子从小就习惯看父母的眼神，如果父母的目光柔和，孩子会知道，那表示默许自己可以做某事；而如果父母的目光严肃、犀利，那就表示父母反对或否定孩子正要做的事情。

对于孩子的错误，不少父母往往训斥或责备，而实际上，带有批评意味的眼神更能让孩子意识到自己的错误，并懂得如何避免错误。

◎拥抱让孩子更有安全感。

拥抱孩子是一种良好的亲子沟通方式。能够使孩子在感受到父母温度和力度的同时产生强烈的幸福感和安全感。

经常能够得到父母拥抱的孩子往往心理都比较健康，自信而乐观。当孩子完成了一项任务之后，父母给孩子一个大大的拥抱，孩子会得到极大的满足。而当孩子遇到挫折或者困难的时候，父母的拥抱则会让他感到自己哪怕经历了再大的艰难，还有父母温暖的怀抱作为避风港，孩子会不断加强信心，努力克服困难。

◎用拍肩膀的方式使孩子得到勉励。

许多家庭，特别是父亲对儿子，常常会以拍肩膀的方式对孩子表示肯定和鼓励；父子之间会通过拍肩拉近心理距离，使孩子对父亲产生信任感，得到来自父亲的阳刚的勇气和力量。无论结果是高兴还是伤心，父亲对儿子的拍肩都会让孩子感到自己受到了重视。

对于女孩来说，父亲的阳刚、坚毅和男性气度会使女儿深受感染。如果父亲对女儿的鼓励和勉励通过拍肩膀的方式来传递，女孩的幸福感和安全感会十分强烈。

◎用和蔼放松的面部表情拉近亲子之间的距离。

人的面部表情往往是内在态度的外在表现形式，一个人的面部肌肉松弛，嘴角上翘、眉头舒展，这样的人容易亲近，会给别人留下良好的印象；而面部肌肉紧绷，板着面孔、眉头紧锁，往往使人感到害怕，容易让人产生心理距离感，很难亲近。孩子的眼睛是雪亮的，他们非常善于观察父母的表情，并从各种表情中推测出父母的真实态度。所以，不少孩子学会了察言观色，会选择在父母表情比较温和的时候商量他们想干的事情，那样更容易得到父母的同意。如果看到父母绷着脸，孩子就知道不能“碰壁”，不能“往枪口上撞”，于是，他们就小心地把心中的事情藏了起来，即使出了错误或纰漏也不敢汇报，要等到父母表情“好看”一点儿的时候再和盘托出。

在日常生活中，父母应当掌握孩子的心理，学会有效地运用非语言方式与孩子进行沟通、交流，能促进亲子之间的情感交流，更能使家庭教育在平和、温馨、充满爱意的氛围中达到教育的目的。

71. 不经意间夸奖孩子

有人说："聪明的孩子都是大人夸出来的。"虽然这句话有些夸大其词，但也有一定道理。大人都喜欢听好话，何况孩子呢？孩子听到了来自父母、长辈、邻居、老师乃至同龄人的夸奖，会感到更加自信，会更有信心做好自己的事来证明给别人看"我的确是很棒的，我就像你们夸奖的那样厉害"。

可惜的是，在实际生活中，不少父母对孩子的夸奖要么就仅仅流于表面，夸孩子"你真棒！""哇塞，你太厉害了！"要么就是把目光聚焦到孩子的缺点和弱项上面，不仅找不到孩子的优点，无法开口夸他，反而批评的话张口就来："你怎么又不做作业啊！""你怎么这么懒啊！""你又骂人了！""还不快洗手吃饭，要我催多少遍啊！不长耳朵！"……尽管父母天天关注着孩子，也没少费口舌，可孩子就是不买帐，依然我行我素，没有一点儿改变，相反，还会对父母的唠叨产生反感，甚至对父母的教育形成逆反心理，亲子关系越来越僵，给家庭带来更多的麻烦和烦恼。

没有哪一个孩子会讨厌别人的夸奖。如果我们能换个角度来看待孩子，通过多个角度去认真"研究"一下孩子的长处，在不经意之间真心实意地给予孩子切实、中听的夸奖，把"夸奖"这个情感的表达方式变得有技巧性，那么情况可能就会大不相同了。

◎夸奖孩子之前要进行细致深入的观察和了解。

有的父母为夸奖而夸奖，会让孩子觉得父母夸奖得太随意，言语很虚伪，孩子不仅不领情，还会产生反感。所以，夸奖之前父母要对孩子进行细致深入的观察，了解孩子的可夸之处，发现孩子的闪光点作为夸奖的依据，为那个看似不经意的夸奖做好充分的准备工作。

当然，夸奖时要热情，但也要把握尺度，对夸奖的事情要有深入、具体的描述。如果爸爸夸奖参加数学比赛获奖的孩子："孩子，你真是太棒了！"会让孩子感到受到了鼓舞，但如果爸爸对孩子说："你真有数学天赋。老师说你数学基础扎实，解题思路清晰，很有发展潜力，如果在数学方面好好琢磨，以后很有可能是个伟大的数学家！不过，当然啦！你开心才是最重要的，爸爸妈妈也知道你为这次比赛付出了太多的努力，你看，你的努力有了很好的回报，我们很为你感到骄傲！"相信孩子听了爸爸这样有说服力并且很体贴的夸奖，更会感到开心、幸福。

◎对孩子的优点和长处进行不经意的夸奖。

不经意的夸奖看似不经意，其实却是准备许久的。不仅在时机上是不经意间，在动机上具有随意性，在夸奖的内容上也看似偶然。比如，虽然小学四年级的孩子写字依然歪歪扭扭，但父母要看到孩子坐姿端正、握笔姿势标准的优点，对他的这个长处要夸奖、鼓励。比如，儿子学习成绩不太理想，但对父母却十分孝顺，父母也要多关注孩子这些看似隐蔽的优点，夸到点子上，让孩子产生"知我者，父母也"的感叹。

有时，不经意间的夸奖也表现在非当面夸奖的情境中。比如父母给自己的同事、朋友打电话或面谈时，故意不经意间让孩子听到父母对他的夸奖，孩子会深深感受到父母的关爱，感觉到自己虽然这方面不太优秀，但其他看起来不太明显的优点却被父母注意到了，会体会到来自父母的浓浓的爱意。

小佳最近参加舞蹈考级，训练得很辛苦，不仅早晚要锻炼，每天的作业也按时完成。妈妈在和别人聊天的时候，不管小佳是否在场，别人谈到小佳时妈妈都会由衷地表达出自己作为母亲特别钦佩孩子的毅力。当小佳听到妈妈和别人这么评论自己时，心里特别高兴，认为妈妈特别能理解自己，母女之间的感情更深厚了。

生活中，不少父母都会在与别人夸赞自己孩子的时候为了表示谦虚而说自己孩子："哪像您说得那么好啊！缺点多着呢！"然后当着别人的面如数家珍地把自家孩子的缺点毛病一一列举，孩子听着心情肯定十分郁闷烦躁，往往闷闷不乐或者当着外人的面和父母顶嘴、反驳。这样不愉快的聊天其实经常出现在我们的生活当中。如果父母能够了解孩子的心理需求，能够理解孩子的想法，批评和夸奖都有技巧性，孩子就不会产生反感、叛逆的情绪了。

这里介绍几个不经意间夸奖孩子的小技巧：

◎把夸奖和赞美当作鼓励。

比如，父母可以在孩子收拾完自己的文具时不经意地说："刚才我见你的语文教材放在桌上，现在没了，你自己把它收进书包了？"如果得到孩子的肯定回答，父母一定要适时夸奖孩子，"不错，你今天主动收拾书包了，不用我提醒了，希望你以后每天都记得自己整理书包文具，我老人家可以'下岗'了。"相信这样幽默的赞美和鼓励，会让孩子把整理书本文具的分内之事每天都坚持做好。

◎善于借用第三者口吻。

比如，父母对孩子说："今天王老师说你听课特别认真，你是怎么做到的？"

◎赞美孩子新近的变化。

对孩子不经意间的夸奖可以侧重于关注孩子的隐蔽的、新近的良好变化，让孩子蓦然发现自己的一点点进步父母都是看在眼里的，从而得到鼓舞。比如，夸奖孩子说："你这段时间肌肉结实多了，是不是坚持跑步的结果？""这几天闹钟响了你就起来了，都不用我叫你了，我是不是该考虑把闹钟给收起来了？"

不经意间的夸奖能够让孩子感受到父母的真心关爱和尊重，父母要用欣赏的态度赞赏和肯定孩子，用积极的心理意向鼓励和期待孩子，使孩子从短短的一句看似不经意、十分随意的表扬中获得自信。

72. 有些事引导比禁止更明智

和以前相比，现在小学生的作业“减负”了，假期也增加了不少。根据粗略估计，如果把寒暑假、各种长假、双休日加起来，孩子每年有 170 天左右的时间处于休闲状态。虽然不少老师给孩子布置了大量作业，许多父母往往违背孩子的意愿强迫孩子参加各种形式的补习班、兴趣班，压缩孩子课外活动的时间，但很多孩子却执迷于电视剧、上网玩游戏。最终的结果是：假期让大人和孩子都犯愁。

有调查显示，传统的益智、健身游戏离孩子越来越远，而看电视、上网玩游戏俨然成为越来越多孩子休闲的首选。父母想在周末或节假日带孩子出去旅游、走亲访友，可孩子却叫累，嚷着无聊。对孩子来说，似乎除了上网打游戏、看电视之外，就没什么好玩的了。

鉴于此种情况，不少父母担心孩了的学习受到影响、眼睛近视、身体素质下降，就对孩子看电视、玩电脑游戏严格禁止，可效果却偏偏不尽人意。

俊杰的爸爸开完家长会之后十分生气，俊杰原本成绩中上等，可这学期下来，成绩一路下滑，特别是数学成绩，差不多排名到后十名了。整个家长会爸爸是又羞又气，回到家差点儿要对俊杰动手，可在妈妈的劝阻之下不得不忍下怒气对孩子苦口婆心教育一番。

爸爸认为，俊杰的成绩突然下降和孩子迷上了玩电脑游戏关系重大，当天晚上就把家中电脑和 IPAD 里原有的游戏全部删除。不仅如此，还设置了电脑密码、封存了IPAD，完全禁止孩子使用。爸爸认为这下可以从根源上消除不良因素对儿子的影响，俊杰就能安心学习了。可之后不久，他偶然查看了电脑的上网记录后，大吃一惊。儿子为了玩他最喜欢的“植物大战僵尸”，不仅破译了电脑密码，还用搜索引擎找到并下载了这个游戏，并且在电脑的“控制面板”中对“文件夹选项”进行了设置，把游戏文件变成了隐藏模式。俊杰爸爸很惊异9岁儿子的这些电脑操作知识，更对儿子耍小聪明的做法感到难过。

俊杰爸爸不得不拔掉家里电脑的内存条，甚至封存了调试解码器。这样过了半个月，俊杰没提玩电脑的事，爸爸感到很高兴，可一次偶然发现俊杰居然和同学溜进了黑网吧，爸爸终于忍无可忍，当即就把俊杰拉回家一顿暴揍。

不少父母把电脑游戏看成是洪水猛兽，对孩子严格限制，可往往越限制孩子越想玩。其实，有些事，引导比禁止更明智。父母不妨换种方式，指导孩子如何“玩”电脑游戏，教给孩子如何自控，反而能起到良好的控制效果。

有的父母意识到严防死守带来的恶劣后果，不把家里的电脑、IPAD等封藏起来，而是光明正大地让孩子玩，但是，他们会跟孩子做事先约定：一、要玩游戏可以，但必须完成当天的作业，父母会在晚上进行检查；二、每天玩游戏、看电视的总时间量不能超过两小时。如果孩子不能履行这两条规定，就会受到缩短游戏时间的惩罚。

为了拉近和孩子的心理距离，不少父母还想到了一个办法，就是和孩子一起玩游戏。于是，有的父亲精心挑选了一些可以让孩子学到知识的电脑游戏，下班回家后和儿子一起玩。父母们渐渐发现，孩子不仅不像以前那么终日迷恋电脑电视了，反而更愿意把玩游戏的时间自觉地安排在父母下班之后进行。

对于孩子迷恋电视、电脑游戏等问题，几乎所有的专家学者都建议“宜疏不宜堵”，越是严格禁止反而适得其反；只有以开放的思路引导孩子自我调节和控制，才能使孩子既满足了个人喜好，又不耽误学业。

除此之外，为了使孩子在闲暇时光不感到无聊，父母不妨在教孩子怎么玩的同时更侧重于给孩子创造玩的氛围和时间，不妨邀请孩子的同学来家做客，或放手让孩子和同学一起出去郊游。独生子女已经很孤单了，父母不要对孩子进行过度的保护，不要太过担心孩子和同学之间互相串门会出现意外，不要太过忧虑孩子独自外出会被骗、被欺负或者学坏；要指导孩子如何保护自己，教育孩子应对突发情况，给予孩子与同龄人相处的机会，把呆坐在电视、电脑前的孩子引领到和同伴们热烈活泼的户外活动中去。

73. 得体的批评让孩子有效纠正错误

在日常的生活中，几乎没有人愿意听批评的话语，即使别人的出发点是好的，但“忠言逆耳”，批评的话语无论如何都会让人感到不舒服，很难让人心悦诚服。不过，一些高明的人却能够充分运用语言的魅力，把批评的话语不露痕迹地说出口，不仅让对方悉心接受，还能参照着弥补不足、修正缺点。这些人不愧是口才高手，他们的高明之处在于把批评的话得体地表达出来。

马克·吐温不仅是一位著名作家，更是一名幽默大师，他的作品和语言融幽默与讽刺于一体，受到人们的推崇。

有一次，马克·吐温在某个旅店投宿。在去投宿之前，有人好心地告诉他当地的蚊子又多又厉害。为了晚上能睡个好觉，马克·吐温觉得十分有必要对旅馆服务员提醒一下，希望旅馆方面能够有一些防蚊措施。可他觉得，突兀地和服务员打个招呼貌似不太礼貌，服务员不一定乐意接受。

刚好，他在服务台登记房间的时候看到一只蚊子正好飞过来，不仅围着自己打转，还伺机想对服务员“下口”，惹得服务员连连摆手轰蚊子。马克·吐温灵机一动，对服务员说：“早就听说这里的蚊子很聪明，这样看来确实如此！它竟然会不顾你的百般阻挠来看你登记我的房间号码，看来他是要准备晚上飞来饱餐一顿了。”

服务员们听了不禁大笑起来，不仅顺势记住了马克·吐温的房间号码，还在他入住不久就提供了一些防蚊器具，相应地采取一系列防蚊措施。这一晚，马克·吐温睡得很好。

如果马克·吐温生硬地告诉服务员自己需要很好的休息，要求他们采取驱蚊措施，或者和服务员抱怨当地蚊子多、环境差，服务员不仅不会为他服务，反而会很讨厌这样挑剔的顾客。马克·吐温正是运用了一定的批评技巧，把批评的话说得风趣而得体，让服务员易于接受，当然也就乐意尽心服务了。

生活中，父母们常被孩子的调皮、淘气的行为激怒，孩子贪玩、忘记写作业、早上换的衣服很快就污迹斑斑……很多时候，父母都会忍无可忍地批评孩子。但情急之下的指责、咆哮甚至是打骂，对于孩子来说是很伤自尊、很难心悦诚服地接受的。特别是对于一些孩子多次犯同样错误的情况，父母往往怒火中烧，以大声喊叫、双眼圆瞪、脸红气粗来表达愤怒，这样情绪发泄式的批评并不能产生立竿见影的效果。

孩子有时候拒绝的并不是批评本身，而是父母的态度。父母批评的不无道理，孩子也都懂，也能明白父母的苦心。但看到父母凶神恶煞的表情和咄咄逼人的批评话语，孩子头脑中的内疚和自责会烟消云散，更会萌生了“对着干”“打死也不改”的消极对抗想法。

如果父母们能够像马克·吐温那样，在不得不批评孩子的时候使用得体的语气和表情，能够使孩子更容易接受。并且他会感到父母的委婉给了他“面子”，自尊心受到了保护和尊重，会自发自愿地努力改正缺点错误。

小军的妈妈这几天有些魂不守舍，因为小军和几个同学在假期里偷了一家商店的东西。妈妈思前想后，还是决定把这件事告诉小军的爸爸。

当小军的爸爸听完妻子的陈述之后，大吃一惊。而小军妈妈接下来说的话印证了事件的真实性，更像钉子一样刺痛了他的心，“前天派出所找过我了，他们也找过小军和他的同学，几个孩子也都承认了。我今天刚退赔了三百多块钱。”

爸爸听完后怒火中烧，真想立刻冲到小军的房间狠狠揍孩子一顿。小军刚11岁，还是个孩子，而且是初犯。想到这些，小军爸爸强忍怒火，让自己平静下来，理智让他认为批评教育和正确引导比暴打孩子一顿的效果更好。于是，小军爸爸嘱咐妻子，在小军面前只字不提这件事，由妈妈先和小军谈，而爸爸要找合适的机会正面引导。

几天之后，小军妈妈对爸爸说：“这几天我和小军聊过一次，孩子也认识到了自己的错误，不过他很怕你知道这件事，还求我不要告诉你。”爸爸沉思了一会儿，对妈妈说：“嗯，我知道该怎么做了。”

一天下午，爸爸提前下班，小军也放学回家了。爸爸把刚从信箱里取来的一份《法制报》递给小军看，刚好登有一段关于“少年犯”的文章。爸爸就报刊上面的文章发表意见，小军听得很认真。虽然爸爸并没有揭穿小军的事，但可以看出小军已经深深认识到了自己的错误。当爸爸慈爱地把双手放在小军柔弱的肩膀上时，小军突然哭了起来，“爸爸，我干了坏事……我……”不等小军继续说完，爸爸打断了他的话，“爸爸已经知道了，爸爸相信你只是一时糊涂。”小军泣不成声地说：“爸爸，我知道自己做错了，后悔死了，我以后再也不干坏事了。”

此后，小军真的变了，不仅放学之后再也不和同学流连于网吧，而且变得爱学习、爱提问，到了期末还捧回了一张大大的奖状。

小军爸爸忍住了胸中的怒火，不仅没有第一时间冲动地辱骂孩子“没出息”“不争气”“偷东西，脸都被你给丢尽了”之类的话，而且还一直注意保护孩子的自尊心，利用报纸上的文章对孩子旁敲侧击，让孩子深刻认识到自己的错误，达到了更好的教育目的。

74. 批评孩子有技巧

有人说，批评孩子是所有父母的必修课。事实就是如此，每个孩子在成长的过程中都难免犯错，需要父母的不断指导、指正，孩子才会从错误当中吸取教训，才会明白什么是对的，是要坚持的，什么是错的，是会害人害己的。可以说，每个父母都会批评、管教孩子，但批评的结果却不尽相同。有的孩子经历了父母的批评之后深受教诲，很快就改掉了缺点、毛病；而有的孩子在父母苦口婆心的批评教育之下不仅屡教不改，还反唇相讥、咄咄逼人。

同样是批评孩子，为什么会出现这样的差异呢？

原来，有的父母批评有一定的技巧性，能够让孩子心服口服，达到教育的目的；而那些不重视批评方式方法的父母不分时间、地点，采用不恰当的方式批评孩子，甚至把批评变成了对孩子的情感虐待，让孩子感到难过、苦闷，激起了孩子的叛逆心理。

其实，批评也是一门语言艺术。批评孩子要找对方法，要运用技巧，才能让孩子心服口服。

◎批评要针对具体事情“就事论事”。

在批评孩子的时候，父母要明白：自己的批评，是为了让孩子知道，做什么样的事会带来什么样的后果，而不是让孩子感到批评是在伤害他，或给他打上了“坏孩子”的标签。有的父母看见孩子作业本坏了，不问缘由就批评孩子“不懂得珍惜，完全不知道体贴大人挣钱这么辛苦！像你这么会糟蹋东西，咱们家还不都会被你给败光了！”这样以偏概全，以孩子一两次的不小心而夸大问题的严重性，会让孩子感到很委屈，给孩子造成心理阴影。

父母针对孩子的错误，不要把批评扩大到其他事情上，更不能因为一点儿小问题就以“长大之后肯定……”来对孩子的将来作出不恰当甚至是打击性的预测；一定要针对具体的事情，就事论事地把父母对孩子某个行为的感受直接说出来，然后平静地告诉孩子，父母知道他是一个好孩子，明白他的不小心和苦衷，希望下次引以为鉴，不要再那么“不小心”了。

◎避免当众批评孩子。

有的父母发现，当着外人的面批评孩子好像效果更好，更能刺激孩子及时认识错误、改正错误。其实，当众批评孩子会使孩子的自尊心受到伤害。虽然他可能受到环境的影响不得不顺从父母的指责批评而没有任何反抗，但孩子的内心却产生了愤怒和反感。有的孩子会把这种不愉快的体验深埋在心中，一旦爆发会让孩子自身和父母都受到伤害；而有的孩子则会在父母多次当众批评时发起反抗，反唇相讥，最后当众难堪的是父母自己。所以，父母批评孩子要注意场合，如果孩子确实犯了错，必须要及时指出并制止。父母不妨委婉地提醒孩子，或是把孩子招呼到自己身边单独交谈，或者用眼神、手势来指出孩子的错误行为已经引起了大人的注意，提醒他不要再继续犯错了。

◎不要翻孩子的“旧账”。

很多父母在批评孩子的时候会把孩子以前犯过的类似错误一起找出来说，这种“翻旧账”的方式谁也不喜欢。特别是孩子，或许他真的没有记住父母三番五次的提醒；或许他压根就把父母的叮嘱抛在脑后，但父母“翻旧账”的方式让他不得不一次次重温旧梦，不得不反复被提醒“你一直都没有想过改正”。这样会让孩子认为自己很没用，觉得自己已经比上次改了很多了，可为什么大人没有看到呢？自己再努力有什么用呢？只要一犯错误就会被父母翻旧账，错误总是比优点、成绩要多得多。

所以，父母在批评孩子的时候，不要翻旧账，不能因为一两次错误就否定孩子的努力，更不能一一列举孩子以前犯的错误，妄图来证明孩子“认错态度不好，所犯错误从来就没有真正改过”。父母要谨记，批评孩子的目的不是让他长记性，不是让他记住每一次所犯的错误，而是改正错误。

◎在批评中肯定孩子的优点。

有人说，教育孩子就是胡萝卜加大棒，对孩子奖励和惩罚同时进行，可以对孩子起到很好的激励作用。这种方式有一定的借鉴意义，父母更要在批评的同时对孩子的优点进行肯定。像陶行知先生，虽然他的学生动手打了同学，但陶行知却以四颗糖的形式分别表扬了这个学生诚实守信、尊重师长、为人正直、勇于认错的优点，让学生既看到自己的错误与缺点，又欣慰于自己的长处和优点。这样的做法让孩子既认识到错误需要及时改正，又意识到优点得到了肯定，愿意继续发扬。

陶行知先生不愧为具有现代的教育观点和丰富的教育经验的教育家，他的一番话值得每一位父母深思：“难管的孩子多半不是劣童，也不是真正的坏蛋，这态度要坚定。否则你主观上咬定他是劣童则一切措施都错，便愈管愈难管了。教育者要慧眼观人长处，才能在平庸中体会出真的瓦特，在坏蛋中体会出真的爱迪生。”

75. 其实孩子也很在意“面子”

孩子虽然很小，但也有自尊心，而且在“面子”问题上一点儿也不含糊。如果父母的做法和态度让他觉得自己丢了面子，他会感到难堪、耻辱、气愤，甚至无法忍受，并以不高兴、哭闹、嘴硬、我行我素等方式表达出自己的反抗。

孩子爱面子是正常、健康的心理状态。孩子爱面子意味着他长大了，不再是儿时那个尿了裤子还乐呵呵的小宝宝，不再是对大人刮着脸皮羞羞无动于衷的小家伙了。孩子爱面子，也意味着孩子的自我意识增强了，拥有自尊心了。如果一个孩子的自尊心得不到父母的保护和关注，甚至反被冷漠对待、无情摧毁，孩子就会产生自卑心理。

嘉宝得知要和邻居暖暖小朋友一起去大棚采摘草莓，十分兴奋。

兴高采烈的嘉宝蹦蹦跳跳走得快，很快就到前面去了。见大人们没跟上，就一边倒退着走路等着大家，一边叽叽喳喳说个不停。可她却不知道自己已经不知不觉走到了小路的边缘，在妈妈的惊呼声中倒栽进了路旁的草坪里，摔得四脚朝天。

嘉宝很快站了起来，对自己刚才的“意外表演”很不好意思。妈妈见嘉宝没伤着，笑着对嘉宝说：“嘿！你看！倒着走摔了吧！不好好走路，屁股吃亏了吧？”嘉宝的脸涨得通红，瞅瞅暖暖一家，很害羞地把脸埋到妈妈怀里。原本“话唠”的嘉宝在去采摘园的路上一直很安静，直到看到大片草莓之后才重新兴致盎然起来。

晚上临睡前洗漱，妈妈蓦然发现嘉宝的脚踝青紫了，一问才知道嘉宝早上摔跤受了伤。妈妈挺难过，也有些生气，埋怨嘉宝怎么不早说呢？要是平时，孩子肯定当时就哇哇大哭了。嘉宝低着头说："当时没觉得疼就没说。"妈妈俯下身子，蹲在嘉宝面前，问她："是不是早上当着外人的面摔跤了，觉得不好意思？"嘉宝赶紧点点头。妈妈又问："你当时摔疼了吗？"嘉宝眨巴着眼睛说："疼啊！可我怕你们笑话我，我就忍住没说。"

孩子也和成年人一样很看重自己的面子。我们成年人会为自己忘记拉拉链而羞赧不已，甚至觉得整个办公室的人、整条大街上的人都在窃笑，都在看自己的笑话。这种感觉很不好受。而我们的孩子也会在闹笑话、被当众批评的时候有类似的感受。因为他们都有自尊心，都希望自己在别人面前展现最漂亮、最优秀的一面，都希望得到别人的肯定和赞赏，而不是嘲笑、否定和批评。

◎父母要肯定孩子，不随意践踏孩子的自尊心。

有的父母口无遮拦，当着孩子的面数落孩子，甚至鄙夷孩子的能力，这尤其会让孩子感到受到了伤害。

兜兜到表姐家玩，看到表姐正在练毛笔字。兜兜看着很喜欢，也想尝试。姑妈说："想写吗？来一起写写吧！"可兜兜的姥姥随口说："她连自己的名字都写得乱七八糟的，还毛笔字呢！算了吧，别浪费纸了，弄脏了衣服还得洗。"

姥姥的这句话深深刺痛了兜兜，兜兜脸上的笑意一下不见了，准备接住纸笔的双手像被电击了一样僵直在半空中。眼泪在兜兜眼睛里直打转。姥姥见了很生气："怎么了，你长大了，姥姥还说不得你了？"

一个原本可以淡化的事件被姥姥不断升级，姥姥的轻蔑和不屑让兜兜觉得自己很笨，不会写字，也一定写不好，还会弄脏衣服给大人添麻烦。轻飘飘的一句话对孩子的自尊、自信造成的伤害之重令人痛心。

◎不当众辱骂孩子，有问题可以私下解决。

不少父母存在这样的观念：孩子是自己生的，自己为养育他照顾她吃苦受累，孩子就是自己的私有物品，打骂责罚是天经地义的，而且“我是为了孩子好”。我们身边不乏这样一边责骂孩子一边还振振有词的父母。而且他们还往往在公众场合毫不顾及孩子的感受、不考虑孩子的面子而训斥打骂，弄得孩子很难堪。这样的父母认为：“小孩子懂什么面子！你不说他，他永远记不住。你当着众人的面说他了，那么多双眼睛看着他，才会刺激他长记性。”而实际情况呢？这样做只能表现出父母在教育孩子的方式方法上十分不妥，不仅收不到教育的效果，反而会物极必反，一个经常被当众揭短、训斥的孩子，自尊心一次次受到打击，久而久之孩子会没有任何“面子观念”了，还会当着众人面顶撞父母，叫嚣：“你打我吧！打死我好了！”这样的孩子让父母觉得伤心欲绝又无计可施，可到底谁是始作俑者呢？

有的父母不禁会问：“如果孩子犯了错，难道还得顾及他的脸面而不当面指出吗？他持续犯错我们作父母的还得忍气吞声？”“自己的孩子，难道教育他几句还得看场合了？”“他惹事的时候怎么没考虑过大人的感受，没给大人留面子。大人批评他倒要给他面子了？”

我们尊重孩子，保护他们的面子，对孩子的健康成长极为重要。但是维护孩子的自尊也不意味着对孩子不加管束、放任自流。孩子做错了事，必须受到批评教育时，一定要及时制止并明确指出错误所在，同时一定要注意方式方法。

有的父母就做得很好，他们看到了孩子出现错误，在与孩子单独相处的时候和孩子谈心、讲道理、摆事实，用平和的语气引导孩子，让孩子意识到错误，并且还能使孩子心悦诚服。如果孩子的错误必须立刻制止，父母就把孩子招呼过来，到一个相对私密的小空间和孩子说说“悄悄话”。

试想，当众教育孩子使孩子产生的羞愧感不亚于成年人被人当众羞辱，即使父母教育得再正确，孩子也会因为颜面扫地而对你的话置若罔闻甚至恶言相向。私下的交谈正是避免孩子产生抵触心理、获得冷静思考时间的好办法。

孩子也有获得尊重的权力，不能因为年纪小就不被重视。只有自尊的孩子才会懂得自爱、自强，而自尊受到伤害的孩子就会逐渐不自信，认为自己什么都做不好。而且，尊重是平等的、相互的，父母不尊重孩子，自然也无法获得孩子的尊重。而你今天不给孩子面子，明天孩子也不会给你面子，甚至还会让你在众人面前丢面子。

总之，如果你维护了孩子的自尊，孩子会对你的尊重投桃报李。

76. 别用命令语气对孩子说话

苏联著名教育家巴班斯基曾经说过：“父母经常用命令的口气对孩子说话，教孩子做事，会使孩子产生逆反心理，很难收到预期的教育效果。一直在命令中做事的孩子，会缺乏主动性，还会容易形成懦弱的性格，不利于孩子的成长。”而不少父母总觉得孩子小，不能照顾自己，把孩子的所有事情都牢牢地握在手里，大凡小事都由父母来拿主意，教育孩子的时候也常用“你明白了吗?”“你懂不懂?”“你要听话!”“不许……”“你必须……”

琳琳的妈妈总说女儿做事拖拉，一点儿紧张意识都没有，特别是早上，让妈妈特别头痛。妈妈急急忙忙地给已经小学二年级的琳琳穿好衣服，把牙膏、洗脸水弄好，再赶紧煎蛋、兑牛奶。看到琳琳磨磨蹭蹭的样子，妈妈总是忍不住一次次催促：“快点！快点啊!”

好不容易不挑剔地吃完早饭，妈妈拎上琳琳的书包和自己的挎包，站在门口叫琳琳赶紧过来穿鞋，而妈妈越是催促琳琳就越慢，故意不情愿地挪着脚步。妈妈见了，特别生气，“你快点过来穿鞋啊！要迟到了，我还赶着去公司呢！……快来！听到没有？再不来我就走啦！……我说的话你听见没？你皮痒痒了是不是？我忍你很久了哈！你别逼我动手!”

琳琳听了妈妈的话，忍不住放声大哭起来。妈妈见了更生气了，“你还敢哭?！哭出汗把背心弄湿了又要感冒了！你马上给我闭嘴！听到没？想哭吗？那好，今天我非得好好揍你一顿，让你哭个够!”

很多父母都遭遇过这种情况：往往大人赶时间、加快速度而孩子不紧不慢地丝毫没有时间观念，而大人越是着急催促，孩子就越要赖磨蹭。即使孩子对大人的恐吓、叱责感到害怕而赶紧配合，但心里多多少少都会产生抵触。为什么父母着急地大声训斥，孩子反而故意对着干呢？

每一个孩子都有自己独立的想法，也拥有强烈的自尊。他们不愿意父母命令自己做这做那，更不喜欢父母强迫自己，当父母用命令的口吻要求孩子做某事时，孩子很容易产生与父母对抗的行为。如果父母只看到了孩子再不走就迟到了的表象，而忽略了孩子的感受，孩子的自尊心受到了伤害，无法接受突然的、非常规的变化，他们会感到不安、焦虑。父母的催促和急躁的情绪，再加上看似凶狠的表情，都让孩子感到难受，不仅为妈妈把迟到这件事完全怪罪到自己的头上感到很无辜，还为父母变脸太快而心生怨恨。于是，孩子就用“非暴力不合作”的手段来表示自己的抗议。

不少父母认为，父母给予了孩子生命，完全有权力对孩子发号施令，命令孩子做事是理所当然的。父母会认为，我催促你是为了你好，你只有听我的才不会犯错误。父母往往以爱孩子为出发点，认为孩子不需要明白或了解为什么，而只用按照父母的意思去做就足够了；只需要服从而不许深究原因，认为孩子只要乖乖地听话就对了，因为“我是你的妈妈，我绝对不会害你，我叫你做什么你就应该做什么。”

长期受制于父母命令的孩子，很容易产生两种较为极端的倾向。有的孩子在受命当中逐渐产生了逆反心理，在小的时候由于体力、精力等多方面的原因让孩子不得不按捺住自己的反抗冲动；而随着年龄渐长，孩子独立自主的意识更为强烈，身体素质日益成熟，孩子就会对父母施以具体的反抗，父母们不禁感叹“孩子越大越难管”，甚至惊诧于“怎么突然就开始叛逆了”，其实这都是父母一次次施压的结果。

还有的孩子由于父母长期用命令式语气安排他不能做这个，不能干那个，久而久之，孩子的独立自主的意识被压制，稍微有一点儿自我意识就被父母以“不听话”“不知道体谅父母的心”等各种方式压抑、消磨，孩子渐渐就会形成了自卑、懦弱、胆小的性格。随着年龄增大，他们对父母依然具有依赖性。这必将导致孩子长大成人后缺乏应有的独立性，一生的生活质量都会受到影响。

那么，怎样才能既让孩子身心健康地成长，又能保持父母在孩子心目中的威信呢？

◎掌握孩子的心理，调整与孩子沟通的方式。

父母要了解孩子“我长大了”的心理，在家庭教育中改变“居高临下”的教育方式，无论在思想上还是语言上，不要总是一副大人的架子来对待孩子。父母不要只从自己的角度单方面地认为“我一切都是为你好，我经历的事情比你多，看待事情比你准，听我的，你就可以少走或不走弯路”。虽然出发点是为了孩子好，但这种剥夺孩子体验权力的方式只会让孩子对父母的做法十分反感。

所以，父母不能只从大人的眼光看待孩子、教育孩子，要放下权威的架子，主动把自己放到和孩子平等的位置上；要学会尊重孩子，不把自己的想法强加给孩子，对孩子只是提出自己的想法和建议，选择权交给孩子。用平等、友善的态度和孩子交流思想，在语言上把命令变成商量，把“你必须”变成“我觉得”。

◎把错误看做进步的痕迹。

父母不想孩子自主选择，主要是怕孩子吃亏，怕他犯错误、走弯路。而这种绕过错误和弯路的方法看似让孩子走了捷径，但实际上却令孩子失去了一次又一次积累经验的机会。孩子正是在错误中逐渐成长起来的，有错误才会促使孩子发现问题、寻找办法、改掉毛病，获得进步。所以，父母应该给予孩子充分的信任。父母要相信孩子能够做好，即使孩子做错了，也不要妄加批评，要把错误看作是孩子进步的痕迹，是孩子成功之路上深刻的足迹。当一次失误成为经验后，孩子更会印象深刻，比父母耳提面命十几次的效果要好得多。

◎父母要学会站在孩子的角度想问题。

父母总抱怨“孩子怎么就不能体谅我们的良苦用心呢？”可父母是否想过，自己又体谅过孩子的心吗？我们不妨试想一下，如果别人邀请我们看精彩的电影，我们一定很乐于接受；但如果有人把我们捆绑在舒适的椅子上命令我们看电影，即使影片内容十分吸引人看起来也味同嚼蜡。孩子们有时候就会有这样的感受，特别是父母自认为是为孩子着想而对孩子施以命令的时候。所以，父母要学会站在孩子的角度思考问题，以孩子的眼光和心态处理事件，体会孩子的不情愿和不耐烦，及时调整自己的心态。

当父母的想法跟孩子有冲突的时候，父母更要换位思考：如果在生活中，我的同事或老板不尊重我而只是要我听话，根本不考虑我的感受而严厉地要求我必须那样做时，我会有怎样的感受呢？这样多换位思考，就会更多地理解孩子的行为和想法，有助于父母找准自己的定位，以孩子易于接受的方式进行沟通交流。

◎了解孩子的年龄特点，“引导”而不是“命令”。

小学阶段的孩子一般精力旺盛，好奇心很强而自控能力相对较差，经常被父母认为是“调皮捣蛋”。如果父母以成人的标准来要求他们，就会认为他们的行为“简直糟透了”，会勒令孩子尽快改正，而不会意识到这会让孩子感到压抑。

如果父母了解孩子的年龄特点，就会以包容的心态对待孩子表现出来的种种“顽劣”，更不会对孩子提出超越年龄层次的苛刻的要求，孩子也会在相对宽容、包容的环境中依靠自己的经验和学习对自己的行为不断进行矫正和调整，逐渐变得成熟、稳健。

77. 多渠道让沟通无极限

不少父母认为，与孩子的沟通不外乎就是多和孩子促膝交谈，放下家长的架子和孩子做朋友式的聊天，或者是用眼神、肢体语言等方式与孩子进行情感的交流。这些交流方式都是很好的，但是亲子之间的交流沟通形式还远远不止这些，父母可以根据家庭实际情况和孩子开展多渠道的沟通。

◎渠道一：小纸条传递大信息。

父母不要忽视小纸条的作用，有些父母不善于用语言来表达自己的感情，而有的处于叛逆期的孩子又十分厌烦父母的唠叨和管教。这个时候，父母不妨借助小纸条来传递对孩子的爱，把难于开口或是不想当面和孩子挑明的话以纸条的形式表达出来。孩子看到纸条之后有足够的时间冷静思考，比当面教育的效果要好得多。

朵朵的妈妈工作比较忙，平时都是当大学老师的爸爸照顾朵朵的生活起居和学习。朵朵的爸爸性格开朗，对女儿也十分疼爱，每天都过得很快乐。

随着朵朵慢慢长大，有时候爸爸觉得朵朵有些地方做得不够好，但觉得像小时候那样直接批评，会伤了她的自尊心。于是，爸爸和朵朵商量，遇到不好意思开口直接面谈的事情，就用写小纸条的方式进行交流。

有了“爱心小纸条”，爸爸和女儿朵朵的距离更近了，朵朵心里有烦恼也可以通过纸条向爸爸倾诉。

有一天，爸爸早起为朵朵做早饭的时候看到孩子贴在冰箱上的小纸条，原来朵朵这次期末考试，数学没有发挥好，考砸了，又害怕爸爸批评，就用纸条的形式告诉爸爸这个“坏消息”。爸爸看了朵朵留下的纸条，从薄薄的纸片中感受到了朵朵的惶恐和不安。于是，爸爸提笔给写道：“乖女儿，分数不是最主要的，爸爸已经看到你的努力了。没关系，下次我们一起努力！”

朵朵起床后第一眼就看到了爸爸的纸条，非常开心，在心里感谢爸爸的理解和鼓励。果然，朵朵在学习上更加认真勤奋，学习成绩有了很大的提高。

小纸条作为悄悄话的载体，能够让孩子在安全、平静的心理状态下接受父母的指导和批评，不像当面教育那样让孩子的自尊心受到伤害。父母与孩子进行纸条交流，会心平气和、斟酌再三地用文字表达自己的想法，这就缓和了父母与孩子之间用语言沟通的障碍和冲突，避免了父母一说孩子就烦的尴尬和无奈，既达到了沟通的目的，又缓和了父母与孩子之间的矛盾。

需要提醒父母注意的是，并不是和孩子写小纸条就完全不用进行语言沟通了，小纸条毕竟不能代替语言的交流。父母要引导孩子用心写好小纸条，和孩子商定纸条的内容、确定交流的时间和空间，避免在不合适的情况下被对方无视，或者由于放置纸条的位置不适宜而被登门拜访的客人看到。总而言之，小纸条作为沟通形式可以被父母和孩子们根据实际情况很好地利用，实现顺畅、温馨的沟通。

◎渠道二：书信形式表达爱意。

父母在教育孩子的过程中，常常会有许多话想对孩子说，可往往不知从何说起，或是由于时间或其他因素的干扰而难以实现。有时，孩子也不喜欢长时间地安静地倾听父母的教诲，所以，父母可以采取信件的形式，把自己对孩子的殷切希望用有条理、有感染力的文字表达出来。书信的形式相对于小纸条来讲，更适用于阐述比较复杂的事件，特别是当孩子和父母发生矛盾的时候，小纸条式的简单方式显然不能很好地把父母要对孩子说的话完全展示出来。

书信这种交流形式其实有它的独特魅力。我们在写作的时候可以有充分思考的时间，能够思路清晰、条理完整地运用较长的篇幅表达思想；并且经过思考、锤炼的书面文字更富于情感，也更容易流露于字里行间，可以充分运用语言文字的魅力来感染孩子。

书信便于收藏，可以起到长久的教育效果。孩子可以在需要的时候随时翻看父母的信件，随时都能感受到父母的存在和关爱。同时，父母保存孩子的书信还可以真实地记录孩子的成长历程，成为孩子宝贵的成长档案。对书信交流感兴趣的父母可以效仿著名的《傅雷家书》，学习这位称职、细致的好父亲是如何帮助困难中的儿子、如何传授自己的人生经验的。

◎渠道三：利用网络与高年级孩子进行交流。

中高年级的孩子已经会使用网络聊天工具，父母可以通过QQ交流的形式加强父母与孩子之间的交流，增强亲子之间的感情。利用网络聊天工具在线交流，比较适用于需要一对一解决问题的时候。小纸条、书信的形式一般侧重于父母单向地向孩子传达信息，孩子可能会用一定的时间看完纸条或书信，可能会在了解内容之后利用几天的时间进行思考，但不一定会给父母以回纸条或回信的方式作出回应。而在线交流则可以和孩子进行即时沟通，一问一答，你一言我一语，这种不直接面对的形式有利于一些敏感话题的及时沟通。

78. 给孩子找个“好榜样”

小钰的妈妈一说起女儿的学习就特别激动，“我们做父母的为了什么？自己舍不得吃舍不得穿，就为了给孩子创造最好的生活条件和学习条件，可她就不给我们争气。你看，我表姐的女儿，比她还小一岁，学习从来就没让家长操过心！我邻居的儿子，每次考试都是班里的前五名！我们家已经尽量给孩子最好的条件了，而且我横看竖看，我家小钰脑子也灵光，眼神也精灵，说话也伶俐，不比别人差到哪儿啊？为什么别人行，她就不行？”

不少父母不管是当着孩子的面还是背地里都爱拿自己的孩子同其他孩子作比较，更爱拿别人的长处和优点来和自己孩子的缺点错误相提并论。父母往往担心自己的孩子输在起跑线上，不比怎么知道呢？父母希望通过比较来激励自己的孩子向别人学习，获得前进的动力，进而超越对方。

贝贝从学校回来就央求妈妈同意他看一会电视。正在准备晚餐的妈妈见孩子一回来就只顾着看电视，有些生气，忍不住数落起儿子来：“你怎么就知道看电视？你的作业做完了？再说了，你也有好些天不看英语光碟了，给你报的外教英语白交钱了？你怎么不向人家小惠学习啊？人家每天都听英语，人家还坚持练舞蹈，人家又报了书法班，你呢？我辛辛苦苦给你找了合适的兴趣班，你这个不喜欢，那个没意思，你怎么就不像别人那样知道长进？”

“是啊，小惠什么都比我好，你让她来做你女儿好啦！”贝贝突然生气地对妈妈大喊，把妈妈吓了一大跳。这孩子是怎么了？难道我批评他还有错吗？妈妈伤心地抹起了眼泪。而贝贝呢？也转头哭了起来，他不明白，自己的妈妈怎么总说别人的孩子好呢？难道自己真的那么让妈妈讨厌吗？

虽然妈妈说的是事实，但妈妈那些恨铁不成钢的言语让贝贝感到特别伤心。妈妈贬低自己孩子、夸奖别人孩子的做法让贝贝很失望，产生了强烈的自卑感，自信心也随之逐渐丧失；不仅越来越没有学习动力，而且还对原本感情很好的好朋友小惠产生了敌意。

父母拿孩子跟别人相比较其实并没有恶意，只不过是希望孩子清醒地认识到自己的不足，能够按照父母为孩子设定的榜样去努力学习别人的长处和优点，起到激励孩子的作用。可对于孩子来讲，他们会认为父母只看到自己的缺点，感到父母好像更喜爱人家的孩子而不爱自己。而父母在拿别人相比较时的表情和动作更让孩子产生距离感，不仅不能使孩子得到鼓励而增强斗志，一些盲目、无谓的比较还会大大伤害孩子的自尊心，严重打击孩子的自信心。

每个孩子都是独立的个体，都是独一无二存在着的生命，有着独特的性格和能力，并不具有可比性。父母单纯地把同一环境中生活的不同孩子加以比较，看似很公平，其实并不科学。虽然父母的想法是美好而积极的，但对于孩子来说却是十分难堪的。而且，因为不断会有新的榜样出现。如果对孩子抱有不切实际的过分期望，孩子的实际情况达不到父母的要求，父母就会对孩子否定，使孩子也产生自我否定的思想，孩子在成长中遇到困难就会容易恐慌、退缩，对孩子的心理健康造成极大影响。

父母不妨转换思维，把“拿孩子跟别人比较”变为“引导孩子向别人学习”，虽然实质和最终结果并没有改变，但在孩子看来，父母的态度发生了变化，换一种提法更能让孩子们接受。

◎**先肯定再建议。**

为了让孩子对别人的优点心服口服并且愿意主动学习、效仿，而又不使孩子觉得父母是拿别人的长处来刺激自己，父母就要及时肯定孩子的长处、优点，然后再提出鼓励性的建议。比如孩子写的字歪歪扭扭，但父母要看到孩子能够端坐在书桌前坚持练字的坚韧和耐力，看到孩子在练字完毕之后能收拾好纸笔的收纳整理意识，这些都是值得表扬的优点。父母要及时肯定孩子，不要仅仅把优点看在眼里记在心里，而嘴里说出的却只是孩子的缺点。对于孩子的优点，父母看到了就一定要说出来，哪怕短短一句话也可以让孩子觉得即使自己的字写得还不够好，但坚持下去一定会有所改观；而且孩子会觉得自己的行为已经受到了肯定，会更加努力地练习。

得到别人的肯定的正常心理需求，当父母教育孩子的时候，要注重满足孩子这方面的需求，对孩子进行肯定，使他受到鼓励、增强信心，父母的表扬会在孩子心里产生强烈的荣誉感，更能激发孩子的责任心。同时，父母适时地提出建议："你看，你有很多优点，要是在这方面能改进一下，肯定会更优秀。"为了在树立学习榜样的同时安抚孩子敏感的心灵，父母不妨把模仿对象的某些众所周知的、无伤大雅的不足之处提出来，让孩子明白人无完人，只有相互学习才能越来越好的道理。

◎**让孩子和"榜样"一起玩耍。**

对于父母口中的学习榜样、模仿对象，孩子并没有直观感受。在他看来，父母口中的那些孩子和自己一样顽皮活泼，自己并不比别人差，没从别人身上看到那些父母所说的优点。所以，父母在说谁谁谁很优秀，谁谁谁"比你强"之前，一定要创造机会让孩子和榜样多接触，让别人的优点从父母口中的空话变成真实的样板，使孩子在心理上认可父母给自己设置的参照物，从心底产生敬佩之情，才会自发地产生向榜样学习的动力。

豆豆放学之后在小区玩耍，老是不想回家，妈妈一次次催促并没有起多大的作用。于是，妈妈对豆豆说："你看，乐乐很自觉，他妈妈一叫他，他就会回家，所以每天都能比你提前完成作业，能比你多看半小时电视。"对于妈妈的话，豆豆并没有直观的感受。

有一天，豆豆爸爸邀请乐乐来家里玩，豆豆才真切地感受到乐乐确实很值得自己学习：乐乐会按时回家；会提醒自己和他一起完成作业；在写作业的时候，乐乐一直很安静，不会像豆豆那样一会儿找酸奶喝，一会儿支着下巴发呆；乐乐总是在半小时之内就完成了作业；乐乐会征求妈妈的同意玩"植物大战僵尸"的游戏……

豆豆蓦然发现，乐乐真的像妈妈说得那么好，豆豆不知不觉也想变成乐乐那样的好孩子。

在日常生活中，父母不仅要鼓励孩子学习同学、邻居、亲戚的优点，更要创造孩子与榜样交往接触的机会。孩子在与榜样玩耍、学习中通过一个个实实在在的细节真实地感受到对方的优秀之处，才会"心服口服"地愿意向榜样学习。

第9章

意志：培养心理素质超强的孩子

幼小的心灵总是脆弱的。父母只有正确的引导和精心的呵护，孩子成长的路上才能勇敢地面对错误和失败，才能鼓起勇气，用正确的方法继续前进；而不是选择放弃、逃避，甚至是对社会的报复，形成畸形心理。

79. 帮孩子跟自卑说拜拜

不少父母认为，孩子每天玩耍嬉闹，大人责骂他，他可能会哭一会儿，但没多久就忘了刚才发生的事情了，又没心没肺地玩闹起来。于是就认为只有成年人才会有自卑心理，孩子是没有的。其实，这种想法是不正确的。

自卑感在人生的每一个阶段都有可能出现的，并不只是成年人才有的心理感受。自卑是一种不愉快的心理感受，是不切实际地低估自己，只看到自己的缺陷而看不到长处，特别害怕得不到别人的尊重。孩子并不是生来就有自卑感，这与父母的教育方式和家庭生活环境有着密切联系。如果父母对孩子的能力估计不当，在言语和行为上挫伤了孩子的自尊心和自信心，就容易使孩子产生自卑感。

默默的妈妈对孩子的要求十分严格，对默默寄予厚望，不仅在学习上对默默严格要求，在生活上也对她特别严厉。

默默小学二年级了，还是不愿意和妈妈分床睡。妈妈认为默默这孩子胆小、性格懦弱，虽然小女孩都有这样那样娇气的毛病，但默默的妈妈特别不愿意看到默默黏人的样子。常常教育她作为女孩要独立、自信、自强，一定要做个坚强的孩子。对于默默分床睡的问题，妈妈采取了强硬手段，不仅不满足默默睡前的任何要求，更在固定睡觉时间到了之后关门关灯，任凭默默一个人在房间里哭闹，妈妈也置之不理。爸爸有些看不下去了，而妈妈则坚持："不能顺着他，迁就惯了孩子就会产生依赖性，越来越懦弱了。"对于强势的妈妈，爸爸也只能摇摇头做自己的事情去了。

在妈妈的严格管教下，默默在家生活有条理，出门有礼貌，学习有规律，可很难在她脸上看到笑容。

有一次，老师找默默妈妈谈话，老师的一番话让默默妈妈第一次对自己的教育方法产生了质疑。

老师对默默妈妈说："我发现默默现在的话越来越少了，上课几乎从不主动举手回答问题，即使我点名提问，她也是很害怕的样子，课后询问她，她都答得上来，但就是很不自信。现在班里有什么活动，她从不像别的孩子那样积极踊跃，总是安安静静地坐在座位上。虽然默默看起来柔顺乖巧，但我从一个教育工作者的角度来看，她的表现不仅仅是害羞，可能还有些自卑心理。希望您能配合老师，找找原因。"

默默的妈妈感到很困惑，"自己平时教育孩子的方法就是想让她大胆、自信、独立，可为什么孩子表现出来的状态却截然相反呢？"

孩子的心灵是非常敏感、脆弱的，默默的妈妈一直以命令式的方式对默默实行比较"专制"的管教，妈妈说一就是一，绝对不允许默默有任何反抗。从小到大，默默的天性一直受到压抑，更感觉不到妈妈对她应有的温柔和尊重。妈妈对她任意地批评、指责，不断地伤害着默默的自尊心，让她渐渐产生了自卑心理。

孩子产生自卑的原因有很多，有的孩子就像默默那样受到父母的严格管教。父母"恨铁不成钢"，唠叨起来没完没了，孩子在父母眼中一无是处，只有缺点。还有的孩子可能因为身体不好或是学习某方面不太理想而产生自卑感。不管怎样，如果孩子有了自卑感，不自信，父母一定要引起足够的重视，尽早帮助孩子克服和纠正，以免形成自卑性格使孩子终身受到影响。

◎父母对孩子的要求不要过高。

如果父母都像默默的妈妈那样，对孩子给予了厚望，在生活和学习上对孩子严格苛求，就会在一定程度上使孩子往与父母预期完全相反的方向发展。父母应该根据孩子的实际能力和水平，提出恰当的要求；对于孩子取得的成绩要及时表扬、鼓励，使孩子对自己充满信心。如果孩子考试不及格，父母不能表现出对孩子大失所望，更不能因此责骂孩子不努力、不上进，而要关心和安慰孩子，以平和的态度帮助孩子分析原因，总结经验教训，要肯定孩子的努力精神，鼓励孩子找准方向，纠正错误。这一次考试不及格，下一次即使不及格但有了很大进步，也要对孩子有所鼓励，使他看到自己的进步，看到自己经过努力取得的成绩，增强信心，克服自卑感。

◎一定不要把自己的孩子和别人盲目比较。

许多家长喜欢用别的孩子的优点来刺激自己的孩子，以为那样能够起到激励的作用，其实这种方式是最不被孩子接受、最容易伤害孩子自尊心，使孩子产生自卑感和敌对情绪的教育方式。

虽然父母是希望通过比较，使自己的孩子在对比中明白差距、获得激励并积极进步。父母的出发点是好的，但经常对孩子采用这种不恰当的教育方式会使孩子形成“我比别人差”的潜意识，从而使孩子的自尊心始终处在一个受伤的状态。时间长了会导致孩子产生“破罐破摔”的自卑心理。所以，父母不能盲目地拿自己的孩子与别的孩子作比较，要想鼓励孩子学习别人的长处，就要让孩子在感觉到尊重和平等的前提下进行，认为我也是有优点的，有值得肯定的地方；而别人也有短处和缺点，或许在某些方面还不如我呢，只要我学习了别人的长处，我就会变得比别人更优秀。

所以，父母要善于发现孩子的长处和优势，为他们提供发挥长处的机会和条件，让孩子学会理智地对待自己的短处，在父母为自己树立的榜样那里获得前进的动力，把自卑转化为奋发图强的动力，这样才有助于孩子克服自卑心理。

◎帮助孩子赶走失败的阴影。

生活中难免有各种各样的失败和挫折，而失败的阴影往往就是产生自卑的温床。所以，父母在平时的生活中要注意观察孩子的情绪变化，及时了解孩子的心理变化。如果发现孩子在做某件事时遭遇了失败之后就一蹶不振，要及时给孩子指导，鼓励孩子重拾信心，赶走失败带来的不愉快和畏难心理。

父母可以帮助孩子把失败当做学习的机遇，和孩子一起认真分析失败的原因，从失败中吸取经验教训。为了让孩子忽略或是遗忘一些不愉快的、痛苦的经历，父母也不妨采取闭口不提或是引导孩子用成功经历抵消失败阴影的方法淡化不良的影响，使孩子重新抬头直面人生中的挫折与失败。

80. 坚强并不是与生俱来的

很多父母认为，只要孩子健康快乐，即使自己吃再多的苦，受再多的累，都是值得的。父母们对孩子宠爱、呵护，尽可能地为孩子提供富足的生活条件，使孩子在舒适、安全的环境中成长、生活。但是，如果过分纵容、顺从孩子的意愿，一味包庇孩子的缺点、错误，对孩子自己力所能及的事全部包办，这样的爱只会害了孩子，使孩子产生顽固的依赖思想，变得软弱。

乐乐上小学五年级了，班里每个同学都可以随便拿用她的文具，尽管乐乐百般不愿意也不敢开口，更不敢反抗。在小区里玩耍，一些比她小两三岁的孩子都可以随意地打她、推她，即使她痛得直掉眼泪，她既不还手，更不知道躲避。对于乐乐的软弱，父母十分苦恼，也教育乐乐要奋起反抗，可乐乐总是在受欺负之后说："我不敢……"父母对此十分苦恼。

乐乐是个早产儿，父母长辈都十分疼惜，穿衣洗脸等都是父母包办。如果父母仍然没有意识到问题的症结所在，依然用严密保护的方式照顾乐乐，乐乐仍然会选择默默忍受欺负，压抑自己的情绪。这样不仅对孩子的身体不好，还会影响乐乐以后的社会性发展。

过于软弱的人是无法适应当下竞争激励的社会环境，父母不可能永远把孩子呵护在自己的羽翼下，孩子总要脱离父母的庇护，独立进入社会接受考验的。没有坚强品质的孩子在长大成人步入社会之后，会被独立生活中遇到的挫折、困难轻而易举地击溃。

虽然许多性格懦弱的孩子随着时间的推移、经历的增加，到了少年、青年时代也可以变得坚强起来。但这需要花费一番巨大的周折和刻苦的心理锻炼才能得以实现。所以说，童年是孩子性格形成的关键期，要抓住这个关键时期对孩子进行有针对性的培养，只要方法得当，就会事半功倍。那么，在生活中如何使软弱的孩子变得坚强呢？

◎鼓励孩子大胆地说话。

性格软弱的孩子大多在人际交往中会显得比较内向，他们宁愿在一旁默默关注同伴游戏也不会主动加入到集体活动中。在生活中，这样的孩子也不喜欢说话，更不善于争论。对于这种孩子，父母应该戒急戒躁，不能把孩子的软弱看作是生理或心理缺陷，不要当众责骂孩子或逼迫孩子说话，多与孩子进行讨论式的交谈“这件事你是怎么看的呢”、“你觉得该怎么办”，而尽量少用“你必须”、“你应该”之类的语言安排孩了的行动。在日常教育中，父母要多给孩子提供相对自由宽松、放松的独立思考与处理问题的机会。

对于孩子的意见，父母要表示尊重，鼓励孩子用连贯、清晰的语言表达自己内心的想法。对于正确的意见父母要及时肯定、赞许，给孩子以鼓励，让孩子获得信心，增强勇气。如果孩子表达的意见不正确、不准确，父母不要对孩子有责怪的言论，那样会打击孩子的自信心，使他就此封闭自己，不愿通过语言表达想法。父母可以通过一些启发式的语言引导孩子认真思索自己的意见为什么不对，从而不断提高孩子的讲话能力。

◎教孩子从反省并改正自己的缺点做起。

要获得成就，必须经历苦痛和磨砺，“天将降大任于斯人也，必先苦其心志，劳其筋骨，饿其体肤，空乏其身，行拂乱其所为”。父母要教孩子从小就要学会反省自己，帮助孩子认识到自己的意志品质处于何种水平。鼓励孩子认识到自己的缺点并自发地寻找强有力的手段改正这些缺点，可以使孩子在不断纠正错误和改正顽固缺点的过程中使意志得到磨练，心理素质也变得逐渐强大。

◎鼓励孩子与外界多接触。

心理学家指出，游戏是纠正不良性格的最佳途径。父母要制造各种机会让孩子多接触同伴，鼓励孩子参加集体活动，让性格软弱的孩子经常和胆大勇敢的小伙伴一起玩耍，在保证安全的前提下鼓励孩子跟着伙伴们做一些平时不敢做的游戏。

除此之外，父母可以为孩子安排一些经常性的旅游活动，通过旅游开阔眼界，在旅游的过程中，经历爬山、远途行走、负重前进等方式，使孩子锻炼出结实的身体，精神和意志也得以磨练。通过与外界的各种接触，孩子会在独立解决各种困难和问题的同时逐渐积累与别人相处的经验，从而变得坚强。

◎在点滴中磨砺孩子的意志。

千里之行，始于足下。孩子软弱的性格不是一天两天形成的，当然也不可能在一两天内就能变得坚强。所以，父母培养孩子的意志品质，要从小事入手、从点滴开始。比如，恒心、耐心是坚强意志的基础，父母可以给孩子准备串珠、拼图、迷宫等游戏，让孩子得到从小到大、从易到难、从低到高的磨练，让他们享受到阶段性胜利给自己带来的喜悦和成就感。

81. 为孩子构筑充满阳光的天空

如果一个人用乐观积极的心态对待自己的生活，他的世界一定会充满阳光。乐观豁达的人总是以开心、自信、积极的心态面临未来不断发生的各种事件，即使有不利的事情发生，他们也能把不幸或挫折当做是短暂的、可以改变的一个人生路标，会把眼光放长远，保持良好的状态继续前进。所以，对于性格乐观积极的人而言，哪怕前方有许多艰难险阻，在他们看来却一路都是阳光普照的坦途。

有心理专家研究指出，乐观的孩子在学习和生活中更能够克服困难，使自己摆脱逆境，身体也较为强健。

每个父母都希望自己的孩子拥有乐观的个性。但是现实生活中有很多孩子遇到事情却很容易悲观失望，一旦遭遇了失败就感到天昏地暗，终日使自己沉浸在暗无天日的阴霾当中，觉得自己做其他事情也会遭遇同样的失败，甚至认为自己的人生注定是一场失败的游戏。

语文考试之后，两个好朋友考试成绩都不理想。

宁宁认为自己没考好，期末肯定也考不好了。自己的复习根本没有任何效果，看着那张满是红叉号的试卷，宁宁特别郁闷，一连好几天都不想说话，做什么事也提不起精神。在两周后的数学测试中，宁宁又考砸了，他更是对自己失去了信心，埋怨自己“太笨了”，什么都考不好。

而舟舟呢？语文考试他也考得不好，但他觉得只是一次测验，现在才过去半学期，还有足够的时间迎头赶上。于是舟舟在老师进行错题讲解的时候听得很认真，也做了很多笔记，并找准了自己丢分的原因主要是语法使用不恰当引起的。舟舟针对自己的弱项把以前学过的定语、主语、状语、谓语、补语、宾语等重新理解，掌握并巩固了语法知识。此外，他还把自己的学习方法放到其他学科中，以重点突破弱项的形式加强练习，在两周后的数学考试中，舟舟考得了很好的成绩，这更加坚定了他运用自己的方法进行学习的信心和热情。

每个孩子都难免经历失败和挫折。如果孩子能够分析自己失败或遭到挫折的原因，哪怕分析并不客观，结果也并不具有代表性，但对孩子树立良好的信心也是有利的，有助于在下次考试或行动中取得良好的效果。相反，如果孩子有一次失误或挫折就对此后的一段时间甚至整个人生产生了怀疑，信心受挫之后意志力就会逐渐消沉，他的天空必定阴霾一片。

为了让孩子为自己构筑充满阳光的天空，父母就要注意孩子的心理变化，采取相应的积极措施，避免孩子在遇到挫折和失败的时候以悲观、消极的态度回避问题。

◎父母要先为自己构筑阳光灿烂的天空。

孩子从小接触的家庭环境和家庭教育对孩子的心理素质有着直接影响。每个人在工作、生活中都会遇到各种困难，父母如何处理面对的困境也会直接影响孩子对待困难的观念。

敏敏的父母工作都很忙，敏敏经常听见妈妈抱怨：“公司里的那些人真是两面三刀，我还傻乎乎地相信她们的话！”也时常听到爸爸愤懑地说：“我们领导太势利眼了，那个新来的人给他送了两条烟，他就把我辛辛苦苦跟了一个多月的案子移交给人家了。”……在这样的环境中长大的敏敏从小就会拉帮结派，背地里评论别人：“瞧！悦悦今天穿的啥啊?！那样搭配好老土啊！”“嘿！你们听说了吗？婷婷被老师叫到办公室去了！不知道她怎么了，哈哈，最好今天上午都在办公室写检查。”……

父母的在日常生活中的情绪会传染孩子，一句随意的、并没有什么恶意的发泄话语都会在孩子的心灵中留下深深的烙印。如果妈妈看到外面下雨了，随口说：“下雨了，烦死了！”孩子就会认为下雨让人很烦，可能从此会对天气变化这种很正常的自然现象产生消极、悲观的想法。在学习遇到挫折、考试成绩不理想、同学关系不融洽的时候，这样的天气更会让孩子触景生情，心情变得抑郁。

反过来，如果妈妈看到下雨说：“太好了，雨水带走了空气中的脏东西，呼吸起来觉得很清新。”孩子就会得到乐观的暗示，在遇到挫折或烦心事时，也不会觉得愁绪倍增，反而会感到心中的不愉快会随着雨水的冲刷而变得清澈、干净，并期待着心情也随着雨过天晴而变得轻松，感觉到重生的喜悦和活力。

◎接受并理解孩子的各种感情表现。

很多事情的发生对于心智成熟的成年人来讲往往不会放在心上，成年人的丰富阅历已经能够使我们度过一次次的心理波动期。而孩子不同，孩子的心智和阅历较少，一些在大人看来很平常的事，对于心地纯洁、感情细腻的孩子来说却是了不起的大事，孩子可能会为一些成人认为无足轻重的事而伤心。父母要给予理解，不要以大人的评判标准批评孩子，要允许孩子自由地表现悲伤、伤感、烦躁的情绪。有的父母一见到孩子哭就觉得很烦，认为孩子太娇气，勒令孩子立刻停止哭泣，在父母的压力下孩子勉强止住了眼泪，但心里的悲伤情绪却逐渐积聚起来，久而久之就会造成消极心理。所以，父母要尊重孩子的情感，允许孩子自由地表现情绪。

◎避免说一些伤害孩子自尊的话。

“你怎么这么笨啊！”“你也太傻了吧！”“你真没用！”“真是白

养你这么多年了！”不少父母在面对孩子犯错或表现出不争气、懦弱的时候，会说这些爱子心切、盼子成龙却口不择言的话，不仅会严重打击孩子的自信心，伤害孩子的自尊心，还会使孩子对父母产生怨恨、敌对的心理，影响孩子的健康成长。所以，在与孩子的交流中，要避免说一些伤害孩子自尊的话，不要在气头上对孩子的所作所为妄加评论。

82. 巧妙抑制孩子的虚荣心

江苏安庆市曾发生过一起重大的盗窃案，作案者竟然是两个学生。这两个学生为了追求物质享受，与别的同学攀比，在虚荣心的驱使下入室行窃，把盗窃得来的近五万元在短短四天之内挥霍殆尽。

这个案件中的小涛自幼丧父，小涛的妈妈一个人承担了生活的重担。虽然家庭条件不好，但妈妈从来不让小涛在吃穿上受委屈，凡是别的孩子有的，小涛都会有。妈妈平时省吃俭用，而对小涛提出的要求从不拒绝。从小学到初中，小涛一直都是同伴中间最气派的一个，成绩也是最好的。

自从小涛上了省城的高中，情况发生了很大的变化。高中的同学和小涛以前的同学家庭条件不一样。相比之下，小涛由原来的“鹤立鸡群”变成了“鸡立鹤群”，以前的优越感再也没有了。

渐渐地，小涛不甘心落于人后，每次回家都向妈妈要很多钱，和同学们比吃比穿来满足他的虚荣心。一开始，妈妈认为小涛一向学习成绩优异，拿钱也是要购买学习用品。但随着小涛要钱频率的增加、索要数目的增多，妈妈也没有那么多钱满足小涛了。于是，小涛感到很不公平：“为什么别人有的，我却不能有？我一定要和别人一样，甚至比别人拥有的更多更好！”

有了这样的想法，小涛动起了邪念，从偷同学的钱开始到偷邻居的钱，再伙同另一个学生入室行窃，在金钱的诱惑下越陷越深，最后终于锒铛入狱。而小涛的妈妈见儿子受到了法律的制裁，竟然仍后悔地认为是自己没能力、没本事，不能给小涛很好的物质生活，才使小涛走上了犯罪道路。

为什么一个原本成绩优异的孩子会变成罪犯呢？仔细分析，我们不难发现，这都是虚荣心在作祟。虚荣心是一种被扭曲了的自尊心，是一种表面上追求荣耀的自我意识，追求的是一种脱离了自己客观实际而夸大的虚假荣誉。虚荣心过分强烈的人必定会为了追求表面的优秀和形式上的光鲜而不顾条件和实际情况追逐虚假的声誉。

小涛的虚荣心形成的主要原因来自于他的家庭，准确地说，是他的妈妈一手造成的。妈妈觉得小涛自幼丧父，已经缺少了父爱，不能再在其他方面亏欠他了，于是加倍地以物质偿还的形式满足小涛的一切要求。慈母的爱儿之心无意识地纵容了小涛的物质欲望，使小涛的欲望不断膨胀。由于小涛在小学阶段成绩相对优异，对自己客观评价的能力相对缺乏，小涛的妈妈、老师以及同学、伙伴对小涛“一边倒”的好评更让小涛飘飘然。小涛再也容忍不了别人超过自己，以至于进入省城之后不能准确地为自己定位，现实和理想、实际情况和以往环境产生的巨大的差异，使孩子的虚荣心得不到满足，于是走上了歧途。

虚荣心对孩子来说无疑是一种可怕的坏习惯，父母必须采取一定方法加以纠正。

◎父母作为孩子的榜样，首先就要以身作则，放弃虚荣心。

父母是孩子的启蒙老师，一言一行都对孩子发生着潜移默化的影响。如果孩子的妈妈就是一位非名牌不穿、酷爱奢侈品的人，孩子就会在潜意识中认同妈妈的生活方式，不知不觉就会以妈妈的评判标准和眼光来对待自己和身边的人。所以，父母要摆正自己的心态，不与同事、邻居攀比，不盲目追求物质享受，为孩子树立良好的榜样。

◎对孩子“富养”并不是物质上的无条件满足。

现在很流行“男孩穷养，女孩富养”的教育理念，不少父母把对孩子“富养”的意思理解为物质上的满足，这样曲解了“富养”的真实意义。真正的“富养”是一种精神财富，是一种经验财富，使孩子通过挫折、苦痛、历练之后得到的丰富个人经历。所以，父母不能把一味满足物质条件作为培养孩子高雅、高贵品质的代价，更不要习惯性地、无理由地为孩子买各种礼物。一旦形成习惯，孩子就会感觉礼物是他应得的，不需要付出任何劳动就能收到礼物。而且，习惯于“接受”的孩子不仅不懂得回报、感恩或给予，一旦父母中断给他礼物他就会使性子、耍脾气，虚荣心得不到满足就会做出各种伤害自己或家庭的事情。

◎注意孩子的心态变化，耐心疏导孩子的情绪。

父母要随时关注孩子的心态变化，注意观察孩子的情绪。如果发现孩子有反常、异常的表现，就要及时予以关注，问明原因之后耐心地帮助孩子疏导情绪。

小学阶段的孩子往往爱跟风、没有很好的是非判断观念，父母不妨多给孩子讲道理，使孩子懂得拥有名牌并不意味着拥有了很高的地位，只有依靠自己的努力取得的成功，才是能使自己真正快乐，那样也才能够获得别人真正的尊重。

◎让孩子体验劳动的艰辛，侧面认识虚荣心的危害。

父母可以创造机会让孩子依靠自己的劳动挣钱买所需的物品。比如，让孩子收集旧书、旧报、废旧纸盒、废酒瓶等，以废旧换零用钱，让孩子在劳动中体验到艰辛，感受到父母的辛劳，真切地体会到盲目虚荣为自己和家庭带来的不良影响，从心底里认识到追求物质享受对自己没有任何好处。

83. 竞争并不是处处“争第一”

当今社会，竞争已经涉及社会生活的方方面面，无处不在。在学习和生活中，每个人都无法逃避竞争。许多父母都鼓励孩子积极地参与竞争，在竞争中克服自身的自卑、胆怯心理，把所有的潜能充分发挥出来。

竞争对于我们自己和他人都是一种积极向上的推动力，也是一种为提升自我而注入的强心剂。竞争确实能够让孩子充分认清自己，发现自身的优点和存在的不足，能够激发孩子的自主参与意识，锻炼孩子的动手能力和语言能力。但是不少父母们往往忽略了竞争的真实含义和终极目的，把“争第一”当成竞争的唯一目的。在孩子的学习和生活中鼓励他们处处争第一，并且认为，只有在各方面都拔得头筹的孩子才能受到老师的关注、同学的拥护、学校的重视，才能一路顺利地读到好学校、找到好工作。

其实，每一个孩子都有进取心、好胜心，谁不希望自己的成绩名列前茅、做事出类拔萃、每天被赞扬和褒奖围绕呢？但往往很多时候即使通过努力却依然不能达到期望值，这会让孩子感到失落。而这个期望值就是父母所希望的第一。

我们要知道，鼓励孩子积极参与竞争是对的，但如果把争夺第一作为竞争的唯一终极目的，这样的竞争也就丧失了它的良性驱动意义，会给孩子的成长带来许多不利影响。

让孩子处处争第一会使孩子小小年纪就逐渐养成极强的功利心，孩子会特别在乎自己所参与竞争的这个事件的最终结果而非过程。

如果自己在竞争中取胜，大人们的掌声和欢呼会让他忘乎所以。

然而，一旦孩子在竞争中失败，眼见第一被别人获得，他就会嫉妒胜利者。无论多么优秀的人都会有失败的时刻，习惯于处处得“第一”的孩子难以承受失败带来烦躁。如果此时再遭遇父母惋惜的表情、埋怨的话语甚至责骂，孩子首先学会的就是嫉妒，长此以往，心灵也会被扭曲。

曾有媒体报道，一个初中学生在学校的洗手间里拿着水果刀对自己的同学连刺6刀，致其死亡。老师、同学、家长惊闻此事都感到十分意外，纷纷扼腕痛哭。因为两个孩子不仅是同班同学，而且成绩一直都在年级前列，还同为奥数高手。他们平时关系良好，虽然平时也有过一些小矛盾，但两人都会很快冰释前嫌、重归于好，还经常一起讨论课题。

谁也不曾想到，文静的、连推搡的肢体冲突都未发生过的两个学生，竟然会发生一方残忍杀害对方的恶性案件。后来人们才知道，这个冲动的孩子因为对方的成绩优于自己，而自己十分嫉妒才会对同学痛下杀手。

其实，在很多学生的问题中，学习成绩只是表面的原因。因为成绩而生的嫉妒，最多只是一个导火线，深层次的原因主要来源于家庭。孩子心理问题的形成不是一朝一夕而产生的，正是由于他的父母不断施压而逐渐形成的，孩子压抑了多年的情绪和怨气最终不可扼制地爆发了。

像这种案例真实存在于我们身边。有的孩子觉得自己愧对父母的殷切希望而离家出走；有的孩子受不了家长“一定要得第一”的压力而破罐子破摔；更有孩子扭曲了心灵丧失了人性而杀父弑母，只因父母把自己逼得太紧了。

植物的生长需要养料，人们出于好心希望植物快长快大而对其施肥过量往往会直接导致植物的死亡。对于家庭教育而言也是值得我们深思的。孩子像一棵幼小的树苗需要呵护，他扎根于家庭，家庭对于孩子的重要影响如同促进树苗生长的养料。如果父母的殷切希望化成了高浓度的养分，这无异于从根基上蚕食、毁坏了孩子的成长发展之树。

所以，我们在给孩子灌输正确的竞争意识的同时，要注意自己对孩子潜移默化的影响，或许你的一个惋惜的眼神、一个不屑的表情，都会深深刺痛孩子的心灵。

不少父母也知道，处处争强好胜固然不好，但如果淡化或者压抑了孩子的争抢好胜的意识，会不会影响他将来在社会中的生存竞争呢？培养孩子具备正确的竞争意识，下面的两点很重要。

◎父母要鼓励孩子参与竞争，并帮助孩子找到合适的竞争对手。

从小培养孩子具有独立自主的意识和坚强的意志，鼓励他们迎接挑战，直面挫折和艰辛。同时，父母可以有意识地为孩子寻找“实力相当”的竞争对手，激发孩子参与竞争的勇气。

十岁的易涵做事总是很慢，本来一个小时可以完成的作业往往要拖到两三个小时。妈妈提醒易涵写作业的速度应当加快一些，这样才有时间和同学玩耍，才能做自己喜欢的事，看自己喜欢的书籍。可易涵总是笑眯眯地说：“没关系的，反正我只要把作业做完就行了呗！”结果考试的时候由于易涵平时拖沓惯了，试卷没有在规定的时间里做完，考了全班倒数第一名。

妈妈看到易涵懊恼的样子，也没有再责怪他。妈妈听邻居小松的妈妈说，小松也有做事拖拖拉拉的毛病，于是两个妈妈一合计，让两个孩子每天一起写作业，互相比赛，一起进步。

有了小松的加入，易涵完全变了样子。两个孩子不到半小时就完成了各自的功课，并且又快又好。

◎要让孩子明确“竞争不等于必须得第一”，更多关注竞争给孩子带来的影响而非竞争的结果。

为人父母都希望孩子努力争第一，通过“第一”肯定自己，体验成功带来的快乐，更能增强信心、再接再厉。但是，第一只有一个。天资聪颖的神童固然存在，但绝大多数孩子的智力、能力、努力度都基本持平，如果硬要孩子样样争第一、处处拿奖牌，这是不现实的。有句广告词说得好：“没有最好，只有更好。”只有根据孩子自身的特点提出切合实际的要求并制定孩子“跳一跳能达到的目标”，才能使孩子不断地尝到胜利的喜悦，品味成功的甜蜜。只有让孩子明确“竞争不等于必须得第一”的观点，才能让孩子享受到竞争的刺激和快乐。

同时，父母们要看到，竞争过程中种种对孩子性格或品格产生影响的因素才是家长要关注的地方。比如，当孩子抱怨自己努力了却没有得第一的时候，父母可以用赞许的眼光注视孩了，给孩子一个温暖的拥抱，和孩子一同分析没有得第一的原因，谈谈别人是怎样得第一的，自己虽然没有得第一但对比以前有了哪些收获或心得，等等。还要提醒孩子不要忽视老师的日常鼓励而不是把焦点全部集中在争夺第一上。让孩子明确：竞争固然重要，但能够不断挑战自我追求进步，更有价值，也更值得骄傲。

84. 战胜挫折和屈辱

晓军的爸爸妈妈忙于经商，晓军由爷爷奶奶带大。这个孩子成绩十分优异，生活自理能力也比较强，在学校是同学们公认的学习榜样。

在晓军小学四年级的时候，爸爸的生意做大了，妈妈则回家做了全职母亲，于是把晓军从爷爷奶奶那里接回了家。妈妈认为，晓军的成绩完全可以就读更好的学校，而且新学校离家更近。在和晓军商量之后，为他办理了转校手续。

晓军满怀信心地进入了新学校，可没多久他就发现新环境中强手如林。第一学期期中考试，晓军的成绩就下降了十几名，他在原来学校里单科和总分保持全班第一甚至年级第一的风光再也没有了。这对他来说是个很大的打击。

很快，晓军就像变了个人似的，经常以身体不舒服为由不去上学。即使被妈妈连哄带骂弄进学校，也常常一个人趴在课桌上对老师讲课不闻不问；甚至有几次故意把自己弄伤强迫老师送他回家。

晓军的变化就是不能坦然面对自己转校后成绩下降的事实，而选择了逃避的做法。这说明了晓军缺乏面对挫折的经验，所以当他遇到打击和不如意的时候，很容易心理失衡，而产生失落、焦虑和自暴自弃的情绪。

如今的孩子绝大多数都独生子女，是家里的“小太阳”，艰难困苦的磨练和生活挫折对他们而言十分遥远，即使生活中出现艰辛和苦痛，父母往往以自己坚实的臂膀帮孩子抵挡。作为孩子的父母，要想培养孩子克服困难、应对人生风雨的能力，就要让孩子经常经历生活的磨练，使他们的品格和意志得到锻炼。只有勇于战胜艰难困苦，能够战胜挫折屈辱，他们才能有坚忍不拔的意志，才能在日益激烈的社会竞争中坚强地生活。

◎鼓励孩子做力所能及的事。

著名文学家朱自清先生曾经说过："要让孩子在正路上闯，不能老让他们像小鸡似的在老母鸡的翅膀底下，那是一辈子没出息的。"父母包办代替孩子的一切，会使孩子的性格变得软弱，衣来伸手饭来张口的生活方式会使孩子丧失独立生活的能力；优越、安逸的家庭环境往往会让孩子变得依赖、懦弱而自负，容易使孩子缺乏顽强的进取精神，经不起一点儿生活或学习中的小挫折。父母要有意识地让孩子做力所能及的事情，学会生活自理，让孩子在处理生活琐事的细节当中培养坚强的意志。

◎孩子受挫之后注意保护孩子的自尊心。

孩子在受到挫折打击之后，情绪和自尊心都会受到一定的伤害。如果父母没有意识到这一点，而对孩子的失败表现出责备，轻视孩子在过程中的努力，会在不经意中使孩子受到更深的伤害。这种在伤口上撒盐的方式往往不是父母的初衷，却造成了孩子更加难过的结果。不少父母只是希望能够提醒孩子"唉，早知道这样还不如不参加那个活动了"，或是不希望孩子再次被打击而对孩子说："你看，你那么做不行的，事实证明你就是不行。别再逞能了"。这样的言语不仅不能使孩子感受到父母的关爱，反而会认为父母在对他"落井下石"。所以，父母要尊重孩子，在孩子受到挫折的打击之后更加注意保护孩子的自尊心，千万不能以激励的心态对孩子进行讽刺和责备。

◎让孩子正确面对挫折。

在现如今流行的“挫折教育”中，“要让孩子在不断的挫折中接受挫折教育”这样的说法似乎在传递着这样一个不科学的信号：孩子经受的挫折越多，就会变得越来越坚强。其实这是一个误区。

心理学家认为：“挫折是一个人从事有目的的活动时，由于遇到障碍和干扰，其需要不能满足的一种消极的情绪状态。”由此可见，挫折是一种消极的状态，过多的挫折不仅不会使孩子越挫越勇，反而容易让孩子在不断的失败和受挫中丧失信心，变得软弱和自卑。所以，挫折教育应该适度，不能超过必要的限度。

在孩子面对挫折的时候，父母要考虑到挫折的弊端，要引导孩子以正面、积极的态度正确面对挫折，让孩子明白挫折是任何人都不能避免的，挫折是具有普遍性、客观性的。如果自己设立的目标与实际目标产生差异，或是自己认为合理的要求不能满足；或是尽了最大努力仍然不能完成看来似乎不太高的目标……这些都会使人产生挫折感，所以挫折是很常见的现象。但是，父母也要让孩子看到挫折并不可怕，可以为孩子举一些名人的案例，比如鲁迅曾彷徨过，歌德、贝多芬还曾想过自杀，但他们都顽强地战胜了自己的消沉和软弱，并通过努力最终坚定地获得了成功。用事实告诉孩子：只要吸取教训，不被困难吓倒，就能重新斗志昂扬地在新的起跑线上搏击，新的胜利也会为百折不挠的人夺取。

85. 给胆小的孩子安全感

不少父母对自己孩子的表现感到很纳闷：孩子平时在家的时候话还比较多，可一出家门就“金口难开”了，性格比较内向，和同伴玩的时候也不会主动说话。虽然在别人看来，孩子文静、听话，可父母看到孩子胆小怕事的样子，很担心孩子在学校被欺负。特别是一些男孩的父母，自己的孩子连游乐场的大型玩具都不敢玩，看到别家的男孩翻墙爬树却十分羡慕，父母着急自己的儿子是不是有什么心理疾病，别人都敢玩敢闯，而自己的孩子却像个小女生一样胆小。

有的父母抱怨自己的孩子既不敢和人交往，也不敢尝试新事物，在和同伴玩耍时也表现得不合群，即使被邀请参加别人的生日聚会，也好像透明人一样游离在其他孩子的欢声笑语之外。如果别的孩子主动来玩耍，自己的孩子还会警觉地往后躲。

孩子的这些表现都属于“胆小”的范畴。虽然有些孩子天生内敛胆小，但大部分孩子却是在后天的环境中逐渐形成的，尤其是父母的不当教育，更易造成了孩子胆小、怯懦的性格。

有的父母自身性格内向，往往不主动与别人交往，孩子也会在潜移默化中变得胆小怕生。

有的父母在对孩子的照顾和教育过程中限制过多或者保护过度，比如小学阶段的男孩喜欢拿玩具枪、水枪假装瞄准射击，父母不是教孩子如何正确地与同伴玩耍而把注意力集中在玩玩具枪的危险性上，甚至禁止孩子玩耍，就会使孩子感到情绪低落，心中的愤懑难以排遣。

如果父母认为孩子玩沙会弄脏衣裤，搞得运动鞋和袜子里都是沙子不好清理，而以“沙子脏，容易迷眼睛”的理由限制孩子玩沙，孩子也会觉得不开心。

如果父母担心孩子在接触大自然的过程中被小草刺手、被虫子蛰伤，而不让孩子过多地参与户外活动，同样也会向孩子传递这样的讯号：外面很危险，到处都很脏。久而久之，孩子失去童年乐趣的同时还会对未知事物感到恐惧，不敢轻易尝试。

我们都知道胆小不好，会导致孩子适应能力差、信心不足，内心也不会得到快乐，但如何才能使胆小的孩子变得勇敢呢？

◎父母要随时对家庭教育进行反思，并及时调整、改变。

田田的妈妈自身就是一位性格内向的娇小女性，她对唯一的女儿田田照顾得特别细心。田田曾在奔跑时摔破了膝盖，从此以后，无论冬夏，妈妈都给田田穿上长裤；田田曾不小心在滑梯上磕伤了下巴，妈妈就不允许田田自己上儿童滑梯；田田曾和小朋友争抢玩具被对方挠伤了脸，从那以后，妈妈就尽量避免田田和小朋友接触而带田田独自玩耍。妈妈以为，田田在她无微不至的照顾和保护之下，身体不会受到那些不必要的伤害。可是，妈妈想错了，田田的身体是很健康，但心理却渐渐在妈妈的过度限制和保护“圈养”之下出了问题：田田从不主动和邻居打招呼，看到小朋友玩耍也离得远远的，在学校里更是从不举手发言，被老师点名起来回答问题更会控制不住地发抖。

很明显，田田之所以胆小，正是因为她的妈妈限制过多、保护过度造成的。

父母们要知道，孩子终究会长大，总有一天会离开我们独立生活，我们可以保护孩子一时，却不能保护他们一生。孩子有自我保护的本能，更会在一次次“吃亏”“受挫”之中不断积累经验教训，在身体和心理上逐渐变得坚强勇敢。所以，父母对孩子应该“放养”而不是“圈养”。要给孩子提供相对轻松自由的环境，鼓励孩子大胆尝试，让孩子通过切身体会感受到真实的世界。

◎给予孩子足够的安全感。

胆小的孩子一般安全感欠缺。只有安全感强烈的孩子才会有信心、有自信地接纳新事物、迎接新变化，才能激情饱满地面对各种挑战，才不会害怕失败。父母要让孩子感到自己是被关注的，是安全的，才能使孩子放下心理包袱全速前进。

对于胆小的孩子，父母要为孩子提供心灵的安全感，而不是具体的安全措施，也不要急于改变他的胆小行为，所谓“欲速则不达”。父母不要经常提醒孩子“你要勇敢”；当着孩子的面与别人议论孩子的胆小怕事，这会让孩子感到很大压力，更加封闭自己触摸外界的内心。所以，父母应当尽量忽略“胆小”的行为，而要注意观察孩子的良性变化，鼓励孩子阶段性的努力，让孩子在父母的关注和鼓励之下自己面对各种挫折和挑战。

◎多鼓励，少打击。

有的父母看到孩子胆小懦弱，心里特别着急，常常提醒或激励孩子要大胆些、勇敢些，甚至大声呵斥孩子：“你怎么这么胆小啊？长大以后怎么办啊？”虽然父母特别着急，可孩子好像并没有明显的变化，父母的言辞激励丝毫不起作用。不仅如此，父母对孩子说的“你算什么男子汉”“你都这么大了，胆小如鼠，以后我们老了还能指望你什么”之类伤孩子自尊心的话。这样不仅不能起到激励作用，反而会让孩子产生自卑心理，变得更加胆小、懦弱。

为了使胆小的孩子重拾信心，变得勇敢，父母要在平时多从一些具体的行为上对孩子加以指导，而不要完全寄希望于语言激励。父母可以鼓励孩子多说、多听、多看，在日常生活中注意使用一些启发式的、提问的方法，让孩子对各类问题发表自己的见解和看法，耐心倾听孩子的想法，鼓励孩子表达真实的情感。这样不仅可以增强孩子的语言表达能力和逻辑思维能力，还可以以此让孩子自然而然地打破沉默寡言的桎梏，渐渐地打开心扉。

除此之外，还要鼓励孩子多实践、多交际。让孩子独立地解决遇到的各种问题和困难，多与小朋友接触，解决交往中遇到的挫折。这样可以使孩子逐渐消除拘谨，放松自己，逐渐融入到孩子的朋友圈中去，性格变得开朗大方，逐渐变得勇敢坚强。

86. 嫉妒必须被扼杀在摇篮里

曾经有一则新闻，说的是一名小学生成绩优秀，可他为了保持自己在班级里的好名次，不把精力和时间用在巩固知识上，而是千方百计耍小聪明。不是趁“对手”不注意把别人的作业本丢进垃圾桶，就是偷偷撕掉别人的课本；更令人感到心寒的是，为了达到让别人上课不专心听讲而学习成绩下降的目的，这个小学生竟偷偷往别人的水壶里放安眠药。嫉妒已经像野草一样在这个原本单纯的孩子心中疯狂地滋长蔓延。

调查发现，一所学校中，有 10% 左右的学生对学校的学习生活、同学关系有这样那样的心理问题，而“嫉妒”作为最为普遍的心理阴影已经严重影响到了孩子的身心健康发展。如何拔出孩子心中的“嫉妒野草”，让他们心灵纯净，内心阳光，不仅是教育工作者、学校老师要注意的问题，更是家庭教育中诸位家长要关注的重点。

《三国演义》中周瑜的一句“既生瑜，何生亮?”就是家喻户晓的嫉妒典型，虽是诸葛亮的计谋，却暴露了周瑜强烈的嫉妒心理。

对于孩子来讲，在低年级时，孩子的学习成绩往往差距不大，嫉妒心一般不太强烈，即使有，也往往纠结于“他有闪电麦坤的文具盒，我却没有”。这样物质层面的情绪，并不是真正意义上的嫉妒，而是一种攀比、眼红。随着年级的升高，学习成绩的差异逐渐显现，嫉妒心理也像野草一样在孩子们的心目中潜滋暗长。因为别人的成绩优秀并不像“别人有文具盒我可以让父母花钱买”那样容易解决，孩子看到了差异却无力改变，嫉妒由此而生。所以，嫉妒往往表现在不承认或是故意贬低别人的成绩和进步，对成绩好、比自己进步大的人表现出整体的怨恨，甚至希望通过使坏达到阻挠别人进步的目的。

有些父母可能会认为，嫉妒的心理谁都有，不用把它想得太严重了。如果父母抱有这样听之任之的想法，会使孩子的嫉妒心理存在并不断积蓄。这种不良的负面情绪会使孩子的内分泌系统功能失调、神经功能紊乱，使孩子的身体健康受到影响；在心理上变得狭隘，用仇视的目光贬低别人的成功。我们不难发现，嫉妒心理强的孩子往往没有朋友，因为他在人际交往中表现出来的霸道、强势、自私、说话带刺等问题使其他孩子对他敬而远之。

嫉妒的潜在危害不言而喻，父母一定要对孩子进行及时的疏导，早日拔出孩子心中的野草，使孩子尽早走出嫉妒的心理阴影。

◎引导孩子合理宣泄情绪。

小学阶段的孩子，他们的嫉妒是直观、真实而自然的，只是孩子们对自己愿望不能实现而产生的一种本能的心理反应。所以，父母不要盲目批评孩子的嫉妒心理和行为，要在和孩子进行聊天式的旁敲侧击中了解引起他嫉妒的“背景”，耐心倾听孩子的苦恼，理解孩子无法实现自己愿望所产生的痛苦情绪，包容孩子因嫉妒产生的不良情感，使孩子通过倾诉的方式宣泄心中的不满和愤懑。

不少父母感到，嫉妒心虽然是孩子中普遍存在的现象，但却不容易让他们把内心的真实感受说出来。虽然看到孩子品评起别人来头头是道，可轮到他讲述真实想法的时候却常常词不达意或是欲说还休。所以，父母可以在安抚孩子情绪的同时注意保护孩子的自尊心，把父母的架子收起来，不对倾诉过程中孩子的偏激想法加以评论；要让孩子在相对宽容的氛围中敞开心扉，等孩子倾诉完之后再用委婉、商量或建议的口吻表达大人的观点和看法。这样既保护了孩子的自尊心，又达到了教育的目的。

◎帮助孩子树立自信心。

心理学家普遍认为，缺乏自信的孩子往往更容易产生嫉妒心。父母要在生活中注意发现孩子的长处和优点，并及时进行肯定和表扬，同时要引导孩子发现别人的长处，弥补自己的短处。在为孩子树立学习榜样时不用比较、羡慕、责怪、恨铁不成钢的口吻让孩子的自尊心受到伤害，而要在肯定孩子自身优点的前提下提出“你其实可以更优秀”的学习方案和对象。让孩子不要把学习中最优秀的同学仅仅看作是自己的竞争对手，而要看成是促使自己进步的动力。如果孩子充满自信和自尊，就会感到安全感、满足感和快乐感，才不容易被别人的成功搅得心神不宁，或生出畸形心理。他们的心胸会比较开阔、大度、乐观，而这些良好积极的情绪恰恰是消灭嫉妒野草的最好的“除草剂”。

◎引导孩子进行友好竞争。

嫉妒的心理往往源于渴望成功的愿望以及难以实现的压抑情感，如果父母意识到孩子的嫉妒心理也有其积极向上的一面，能够引导孩子正确运用要超过别人的冲动力量，就能使这种心理成为鼓励孩子前进的驱动力。

如果孩子在看到别人进步的同时能够对自己进行自省，认识到自己的不足，在与人竞争的过程中用“他比我强，我要比他更强，我一定要通过努力，在竞争中战胜他”的意念，把注意力和关注点放在学习的提升上，孩子就能通过良性竞争这种积极进取的方法去克服由嫉妒而产生的消极心理，而把嫉妒转为斗志，激励自己奋起直追。对此，父母要在平时的生活中对孩子适当引导，给孩子灌输一些正确的竞争观念，使孩子“化嫉妒为力量”，产生前进的动力。

87. 教孩子用体谅之心化解矛盾

作为父母，要教孩子学会用体谅的心对待身边的人和事。能够体谅别人的人能在别人犯错误的时候，自己以一种“移情”的、感同身受的情态理解对方，能更好与别人友好相处。能够站在对方的角度设身处地思考问题，其实是一种非常重要的品质，更能够让孩子拥有一个社会人必需的智慧。所以，父母要注意在生活的点滴中教会孩子体谅他人。

如果孩子在学校和别人发生了矛盾，父母一般让孩子向老师寻求帮助，或是回家之后父母对孩子进行安慰。其实，最好的方法就是要让孩子从心底里能原谅和他发生矛盾的同学，体谅同学的动机，改变对对方的态度，才是最实际的解决问题的办法。

小羽最近常常一个人坐在座位上哭泣，班主任老师觉得很有必要找小羽谈话。

在老师的印象里，小羽是一个有礼貌的孩子，虽然成绩并不优秀，但每次看到老师都会主动向老师问好，也会主动帮老师收拾讲桌上的书本。是什么事情让这个孩子这么委屈呢？

在交谈中，老师发现，小羽的性格不太稳定，有时候和同学发生矛盾之后，就会怀恨在心，不是在第三者那里诋毁同学，就是背地里对别人进行报复。小羽向老师坦言，她曾经故意把脏水倒进和她有矛盾的同学的杯子里，也故意把同学的作业本封面撕掉。看到同学喝掉脏水或是为了没封皮的作业本着急得掉眼泪，她就觉得特别开心。可是，渐渐的，班上的同学都知道她的为人，都不理睬她了，还把她当成怪人，这让小羽觉得很难过，所以常常一个人哭泣。

孩子之间产生一些摩擦或矛盾在所难免，关键是如何避免冲突，和别人正确地交流。不少孩子在学校里受了委屈，父母就感到特别心疼，常常教育孩子“别人打你，你就要还手”“别人欺负你，你也不要客气，老师问起来，你就说是他先动手的”。父母的教育助长了孩子斤斤计较、睚眦必报的不良习惯，不仅使孩子在学校里不懂得处理与同学之间的关系，而且还对孩子将来的人际关系的处理产生影响。所以，教会孩子用体谅之心处理并化解和同学之间的矛盾，不仅是为他今天能处理好同学关系，使自己获得轻松、快乐的学习环境，而且也是为孩子将来的幸福打下基础。

◎父母要对孩子宽容。

要想孩子能够体谅别人，作为父母就要以身作则，对待孩子持有宽容的态度，以良好的榜样以供孩子效仿。孩子的主观意识和现实难免有不符的地方，无论生活阅历还是技术技巧，都相对比较欠缺薄弱，所以孩子难免犯错。当父母发现孩子犯错时，不能不问缘由就加以责罚，而要在了解具体情况之后以宽容的心态对待孩子。这样不仅能够让孩子感受到父母的关爱，能够自发地改正错误，还能使孩子感受到被体谅的温暖和重要性。有助于孩子在与同学交往、处理同学矛盾的时候自发地站在对方的角度思考问题，体谅同学的难处，反观自己的不得当言行，从而使矛盾得以化解。

◎父母不能在孩子面前对别人擅加评论。

如果父母在孩子面前以自己的眼光和个人评判标准对别人擅加评论，就会使孩子养成挑剔的性格，孩子会在与人相处时对别人的优点漠视或挑剔，对别人的缺点即刻放大。父母自己要以身作则，即使对某些人和事有自己独特的看法也不要轻易在孩子面前表露，以免让孩子在潜意识里受到影响而产生偏激的想法。父母要引导孩子看到别人的好，包容别人的缺点乃至缺陷，这样才能使孩子心生体谅之情，在待人接物的过程中大度而自然。

◎要教孩子在与人相处中以“求同存异”的心态处事。

不少孩子发生矛盾往往是由于对同一个事件的看法不同、各持己见引发的冲突。父母可以让孩子明白“金无足赤，人无完人”的道理，只要同学或朋友的缺点不是品质方面的，就不要过于计较。如果同学心情不好，所说的话和所做的事自己难以接受，就要尽量体谅别人的苦衷，没必要斤斤计较，多给别人宽容和理解，也是为自己找到一份好的心境。

必须注意的是，如果发现孩子有报复矛盾对象的行为，一定要及时制止并疏导。不愉快的经历容易催生出报复心理，孩子如果和别人发生了矛盾，一心想着报复，父母看到苗头应及时予以制止，并且要安抚孩子的情绪，表示理解他受到的委屈或是伤害。引导孩子学会多站在对方的立场思考问题，学会客观地分析自己的行为对别人可能产生的影响，教育孩子学会克制自己的行为，让孩子以合理、安全的方式宣泄情绪。

第10章

自我保护：让孩子学会照顾自己

随着年龄增长，孩子的独立性更强，活动范围更广，父母既要放手让孩子独立活动，又要保证孩子的安全。为此，很有必要教给孩子一些自我保护的常识。“授之以鱼，不如授之以渔”，千般呵护，不如自护。

88. 如何跟陌生人打交道

要让孩子学会保护自己，父母就要在日常生活中对孩子进行相关的自我保护的教育。有的父母说："我经常教孩子'不要和陌生人说话'之类的，孩子也记住了，这不就行了吗？"其实，对于孩子来讲，越具体的教育孩子越能铭记于心。父母要注意对孩子进行有针对性的具体讲解，不要以"你要注意安全""过马路要小心"之类的笼统语言对孩子进行说教。

教孩子应对陌生人，父母也要以具体的事例或应对方法对孩子进行教导。让孩子知道，陌生人并不单指那些不认识的人，也指一些见过几次面但不够熟悉的人。如果孩子单独遇到这些人，应该以以下方式来和陌生人打交道。

◎不要跟陌生人说话。

父母要教育孩子不要跟陌生人说话，如果在上学或放学的路上遇到陌生人主动打招呼或问路，孩子可以对陌生人说"对不起"，然后快速离开，朝人多的地方走。

如果孩子在超市、游乐场等公共场所遇到陌生的人来询问父母的工作、家住哪里等信息，孩子就要保持高度的警惕，难以摆脱陌生人的纠缠就要向超市、游乐场的工作人员和保安求助。可以对陌生人说："我都不记得了，要不你去问我爸爸？我爸爸就在那边！"如果陌生人有不良企图，他听到孩子这么说一定会逃之夭夭的。

◎不吃陌生人给的东西。

被誉为“中国老百姓最熟悉的警察”的中国公安大学教授王大伟曾经讲过一个真实的案例：

一个11岁的小姑娘小西，中午放学回家后刚好爸爸妈妈都不在家，一个骑摩托车的人见小西独自在门口玩耍，就对孩子说：“小朋友，我带你去买好吃的，跟我走吧！”小西竟然开心地答应了，并坐上了陌生人的摩托车。

陌生人在附近的小店花了6元钱给小西买了两个火腿肠和两袋方便面。有了吃的，小西一路都很安静，可不知不觉中就被陌生人带到了山顶上，被强奸了。歹徒还残忍地扎瞎了小西的双眼，把孩子丢弃在山上。直到下午，到山上种地的人才无意中发现了奄奄一息的小西。

小西的悲惨遭遇被好心的博友放在了网上，全国人民给她捐了22万块钱。经过抢救，小西的左眼保住了，可右眼却永远失明了。而小西心里无法愈合的伤痕却会伴随着这个孩子一生。

如果小西的父母要能够从小教育小西“陌生人给的东西不要吃，陌生人问她叫什么名字不回答”小西铭记在心，对陌生人提高应有的警惕，就不会遭受这样的伤害。

拐骗儿童的事件并不是一起两起。对于小学阶段的孩子，从幼儿园由父母接送到独自上学放学，父母要引导孩子安全地度过这个过渡阶段，告诉孩子，不要和陌生人说话。如果陌生人对自己说“小朋友你跟我走吧，我请你去吃好吃的，我认识你爸爸”，孩子就要提高警惕，不要被陌生人的花言巧语所迷惑，赶紧朝人多的地方走，远离陌生人。

◎无论对方是否熟悉，独自在家不随便给别人开门。

父母要教育孩子，如果孩子独自在家有人来敲门，孩子不要随便开门，要先问问是谁。如果是邻居或父母的同事，孩子可以隔着门告诉对方自己父母不在家，请换个时间再来。

有的父母可能会感到纳闷，是自己的邻居或同事，孩子也要把他们拒之门外吗？事实上，警方通过相关调查之后发现，在刑事案件中，60%都是熟人作案，孩子往往对陌生人有一定的警惕性，却在一定程度上对熟悉的人十分信任。这就给了歹徒可乘之机，他们会利用孩子的“认熟”心理对孩子进行欺骗，从而达到非法的目的。所以，父母要教育孩子无论对方是否熟悉，独自在家的时候都不要随便给别人开门。

◎如果歹徒入室，孩子要机智应对。

平时绝大多数父母教育孩子不能撒谎，骗人是不对的，以致于孩子在碰到陌生人的时候别人问什么答什么，这种教育是一个误区。父母要教育孩子可以欺骗陌生人，那不是不好的行为，反而是一种保护自己的行为。

如果孩子独自在家的时候，歹徒翻墙爬窗进入室内，孩子不要惊慌失措大喊大叫，要保持冷静，可以骗歹徒说“我爸爸上厕所了，马上就出来”或者说“我妈妈买菜很快就回来了”。歹徒听到单纯的孩子这么说，一般会信以为真，心虚的歹徒也就不会留恋了。

有的歹徒进入室内之后看到有人在家，哪怕是一个孩子，歹徒可能会出于自保而企图将孩子打晕。父母要教育孩子，如果歹徒入室后殴打孩子，孩子不要大声喊叫或竭力反抗，那样只能激发歹徒的杀念，所以孩子可以假装昏迷或装死，以求自保。

父母要告诉孩子，生命第一，财产第二，无论如何，生命才是最重要的。告诉孩子如果看到歹徒动手拿家里的东西，或者在路上被歹徒抢劫，一定要“丢卒保车”，不要为了钱和其他身外之物和歹徒发生争执。

父母可以和孩子讲解一些具体的应对措施，比如不要随意叫喊。

如果遭遇歹徒，刚好有身强体壮的邻居经过，或者周围楼下有保安路过，孩子可以及时大喊；而如果所处的地方比较黑暗，楼道里没有人，年轻人都上班去了而邻居也是老人居多，就不要随意大喊，避免歹徒激情杀人，造成难以挽回的后果。

89. 不能随意泄露家庭信息

小薇是一个热情、乐观的孩子，老师和同学都挺喜欢她的。可小薇虽然在学习上十分聪明，但在自我保护方面却显得比较“低能”。

小薇和同学一起坐公共汽车回家，一路上有说有笑，全然不会想到车上有不怀好意的人在偷听她和同学的谈话。

小薇乐滋滋地对同学说：“我搬新家了，以后欢迎你来我家玩。我家可容易找了，12 栋 2 单元 303，那栋楼下有小凉亭，上面三楼有铝合金封阳台的就是我家了。”

同学笑眯眯地说：“好啊，以后我找你，就冲阳台喊啦！”

小薇摆摆手说：“喊什么啊？打电话多方便啊，我家电话号码是 2354668，顺顺发，多吉利！”

同学突然想起了什么，赶紧抓住小薇的手臂，问：“对了，听说你爸妈都是单位的能人啊？”

小薇得意地笑笑说：“咳！他们哪是红人啊，都是大忙人。别人一提钟小娟和王大友的名字，都说他们忙得把单位当自己家了。不过我爸妈确实很爱他们的工作，也很热衷公益。我爸得了 3 万元的科技奖，被他藏米桶里了，嘻嘻！他说什么都要捐一万给‘希望工程’，明天我们一家都要去捐款。”……

说着无心，听者有意。小薇的话全被身后的一个惯偷记在了心里。

第二天，小薇家里就出事了。小偷趁小薇全家外出的时候从容地撬开了门锁，不仅把小薇爸爸藏在米桶里的三万元现金悉数盗走，还把家里的数码相机、笔记本电脑、首饰等洗劫一空。

正是小薇的麻痹大意，向窃贼详细地“介绍”了家庭情况，把家里的隐私毫无保留地泄露给了陌生人。

随着孩子年龄的增大，不少孩子在小学三年级以后会独自上下学，而上学、放学途中这个“真空”时段往往成为安全隐患的重要潜伏之地。父母在平常的教育中要提醒孩子：

1、不要在公共场所等人流聚集的地方当着陌生人谈论自己的家庭情况，特别不能炫耀家里的财产，不能在陌生人面前“露富”。有的孩子出于炫耀、攀比的心态向同学、朋友谈论家庭情况，甚至夸大其词以求获得心理上高人一等的满足感。这种在众人面前拔高自己身价和家庭条件的心态本身就是需要调整的，一旦被别有用心的人利用，很容易使家庭或生命安全受到威胁。

2、不把电话号码轻易告诉外人，如果有人询问家庭隐私时，一定要守口如瓶。有的不法分子会利用激将法骗孩子说出一些家庭隐私，而父母要提醒孩子不要与陌生人搭讪，只要不和陌生人说话并赶紧走开，坏人的激将法就不能实施。

3、不在陌生人面前说家长的姓名、职业、联系方式等，以免被不怀好意的人利用进行诈骗。

邹女士的儿子在某小学读四年级。一天上午，邹女士的手机接到一个陌生来电，对方自称是她儿子的任课老师，说邹女士的儿子在上课时肚子突然剧痛，而后昏倒在地，被送到医院后检查出来是胃穿孔，需要马上动手术，“任课老师”让邹女士马上汇 2 万元到医院的指定账户，以保手术能及时进行。

邹女士听了之后，特别着急，儿子早上出门都还是好好的，怎么会突然肚子剧痛？虽然她心里很害怕，也曾怀疑过可能是诈骗电话，但想到对方在电话里焦急的描述，邹女士很快乱了方寸，特别担心儿子受罪，脑子里全是儿子难受、扭曲的表情，耳边也回响起儿子痛苦的呻吟。邹女士火速向单位请假并到附近的ATM机上按照对方给的账户汇款2万元。

汇款之后，邹女士赶紧打车前往对方所说的某医院，两小时以后，邹女士到达了医院，可在咨询台询问，医院并没有接诊胃穿孔的小孩，邹女士的心里“咯噔”一下，赶紧给在外地出差的爱人打电话。邹女士的爱人一边安慰她不要着急，一边提醒她赶紧报警。此时，邹女士才意识到自己被骗了。

为了确定儿子并没有出事，邹女士赶紧给学校打电话，在班主任老师的证实下，邹女士的一颗心落了地，同时也很后悔：怎么就没想到先跟学校核实一下呢？白白被骗子骗走了2万元，还一整天担心受怕快要精神崩溃了。

她转念一想，骗子怎么知道自己的手机号码呢？自己近段时间并没有填写任何有关私人信息的资料啊！

在学校看到活蹦乱跳的儿子之后，邹女士把一天的遭遇向儿子说了。儿子一听就低下头，难过地对邹女士说：“妈妈，对不起，都是我的错。上周我出校门时有个男的给我们几个同学发抽奖卡，说是六一节免费抽取奖品，但需要填写具体详细的地址，得奖之后才会按照正确的地址邮寄奖品，我就填了你的手机号码和家里的地址……”

现在的骗术越发新奇，各式各样的欺骗手段令成年人都防不胜防，更何况涉世未深的孩子？如果父母在平时的家庭教育中提醒孩子不贪图小便宜、不围观看热闹、不随便和陌生人搭讪、不轻易相信别人的说辞，孩子会逐渐了解一些江湖骗术，在心理上和思想上保持一定的警惕，才能保护孩子自己和家庭。

90. 被拐骗了要知道如何脱身

有的人出于不可告人的目的或是为了解决纠纷，对孩子进行拐骗或者绑架无辜的孩子作为人质要挟孩子的家长。这样严重的违法犯罪行为对孩子的身体和心理造成的伤害难以估量。父母要在平时给孩子讲解一些自我保护的常识，教育孩子一旦被拐骗或绑架了要知道机智脱身。

面对复杂的社会现状，父母要提醒孩子提高警惕，学会保护自己免遭拐骗或绑架。

◎不要和陌生人说话，不要相信陌生人口中的任何信息。

陌生人说“我带你去吃好吃的”或“你妈妈今天加班，她让我来接你”，对于这些，都不要轻易相信。如果陌生人或有过几次接触能够叫得出名字的人到学校找孩子，父母要告诉孩子，遇到这种情况一定要报告老师，不能随意跟陌生人走；如果对方说孩子家里有事情，孩子可以委托老师给父母打电话确认。

◎把自己的活动时间和特殊去向提前向父母讲明，让父母知道自己会在何处做何事。

比如，有的孩子放学后会在小区里和别的孩子玩耍，其中某个孩子提议骑车到附近修车摊处理一下自行车，孩子要先告知父母，得到父母同意之后再离开小区，不能不告诉大人就跟随别人离开。

一旦遇到不可预知的危险，后果不堪设想。

◎如果父母在生活中遇到了麻烦，不妨对孩子坦诚相告，让孩子提高警惕。

比如，有个妈妈爱好打牌，被别有用心的人引诱而堕入赌博的深渊，欠下不少赌债，这个妈妈担心孩子受到伤害，就把自己的境遇告诉了孩子。果然，没过多久就有债主企图通过绑架孩子达到催款目的，幸亏孩子提前预知了自己的危险处境，对周围潜伏的危机心中有底，有了足够的警惕，于是幸运地逃过了一劫。

◎父母要让孩子记住家庭、学校的地址和电话，学会拨打110求救电话。

有的父母只是笼统地告诉孩子，遇到危险要找警察叔叔，要拨打110。可拨通之后怎么报警呢？孩子在受到胁迫或追赶的情况下惊魂未定，在有限的时间内如何尽可能快速而准确地报警是十分重要的求生技能。如果时间紧迫孩子还对110接警员问一句答一句，不仅延误了自救时间，还很可能触动歹徒的嗜杀神经，使孩子陷入危险的境地。

◎父母要告诉孩子，不随便给别人带路。

父母要让孩子知道，如果有人要孩子帮他找丢失的小孩或猫，需要孩子上车带路，千万不要相信对方，应当马上朝与车行进方向相反的方向跑。如果孩子遇到有歹徒强行抱持着上车，孩子要懂得大声呼救，并且大喊："你不是我的爸爸妈妈，我不认识你。"孩子这样喊，可以避免路人以为父母在教育犯倔的孩子，强迫孩子安静听话，为孩子争取到路人的及时帮助。

◎如果孩子不幸被拐骗或遭到绑架，要保持冷静。

遇到这种情况，父母要告诉孩子不能过分挣扎，以免犯罪分子对自己进行身体伤害。要尽量拖延时间，用心记住犯罪分子的体貌特征、车辆型号和牌照号码等。

如果被蒙上了双眼，要尽量把听到的线索默记在心里。比如犯罪分子互相之间的称呼或者谈话内容；到达歹徒的藏匿地点后，要尽量了解周围的环境，与犯罪分子周旋；对歹徒顺从，尽量避免激怒犯罪分子；仔细观察周围可以利用的东西，利用一切可能的机会，寻求他人帮助，摆脱歹徒的控制。

91. 女孩要特别注意自我保护

现在的社会比较复杂，父母要教育女孩在与异性交往或者与别人接触的时候要懂得保护自己，防止居心不良的人伤害自己。父母可以具体地教女孩如何对自己进行保护。

◎面对性骚扰要敢于反抗。

女孩子进入小学后，随着身体的逐渐发育，会在高年级时出现女性特征。有的犯罪分子就利用孩子年纪小、胆子小的特点对女孩进行性骚扰。父母要让女孩了解什么是“性骚扰”，可以借用中国公安大学王大伟教授的经典语句：“背心裤衩覆盖的地方不许别人触摸”，这样具体的讲解会让孩子明白什么会对自己造成伤害，什么样的事情才是性骚扰，比抽象地对孩子讲解“要小心色狼”要具体得多。在平时的家庭教育中，妈妈要为孩子讲一些生理卫生常识，让孩子了解男女进入青春发育期后的身体差异，明白如果有男人用下体顶、蹭自己或抚摸自己的身体就属于性骚扰，对于这样的行为，女孩要勇敢地反抗，不能因为害羞或怕别人笑话而隐忍。

◎在公车上遭遇性骚扰要斗智斗勇。

小学六年级的小敏每天乘坐公共汽车上学，进入夏天之后，原本活泼开朗的孩子却常常一个人愁眉苦脸，几次三番要求爸爸开车送她上学。小敏的反常举动让妈妈有些担心，于是妈妈单独找小敏聊天。

小敏向妈妈敞开心扉，她说的话让妈妈极为震惊。原来女儿在公车上遭遇了性骚扰！妈妈听小敏描述自己搭乘公共汽车放学时，由于没有座位，她只好扶着扶手站着，可当时人多拥挤，小敏也没有太在意。可在快要到家的时候她明显感觉到后面有异物顶在自己的腰上。她回头一看，见到一个西装革履的男人，看样子不是白领也是个公务员，对方在自己的注视下不仅没有停止顶蹭，还恶狠狠地瞪了小敏一眼，小敏立刻低头不敢说话。

虽然小敏试图挪到其他地方，想远离这个变态的男人，但无奈周围拥挤，于是小敏在担心受怕和屈辱中一直挨到下车才惊魂未定地跑回家。这段记忆成为了小敏的心病。

在妈妈的开导下，小敏渐渐明白了，以后再遇到这种事情一定不要忍气吞声，要机智地应对，可以用脚踩对方的脚借此离开对方的控制范围，也可以想办法用力挤到别的地方，哪怕周围的人骂骂咧咧也不要在意，总之，不能让坏人得逞，也不要盲目地与坏人搏斗。

不少女性，包括一些未成年女孩，会在公共汽车上遭遇性骚扰，妈妈要教育女孩在遇到性骚扰时尽量不要和对方发生正面冲突，以斗智为主。如果几个同学一起坐车，被骚扰了就要大声高喊，再身强体壮的色狼也会立刻停止举动。但如果是女孩独自一人乘车，最好不要高喊，要尽量用书包、手臂保护自己的敏感部位，如果感觉到有性骚扰的危险，可以利用书包保护后背和臀部，把胳膊抬起，手臂互相抱着放在胸前，形成一个虽然小但十分有效的防御空间。如果下车之后感到被车上骚扰自己的人跟踪，要保持高度警惕，要不时回头看看，如果真的被人尾随，就要立刻到马路对面去，如果对方自顾离开了，说明只是碰巧在同一站下车而已；如果对方仍然跟着女孩到了马路对面，说明这个人有不轨之心，女孩要赶紧跑到人多的地方趁乱逃走。

◎在校园里遭遇性骚扰不要忍气吞声。

据媒体报道，辽宁葫芦岛的一名26岁的小学体育教师，用下流的手段猥亵了3名女生，最终被判了五年徒刑。这种事情并不是一起两起了，有的教师利用职务之便，骚扰、猥亵，甚至强奸女孩，而女孩对老师这个神圣的职业心有敬畏，出于对老师的敬仰在遭受侵害之后不敢对父母说。女孩隐瞒父母又不知情，这种情况往往助长了这些犯罪分子的嚣张气焰，以至于这类事件频频发生，并且可以长达数年无人知晓，对孩子的肉体和精神虐待程度可想而知。

所以，父母在教育女孩的时候，要告诉孩子，不管是老师还是保安，不管他们以检查身体、从严管教等任何理由触摸自己的身体，都要坚决地说“不”，并且一定要告诉自己的父母。

每个女孩的心里都有一些小秘密，妈妈要多和女儿进行沟通，引导孩子把隐藏在心里的秘密说出来，在平时也要关注女孩的言行举止，一旦发现异常要及时和孩子交流。在交流的过程中不能着急、逼问，而要用温柔、平缓的语气对孩子表示关心，慢慢引导孩子说出心中的秘密。

◎遇到邻居性骚扰要及时告诉父母。

父母要教育女孩即使回到小区也不要放松警惕，不要随意接受邻居叔叔哥哥给的小恩小惠。如果遇到邻居孩子对自己搂搂抱抱要大声斥责，回家后要及时告诉父母，父母要想办法避免此类事件再次发生，不要掉以轻心等事态难以挽回了才追悔莫及。

有的女孩年纪小，平时和邻居大哥哥在一起玩耍，父母如果不对孩子做善意的提醒，恰好对方意图不轨，女孩很有可能受到侵害而不自知，还以为邻居哥哥和自己玩游戏。所以，父母单纯地给孩子讲猥亵或性骚扰，连大人都把二者分不清，更何况涉世未深的孩子。父母要用最简单、操作性最强、孩子最易明白的语言告诉孩子：背心、裤衩覆盖的地方不许别人摸或看，如果别人那样做了，就是对自己造成了侵犯，要及时告诉父母。

92. 教孩子必要的安全乘车知识

小波在北京某小学读四年级，放暑假后和爸爸一起回乡下看奶奶。一路上，小波兴奋不已，汽车窗外的山林、村落、小鸟、野果都深深吸引着他。他不听爸爸的劝阻，一会儿从车窗探出身去抢摘野果，一会儿又伸出胳膊揪下窗外掠过的树叶。爸爸多番劝阻，小波仍然不听，还和爸爸闹了别扭。

在小波气呼呼地趴在车窗玻璃上，想把头探出窗外吹吹风时，意外发生了：汽车在拐弯时比较贴近路边的树林，拐弯处的一根树枝正好刮到了小波的脸，小波立刻疼得尖叫起来，鲜血很快从小波捂住脸的手指缝里汩汩流出。

司机赶紧停车，爸爸拦了一辆小车以最快的速度把小波送到了附近的医院。医生很快对小波展开了救治，可惜的是小波的眼睛没能保住，脸颊也留下了难看的疤痕。

进入小学阶段，孩子上学可能会乘坐公共交通工具，平时外出乘坐汽车、地铁、火车的机会也比幼儿时期有所增多，父母要让孩子记住，良好的交通行为习惯是自身交通安全的保障。教育孩子在乘车的时候不能把头、手露出车窗外，那样很容易在对面来车的情况下，两车交会时被车身撞伤；也会被路旁低垂的树枝扎伤眼睛或划伤皮肤甚至造成骨折、断肢；也有可能会在车加大马力的瞬间被惯性甩出车外。

父母要告诉孩子一些具体的乘车安全知识：

在乘坐汽车、火车时，不把头、手、身体伸出车窗外。即使随身携带的物品掉到车外，也不要盲目着急地探出身体，而要向司机寻求帮助，等待司机停车之后在车门处左看右看，确定周围没有车辆时才下车找回丢失的物品。如果行驶在高速路上，司机无法及时停车，可以暂时放弃找回物品的迫切心情，等待机会另想办法。

教育孩子乘车要排队候车，按先下后上的顺序乘车。不能在候车的时候追疯打闹或跑到马路上，更不能在随时可能发动的汽车周围逗留。不能为了争抢座位而在车还没有完全停稳的情况下扒门上车。上车以后要找座位坐下，不能在车里随意走动，更要远离车门，防止被挤伤或者被挤出车门引发事故。

乘坐地铁、火车，一定要在安全线内耐心等候，不要越过安全线四处张望，也要注意按秩序排队，以免在人多的时候被挤下站台发生危险。上车后也不要在车门和车厢连接处玩耍逗留，避免发生夹伤、卡伤或踩踏等事故。

乘车的时候要坐稳扶好，如果没有找到座位，要找固定的扶手握紧，两脚分开保持侧向站立，避免车辆紧急刹车时摔倒受伤。

乘坐小型车辆时，尽量系好安全带，乘坐卧铺列车中、上铺时，也要注意安全，不要因贪玩而掉下摔伤。

乘车时，要保管好自己的物品，以免丢失。如果父母给了孩子一些现金，要指导孩子妥善放在安全的地方，并且自然放松不要随时按压装有现金的地方，以免引起窃贼的注意。嘱咐孩子不要在外人面前露富，有的孩子和父母外出旅游，在无聊乏味的乘车过程中玩手机游戏或IPAD，休息的时候随手往卧铺上一放就去喝水或上厕所了，很容易被窃贼顺手牵羊。

孩子乘坐小轿车或客车的机会相对于火车要多，父母要教育孩子乘坐小型车辆时应当打开右侧的车门上下车。如果必须开启左侧车门，一定要先注意观察后方是否有车辆经过，确定没有才能开门下车。而且还要注意查看有没有行人或自行车刚好经过车门边上，如果有，要等行人或自行车离开之后才开门下车，不要停车之后不经观察兀自打开车门就下车，不仅容易对自己造成伤害，还可能会伤到刚好经过车门的行人或骑车人。

无论乘坐任何交通工具，下车之后都要注意观察周围的环境，确定没有安全隐患之后再走动，不能从车前突然猛跑，而要在观察周围确定没有危险之后尽快走到人行道上。

近年来，不少翻车翻船事故，伤亡的都是超载车辆上的中小学生。所以，如果看到自己乘坐的车辆有超载现象，一定要拒绝乘坐，避免发生意外受到伤害。

93. 操场隐患多，自护是关键

操场是孩子们锻炼身体、进行游戏的主要场所，可是近年来，操场上的危险事件频发。父母要基于保护孩子的目的对孩子进行必要的教育，让孩子具有安全自护意识。

妞妞正兴致勃勃地和同学在操场上打羽毛球，由于用力过猛，妞妞不小心把球打进了足球场里。她只好跑到足球场捡球，正在这时，踢足球的男生一记弧线球射门，却恰好飞向了正一心一意捡羽毛球的妞妞。球重重地砸在了妞妞的头上，妞妞应声倒地，倒在地上昏迷不醒。

孩子们七手八脚把妞妞送到校医院，医生赶紧对妞妞进行急救，然后迅速把妞妞放上救护车送到了附近的正规医院。经过检查，医生确诊妞妞为“脑震荡”。

类似妞妞这样的事件时常在繁杂的运动场上发生，突发的悲剧常常令孩子遭受痛苦，让家长胆战心惊。为了避免或减少这类事件的发生，父母要教育孩子了解操场运动的安全常识，学会自我保护。

告诉孩子在运动之前不要喝太多的水，或者吃太多，避免在运动中产生不适。

为孩子选择合适的胶底运动鞋，教育孩子在选买运动鞋或运动服的时候不能只顾好看或新潮，要考虑鞋底的弹性和摩擦度，以及运动服的透气性和舒适度。现在稍微好一些的学校操场是橡胶地面，而一些普通学校的操场大多是水泥铺成的。这种场地又硬又滑，很容易使人摔倒，孩子们在运动时的服装一般短而薄，很容易在摔倒之后裸露部位发生挫伤。而这些受伤的部位又常常是关节部位，所以疼痛异常。父母要指导孩子为自己选购合脚、鞋底底纹深刻的胶鞋，可以有效增大摩擦，避免孩子摔倒受伤。

在运动前，不仅要摘下发夹、发卡、别针或其他尖锐锋利的装饰物，而且还要注意清空衣裤里的硬质物品，避免在运动中对身体造成不必要的伤害。

在运动之前，还要注意做好充分的热身运动，让四肢得到舒展，关节部位得到活络，使身体的血液循环活跃，在激励的运动中满足各部分的血液供应。

提醒孩子在操场上活动时要遵守一定的秩序，服从老师的指挥或安排，在自己的活动范围内有序运动。在没有防护措施的情况下，不同运动项目的同学不能贸然进入其他运动领域，更不要随意在其他项目场上穿行或逗留。

对于运动，一定要量力而行，对自己不熟悉的运动项目要在老师的指导和监督下谨慎进行，不能为了逞能而过量运动或者盲目模仿别人做一些危险的技巧性活动。

在激烈运动之后不能立刻停止活动，更不能大量饮水或贪图凉快而喝冷饮吃雪糕。

父母在日常生活中可以教孩子一些应对意外运动伤害的自救措施。如果孩子在运动中崴脚了，不要乱揉乱动，作为最容易扭伤的关节，脚踝崴伤时会出现肿胀，要用冷水浸湿并拧干毛巾进行冷敷，不仅可以减轻疼痛，还可以有效缓解受伤部位的皮下出血。有条件的话可以用塑料袋装冰块敷在受伤的地方，冷敷20～30分钟。不能逞强继续活动，那样会使疼痛加剧、肿胀更厉害。如果疼痛难忍，要寻找可以固定脚踝的木板或杂志，把腿部进行固定包扎，立即在同学的护送下赶往校医院。

六年级的球球自理能力较强，可以把自己的事情处理得有条不案，他的沉着冷静使自己在意外中及时展开自救，避免了终身的遗憾。

球球在操场上和同学玩耍时，不小心在转身的时候摔倒了，刚好门牙磕在台阶上，整个门牙都磕掉了。球球一面在同学们的惊呼中捂着流血的嘴爬起来，一面赶紧捡起那颗完整的门牙泡在自己喝的矿泉水里，然后迅速报告老师，要校医在45分钟之内带自己赶到牙医那里。

其他孩子为球球的异常冷静叹服，校医赶紧打了一辆车到儿童医院牙科挂了急诊。牙医利用专业器械把球球的牙齿重新植入，球球的门牙最终保住了。

牙齿是人的健康之门，不仅帮助人们咀嚼食物，而且一口洁白整齐的牙齿能够帮助人在说话、唱歌时吐字清晰。球球能够在受到创伤的时候冷静果断地作出相应的自护处理，确实令人叹服。父母如果能够在日常生活中对孩子进行相关的自护教育，提前让孩子预知运动时可能会发生的意外伤害，提前在头脑中有相应的针对预案，孩子就能够胸有成竹地在意外事故发生的时候实施自我防护措施。

94. 保护好视力，尽量不戴眼镜

眼睛是心灵的窗户，父母要教育孩子好好保护自己的眼睛。孩子5岁之后尽量每6个月至1年做一次视力检查，注意监测视力发育状况，有眼位不正、视力不佳等情况出现要及时矫治。

孩子的阅读量一般从3岁开始明显增大，进入小学之后，学习的时间更长，有比以前更长的看书、写字等近距离作业时间。家长要教育、督促孩子从这一阶段开始就养成良好的用眼习惯、阅读及写字习惯。

孩子阅读时，要监督孩子以正确的坐姿看书，书本和眼睛保持一段距离，绝对不能躺在床上和在行驶的汽车里看书。父母要控制孩子在家里看电脑、看电视的时间。看电视时，要根据房间的大小选择合适尺寸的电视，要使孩子的眼睛与电视屏幕在同一水平线上，避免孩子出现俯视或仰视的姿势，使孩子逐渐建立良好的用眼习惯。

注意培养孩子正确的读写姿势。看书时要做到“肩不耸、头不歪、背要直、书和身体距离一尺”。如果没有为孩子准备专门的儿童学习桌椅，用的是成人桌椅，就要想办法用加书本或垫子等方式调节桌椅的高度，使孩子的双腿不悬空，大腿保持水平。提醒孩子看书画画半小时之后要远眺一会儿。

值得注意的是，父母要关注孩子的握笔姿势，督促孩子以正确的握笔姿势写字、画画。有的父母可能会觉得把握笔姿势看做自护的内容，有些小题大做了。其实不然，正确的握笔姿势并不是姿势好看的问题，而是通过正确的姿势使孩子的眼睛得到正确地使用。

有的孩子握笔时大拇指完全包住了食指和笔的前端，孩子在写字或画画的时候就不得不把头歪着才能看到笔尖，才能看清自己写下的笔迹。久而久之，不仅对孩子的脊柱产生不良影响，造成脊椎歪斜、"S型"脊柱，还会使孩子的双眼视力产生差距，造成近视或斜视。所以，引导孩子养成正确的握笔姿势十分重要。

为了保护孩子的双眼，平时要教育孩子勤洗手，不要用脏手揉眼睛。即便感到眼睛不舒服也不要用手去揉眼睛，应当尽快告诉大人，由父母或老师协助处理。如果没有可以帮助自己的人，要让孩子知道用流水冲洗进沙的眼睛或者打哈欠促使自己不停地流眼泪，都是消除眼睛异物的有效办法。让孩子明白，如果沙、泥等小东西进入了眼睛，用手使劲揉搓会使沙子在眼内产生磨擦，对眼睛造成擦伤。

由于孩子的双眼正处在视力发育的关键期，需要接触到外界适当的光线、色彩、图形的刺激，才能发育得更完善。所以，我们要尽量为孩子的眼睛提供一个形状多样、色彩丰富的环境。不仅要为孩子选择字体较大、颜色图案较多的书籍，还要注意在户外活动的时候防止紫外线伤害孩子的眼睛，应当为孩子准备帽子或遮阳伞。

我们保护孩子的眼睛还要从饮食上多加注意。要保持视功能的良好，必须在日常生活中摄人足够的营养物质。

不同的眼部组织需要不同的营养成分，只有膳食均衡，粗细搭配、荤素搭配，才能保证微量元素和维生素的充分摄入。

小学校园中一般会教孩子一些简单有效的眼保健操，父母可以在平时指导孩子自己按摩眼部周围穴位和皮肤肌肉，达到刺激神经，增强眼部血液循环，松弛眼内肌肉，消除眼睛疲劳、防治近视的目的。

随着孩子年龄增大，电视对他的吸引力也越来越大，父母更要抓住孩子眼睛发育的关键时期，控制孩子看电视电脑的时间，更要多带孩子走出家门，接触大自然中的立体事物。指导孩子眺望远处的景物与观察近处的事物相结合，达到保护眼睛的目的。

在孩子看电视时，要和孩子约定看电视的时间，监督孩子的坐姿，叮嘱孩子不要坐得离电视太近，应当坐在离电视屏幕对角线的 5 倍距离比较合适。如果发现孩子在看电视或看书的时候出现斜眼或眯眼的情况，最好及时到医院就诊，找出原因后及时纠正。

95. 做家务也要提防安全隐患

三八妇女节这一天，小迪所在的少先队中队布置同学们回家之后要做一件让妈妈感到高兴、幸福的事情。小迪很高兴，一路上想象着怎么做才能让妈妈高兴。刚进家门，看到妈妈正在洗黄瓜，小迪心想：妈妈每天买菜做饭很辛苦，我今天就帮妈妈做饭，她一定会高兴的。于是，小迪就对妈妈说："妈妈，我来帮你做饭吧！我会做清炒黄瓜片，你尝尝我做的菜呗！"

见女儿一回家就主动做家务，妈妈心里挺高兴，但看到小迪开始动菜刀，心里难免紧张，赶紧在一旁叮嘱："小心啊，不要切到手了。"

小迪满不在乎地回答："放心好啦，我都做过好几次了，在学校还露过一手呢！"果然，小迪切的黄瓜厚薄正好，妈妈看了也觉得很满意。

小迪乐滋滋地说："清炒黄瓜片应该放点蒜瓣，吃起来才更香。"小迪放下菜刀转身拿了两个蒜瓣，正准备用菜刀拍扁了剥皮，可她的胳膊不小心碰到了案板上的刀把，菜刀顺势掉落在地上，小迪慌忙往后一闪，菜刀落地后弹起刚好轧到了小迪的脚趾头，鲜血立刻染红了袜子。

幸好伤口不深也不大，小迪的妈妈赶紧找来了纱布对小迪的脚趾头进行了包扎。看到女儿受了伤，妈妈的心里也不好受，嘴里念叨："唉，幸好伤得不重，要是你以后还这么大意，非得砍个大口子不可。这下长教训了！"

小迪低头不说话，心里想：唉，今天真倒霉，不仅没让妈妈高兴，反而让她担心了。不过，这次血的教训让小迪以后都很注意做家务时提防安全隐患。

小学阶段的孩子开始喜欢帮父母做家务，特别喜欢进厨房参与择菜、切菜、炒菜的活儿。父母除了叮嘱孩子用刀要小心，注意水滴不要掉进热油锅等，更要提醒孩子注意厨房中的刀具、锅铲等，避免被划伤、烫伤。

父母要提醒孩子，用刀削皮或切菜的时候要精神集中，不拿刀说笑或比划，更不能拿着刀来回走动。

在放刀的时候，刀口不能对着人手活动的方向，如果暂时不会使用刀具，要及时把刀放在安全的位置，不能突出地放在案板或灶台等处，避免碰落引发意外事故。

在炒菜、煎炸或盛开水的时候，尽量在大人的指导下进行，避免油或水发生飞溅烫伤或蒸汽烫伤。如果要从火上端下热锅或从烤箱里取食物，应当使用垫布或防烫手套，对拿不准或分量较重的器具尽量不要贸然去做，应当让父母来操作。

在烧煮食物的时候不能贪玩离开，而要经常观察灶台、火候，防止锅烧干或烧焦后引发火灾。父母要教孩子如何应对锅里突然腾起的火苗，指导孩子正确处理一些可能发生的意外。

父母要教育孩子在做家务的时候注意那些看起来不起眼的安全隐患。比如，在低头或蹲在地上擦拭地板、墙角时，要注意身体上方有没有容易坠落的花盆或摆件，避免在擦拭下方的时候引起震荡使上方的物品坠落砸伤头部；在蹲下打扫犄角旮旯卫生的时候，要在起身之前注意身处的环境，避免头部撞到窗台或桌沿的意外。

在使用吸尘器、电饭锅的时候，要防范触电的危险。父母要尽量仔细而具体地教孩子正确使用家用电器，不能毛手毛脚对插座乱戳乱弄，更不能在手没有彻底擦干的时候使用电气设备。

96. 警惕宠物带来的伤害

近年来，宠物的种类和数量逐渐增多，常见的宠物猫、狗等已经不是孩子们宠爱的“唯一”，而像仓鼠、蜥蜴、小蛇、鸟雀等越来越多地被好奇心强的孩子们饲养为宠物。可是，孩子在照顾宠物或与宠物打交道的过程中，由于各种原因往往会受到宠物的主动攻击或伤害。父母要教育孩子警惕宠物带来的危害，让孩子学会如何保护自己不受到宠物给自己带来的伤害，还要让孩子明白如果被宠物咬伤、抓伤、扑到等情况时应该在第一时间知道如何自护。

◎饲养宠物之前，要先了解宠物的习性。

孩子喜爱小动物，以一颗童心和爱心对待小动物，这是无可非议的，不少父母会应孩子的要求为孩子买来小猫小狗等作为孩子的宠物。但是，为了避免孩子被宠物伤害，在饲养宠物之前应当充分了解宠物的习性或特点，采取相应的措施，避免对孩子造成伤害。

要了解宠物是否具有攻击性，可以把宠物翻躺在地上并按住，使宠物在半分钟左右的时间内不能行动；或者采取把宠物抬起离地面10～20厘米的高度持续半分钟。如果宠物对这两种方式产生极力反抗，说明攻击性较强。如果人呵斥之后动物停止反抗，说明这样的宠物懂得服从，适合孩子饲养。

◎要注意保持宠物的卫生。

即使是自家养的宠物，父母也要叮嘱孩子和宠物接触之后一定要认真洗手，引导孩子在养宠物的同时注意保持宠物及宠物周边的卫生，为宠物准备专用的食盆、水盆、床等，嘱咐孩子绝对不能让宠物使用孩子的物品，更不能允许宠物到床上玩耍。为了减少宠物生病的几率，要定期带宠物到专业医院进行健康检查、防疫和驱虫措施。

◎教育孩子不要主动逗弄宠物。

即使自家不养任何宠物，但孩子生活的小区或周围的环境中，还是会有各种宠物存在，比如，孩子放学后会在小区里玩耍，会与小区里别人饲养的宠物“狭路相逢”。有的孩子以为小狗被主人牵着，看起来很安全，于是主动上前逗弄小狗，这样很容易被小狗咬伤或挠伤；还有的孩子看到小区里的流浪猫觉得很可怜，善良的孩子不时地为这些流浪猫带一些小食物，而在想与猫亲近或是想轻轻抚摸猫的时候受到小猫的攻击。所以，为了避免不必要的伤害，父母要教育孩子远离宠物，不要与宠物太过亲密。

◎被宠物咬伤，要懂得一定自护急救措施。

即使父母提醒孩子注意，孩子自己也对宠物持有一定的警惕心，但宠物毕竟具有动物性本能，孩子仍然难免受到宠物的突然攻击。所以，父母应当教给孩子一些自护急救的措施，以免耽误了最佳的救治时间而造成难以挽回的后果。

9 岁的铭铭平时身体健康，很少生病，可是最近几天突然出现了严重的感冒症状，父母赶紧把铭铭送到了医院。在医院里，铭铭出现了典型的狂犬病症状：畏光、怕风、口吐白沫、浑身抖动等。

通过医院的抢救，铭铭的病情得到了暂时的控制。在铭铭病情平稳之后，父母和医生询问铭铭，铭铭终于回答，原来他在十多天前在小区里玩的时候被一条无人看管的小狗咬伤了胳膊，但铭铭没觉得有多疼，又怕被父母责怪，就没有告诉大人，以致于错过了最佳的注射狂犬疫苗的时间。

虽然医生竭力抢救铭铭，但可怜的孩子还是在两天之后过早地离开了人世。

正是由于铭铭没有对被宠物咬伤有足够的认识，没有及时告诉大人，更没有采取任何自救措施，才导致了悲剧的发生。

◎被宠物咬伤应当这样自救。

父母在平时要教育孩子，如果被宠物轻微咬到，但皮肤还没有破裂没有出血，要赶紧用大量的清水冲洗被咬的地方，然后尽量用肥皂把被咬的部分进行清洁，而且一定要在第一时间告诉父母，及时到医院就诊。

如果宠物咬伤了孩子的皮肤，要在第一时间用肥皂水冲洗伤口，并赶紧使用家用酒精对被咬破的皮肤伤口进行简单的擦拭、消毒。由于动物的口腔有很多细菌，被宠物咬破的皮肤内也会残留致病细菌，所以父母一定要尽快带孩子到医院进行及时治疗，并请教医生是否注射狂犬病和破伤风疫苗。

◎被宠物抓伤应当这样自救。

如果孩子隔着衣服被猫狗抓到，要先褪去衣服看有没有受伤，一般来说，这种情况不会对孩子造成很大伤害，但是会给孩子产生巨大惊吓以及带来不利的心理影响。父母可以对孩子进行安慰。如果孩子被宠物抓伤后自己发现受伤的地方破皮或流血了，要马上按压伤口把血止住，同时尽快告诉家长，尽早就医。

◎被宠物扑倒应当这样自救。

现在不少爱犬人士喜欢饲养大型犬，虽然平时有主人牵着，但难免会对孩子造成意外伤害。如果孩子在与大型犬相遇时被宠物扑倒，很可能会仰面摔倒在地，造成头部受伤，父母要教育孩子用干净的手帕按住伤口，不要惊慌失措地站起来跑，尽量保持原有的姿势，向周围的大人寻求帮助。父母闻讯赶来也不能随意移动孩子的身体，要尽快拨打急救电话等待救护车的到来。一旦父母惊慌地抱起头部受伤甚至已经出现昏迷的孩子，很容易使孩子在挪动中加大脑部的出血量，后果不堪设想。

97. 教孩子远离“马路杀手”

据不完全统计，我国因交通事故死亡的人数每年达到10多万人，也就是说，平均每5分钟就有1人被汽车夺去生命。交通事故频频夺人性命，成为令人生畏的“马路杀手”。为了保护孩子，父母除了要为孩子提供必要的保护之外，更要教育孩子遵守交通法规，才能更好地保护自己免受伤害。

父母首先就要以身作则，坚持不闯红灯，过马路一定走斑马线，严格遵守交通规则，用自己的实际行为给孩子做出好的榜样。不要嘴上教育孩子遵守交通规则，而自己却乱穿马路或翻越隔离带，这会给孩子造成错觉和误导，使孩子对错误的行为产生模仿和好奇。

父母要利用带孩子上街、出门旅游等机会，对孩子进行交通安全教育，让他们在真实的情境中认识各种交通安全标志，并且了解它们的含义。

父母要引导孩子观察别人是怎样遵守交通安全规则的，在观察中指出哪些行人的行为是遵守交通规则的行为，是做得好的；哪些行人的动作行为是违反交通规则的，是不对的，并且是危险的，通过对比让孩子有直观形象的对错观念。

在带领孩子过马路时，要向孩子强调红绿灯的意义，特别要教孩子识别黄灯的变化。有的父母只告诉孩子红灯停、绿灯行的道理，而忽视了让孩子认识黄灯的作用。父母要让孩子知道看到黄灯亮，说明要变灯了，就不能贸然前行了。

在教育孩子必须走斑马线的同时提醒孩子不仅仅是在车辆多的

时候不闯红灯，即使没有车辆穿行也不能存有侥幸心理乱穿马路，要严格遵守交通规则。过马路不仅要观察信号灯，还要注意左右看，观察周围是否有车辆通过，可以有效避免孩子被不遵守交通规则的司机撞到而发生交通意外。

必须提醒孩子注意的是，如果孩子走斑马线已经身处马路中间，但不断有车经过使孩子没有机会穿过剩下的一半马路到达对面。这个时候一定要呆在原地不动，并且时刻注意身边通过的车辆，避免被剐蹭，更不要在原地等待时看到身前的车辆即将通过就往后退，这会使孩子与身后驶过的车辆发生刮蹭甚至被卷入车底造成伤亡。

雨天、雾天、雪天时提醒孩子小心行走，最好穿鲜艳的外套或雨衣，便于机动车司机尽早发现，提前采取相应措施避免交通事故。父母特别要提醒孩子在下雨天不要靠近窨井，即使平时那些窨井的井盖都是完好无损的，也不要在上面随意蹦跳。避免掀翻不严实的井盖或被雨水吸进窨井中造成伤亡。最好跟在其他人身后沿着前面行人的路线小心慢行。

一般情况下，孩子所在的学校会为孩子发放黄色安全帽，父母要提醒孩子注意佩戴安全标志和安全帽，或者身着颜色鲜艳、警示性强的服装。

小学阶段的孩子，特别是低年级的孩子，往往对大人的说教和提醒不以为意，认为大人是夸大其词吓唬自己。父母可以在平时注意把报刊杂志或电视上有关车祸的报道给孩子多看看，或者自创一些有关交通安全的游戏，并且对违反规则的孩子施加一些惩罚，让孩子感到违反规则的后果是不愉快的，借此增强孩子的规则意识和习惯意识。与此同时，父母也可以为孩子自编自演一些有关交通安全的童话故事，用通俗、易懂的语言吸引孩子的注意，不仅说给孩子听，还要孩子对故事进行简单的判断并对孩子正确的反应和判断予以表扬。在日常生活中通过言传身教让孩子对“马路杀手”有足够的认识，并且能够尽量保护自己避免不必要的伤害。

98. 恶作剧也会惹出大麻烦

正值下午放学时间，就读某小学四年级的小斌和同学们有说有笑地向校门走去，这时候同班同学小锦从后面跑过来想追上他们。小锦平时爱玩爱闹，看到小斌他们几个平时要好的同学在前面走着，兴致大发想和小斌开个玩笑，于是突然从后面扳住了小斌的胳膊，本想吓小斌一跳的，但小斌大声而激烈的反应却把小锦自己也给吓住了：小斌在被小锦往后扳手臂之后大声地喊疼，满脸通红，连眼泪都流了出来。小锦以为小斌跟自己闹着玩的，但看到小斌捂着看起来很怪异的胳膊“嗷嗷”叫时，小锦也一时乱了方寸。同学们急忙叫来了老师和家长把小斌送到了附近的医院。

经过检查，医生确诊小斌的胳膊骨折了。小锦对自己小小的恶作剧给同学带来的伤害后悔不迭。

在小学校园里，孩子们常常会玩给同学起外号、在同学后背贴纸条、突然拍同学肩膀吓对方、把同学的文具藏起来等各种各样的恶作剧，觉得看到同学紧张、害怕着急的表情很好笑。虽然搞恶作剧的孩子只为开个玩笑，但有一些恶作剧，却由于判断失误、把握不当、出乎预料等问题会对同学造成伤害。比如，在同学回答问题的时候，悄悄拉走同学的凳子，让他跌坐在地，引起全班哄堂大笑。但这样的恶作剧很可能会造成同学尾椎受伤，严重的还会引起下肢瘫痪；有的孩子会在虚掩着的门上放一把笤帚，等同学一推门就当头挨一棒，自己觉得很搞笑，可会让被砸到的同学很没面子而且容易造成对方头部、颈部受伤。像这种不分场合、不分地点、不考虑后果的恶作剧，带来的意外安全隐患往往是难以挽回的。

◎理解孩子的天性，探寻恶作剧的原因。

孩子的天性是爱玩，对别人搞恶作剧时其实并没有恶意，更多的是想和同学开玩笑、闹着玩。至于恶作剧会导致什么样的后果，孩子们往往很少考虑。对于孩子的恶作剧行为，有的父母们会十分恼怒，不问缘由、不分场合对孩子严辞呵斥甚至进行体罚。而有的父母明知孩子的做法不对，却以孩子还小，长大了自然会明白事理为由不做批评教育，对孩子只是息事宁人地说："以后别这样了哦!"还有的父母看到孩子把别人当做恶作剧的对象，用各种点子让别人难堪，父母会觉得自己的孩子聪明、点子多，不仅不制止孩子戏谑别人的行为，反而认为是一件好事加以夸耀。这些都不是正确的教育方式。

正确的教育方式是探寻孩子喜欢恶作剧的原因，对待孩子的恶作剧既不护短，也不粗暴地对待，而要探寻孩子这些行为的原因；了解孩子是因为一时冲动而对别人进行恶搞还是纯属顽皮、淘气，还是想通过恶作剧拿别人取笑并以此为乐，或者是同学之间在日常学习或交往中出现了这样那样的小矛盾而以恶作剧对对方加以报复。

父母要弄清楚孩子搞恶作剧的缘由，不失偏颇地对孩子进行教育才能使孩子认识到恶作剧的危害。

◎让孩子适当发泄并学会控制自己的行为。

有的孩子精力过于旺盛，想方设法捉弄别人以发泄过多的体力。父母应当在日常生活中教孩子运用一些正确的方法，找到适合的场合让孩子适当地发泄。比如带孩子到户外玩耍，在空旷的场地大声呼喊；或者引导孩子进行多项体育锻炼，通过科学的训练和运动发泄过剩的体力。此外，对于自控能力差的孩子，父母可以对孩子进行一些类似于"我们都是木头人"的家庭小游戏，以游戏这种孩子乐于接受的方式不断增强孩子的自控能力，使孩子在游戏中逐渐学会如何控制自己的行为。

◎学会正确地与人交往。

父母要在日常生活中，在具体的为人处世中教会孩子如何正确地与同伴交往。在不断地与他人的友好交往中，使孩子逐渐形成礼貌、谦让、关心别人等良好的品质。有的孩子喜欢搞恶作剧，是为了吸引大家的注意力，或者平时没有能力对付比他强大的人，就依靠欺负弱小来显示自己的力量。父母要根据孩子的具体表现引导孩子正确地认清自己的能力和优点，促使孩子通过适当的行为博得大家的关注，通过消除自卑感找到自信并摒弃爱搞恶作剧的不良行为。

◎父母要做好表率。

有些家庭中，父母爱捉弄孩子，或对邻居、朋友搞恶作剧，虽然大人搞恶作剧会掌握分寸、处理得当，但孩子却在潜移默化中受到影响。孩子见多了父母捉弄别人的行为，听多了恶作剧的语言，就会以模仿的心态对同龄人实施恶作剧行为。所以，父母如果有捉弄人的行为，即使是毫无恶意，也要在孩子面前作自我批评，并及时改正，使孩子在父母的正面表率之下逐步形成良好的行为习惯。

99. “迷路教育”让孩子安全回家

圆圆是一个性格外向，爱说爱笑的孩子。周末时，父母带他外出玩耍，刚好碰到某个大型商场正在搞开业酬宾活动，场面十分热闹，人员也很拥挤。贪玩的圆圆为了看一个手艺人表演绝活而和爸爸走散了，等他想起来早已不见爸爸妈妈的踪影。圆圆特别着急，一边哭一边大声地喊“爸爸妈妈”，还奋力往人流聚集的地方挤。

不过，圆圆很快明白自己那样做是徒劳的。不仅找不到爸爸妈妈，还很有可能被周围的大人踩踏，于是圆圆努力使自己镇定下来，回想以前爸爸是怎么跟自己说的。他很快调整了情绪，往人流相对少的一边挤出了人群。通过观察，圆圆发现周围大人比较多，自己个子矮小，光靠眼睛是发现不了爸爸妈妈的。而且他肯定，爸爸妈妈发现他不见了一定也非常着急，不会贸然离开这个活动场地，所以他必须站在高处才能看到父母或者被父母看到。

同时，圆圆注意到，在嘈杂的环境中，仅凭嗓子喊是不可能引起父母注意的，他看到正在主持节目的主持人，心里有了很好的办法。

圆圆很快跑到了表演节目的舞台上，并且站在了主持人身边，一边四下张望，一边抢主持人的话筒大喊“爸爸妈妈，圆圆在这里”。主持人见一个小孩子上台来“砸场子”，便不高兴，呵斥圆圆：“这是谁家的孩子？请立刻带孩子离开表演区。”

圆圆的呼喊和主持人的话被台下的圆圆父母听见，他们回头惊喜地看到儿子好端端地站在舞台中央撕心裂肺地大喊，心里百感交集。圆圆妈妈更是泪流满面，全然不顾周围人的眼光和抱怨，竭尽全力地用身体挤开一条路，冲上了舞台，把圆圆紧紧抱在怀里。

圆圆十分聪明，而且有主见，虽然一开始心慌哭闹，但他很快就使自己镇定下来，想方设法利用周围环境使自己成为瞩目的焦点，成功吸引了父母的注意，回到了父母身边。

父母要从小对孩子进行“迷路教育”，告诉孩子，在迷路时害怕和哭闹不能解决问题，应该用平时爸爸妈妈所教的方法和自己的机智、勇敢去寻找回家的路。

不仅要让孩子知道自己家庭的详细住址和电话号码，还要教孩子如何找到公用电话，怎样打电话。

训练孩子辨认警察、军人、保安等穿制服的人员，一旦与家人走失或遇到人贩子的威胁，马上向穿制服的人员求助。

对于小学中高年级的孩子，父母在带孩子出去玩回家的路上，就要有意识地培养孩子认路的能力和方向感，可以告诉孩子乘坐的是哪一路公车、下车的站名、要走的路名、小区的名称、自家的楼号及门牌号。父母要告诉孩子，不能随便告诉陌生人自己迷路了，更不要跟随陌生人到人少的地方或他家里去。如果感觉陌生人有恶意，要声明自己的父母就在附近，马上就会来，争取把他吓走；如果感觉自己无法摆脱陌生人的纠缠，可以乘其不备向人多的地方跑，并大声向别人喊：“我不认识他！他老缠着我！”

具体来说，要教育孩子，如果在商场和超市里和父母走散，迷路了，首先要保持镇定，不要哭闹，不能离开商店，而要在原地等待父母。如果不见父母找来，要请穿有统一服装的商店职员帮忙广播，利用商场或超市的广播站进行广播，孩子可以要求女性工作人员带自己留在广播站或去总服务台等待父母来接。

如果孩子在马路上与父母失散，首先要向最近处的警察或交通辅警求助。如果一时找不到警察，可以向最近处的报摊或书报亭老板求助，让他帮忙拨打110报警电话或直接拨通父母的手机。

如果孩子在农村或偏远地区郊游时迷路了，父母要提前教育孩子尽量向公路、村庄靠近，争取获得当地居民的帮助。如果是在晚上，孩子要循着灯光、狗叫声或者汽车马达声寻找有人的地方求助，不要慌不择路乱跑，以免造成体力过度消耗或发生意外伤害。

100. 教会孩子沉着应对意外灾害

许多家庭在5·12汶川地震中瞬间支离破碎，一些父母顷刻之间不得不面对天人永隔的悲痛；而另有一些父母却最终惊喜地看到被救出的孩子。这些孩子是幸运的，其中更不乏懂得自救知识的孩子得以生存，如果我们的孩子能够懂得一些自救常识，或许有更多的孩子、更多的家庭不会遭受如此惨烈的重创。

◎地震不可预知，要在平时告诉孩子地震时该怎么办

父母要对孩子进行必要的地震逃生教育，让孩子知道，如果地震时在家里，千万不要躲到床上或站在房间的中央，更不能跑到窗户边，而要飞快地跑到卫生间等房间靠墙蹲下，或者趴在低矮牢固的家具旁，最好是靠近水源而远离火源的地方。“近水远火”有利于一旦发生坍塌被掩埋的意外能够靠近水源求得生存。

如果地震发生时孩子刚好在学校上课，不能慌张乱跑，要听老师的指挥。如果老师不在或情况危急不能及时离开大楼，要蹲在桌子或者其他坚固支撑的东西旁边，用手保护头部，尽量躲开像电扇之类的悬挂物体。当地震抖动减弱或暂时停息时，要迅速离开教室到开阔地带；如果书包文具留在了教室，不要想着回去拿，保命要紧；在离开教室时如果发生拥挤，要尽量保持身体平衡，不推不搡；如果鞋子被踩掉，千万不要弯腰提鞋，避免被身后奔跑的同学撞到而发生踩踏；一旦不小心摔倒，要尽快双手护头把身体蜷缩成一团，保护头部和脏器，并想办法慢慢挪到墙角。

父母要在平时对孩子进行必要的生存训练，鼓励孩子要勇敢乐观。如果在地震后被困在了黑暗的地方，尽量不要哭泣或不停地四处寻找出路，要在保持体力的同时想办法寻找可以敲击发声的东西，并时刻留心外面的声响。如果听到外面有声响就要尽快敲击物体发出声音，吸引外界的注意；如果外面的人声比较清晰，说明救援人员离自己的被困区域很近，要尽可能大声地呼救。如果四周很安静，说明附近没有救援人员或者自己被掩埋在楼层深处，此时不要大喊大叫，更不要乱跑乱动，要保存体力，通过摸索寻找周围可以吃喝的东西。如果肢体被重物砸伤，要想办法利用身上的衣服对伤口进行简单的包扎；如果手臂或腿脚被石块、残垣断壁压住无法挪动，要通过抚摸或者闻嗅了解自己是否受伤，如果受伤就不能随意搬动压住自己的物体，避免受伤部位突然性大出血。

地震救援有“黄金 72 小时”之说。在没有外来人员援救之前，自救是一项与死神争分夺秒的斗争。时间就是生命，从历次大地震的经验来看，地震发生后第一天内从废墟中找到的人，救活率可以达 80%，而第二天只有 30 ~ 40%，被掩埋时间越长，存活率就越低。所以，平时父母要教育孩子，一旦被埋压，不能精神崩溃，要有勇气和毅力。坚信父母会来救自己。要对生存保持坚定的希望和信心，不能轻易放弃生存的勇气。强烈的求生欲望和充满信心的乐观精神，是自救过程中创造奇迹的强大动力。

◎让孩子明白，发生火灾该怎么办。

父母要在平时和孩子去超市等室内玩耍的时候，注意让孩子识别一些逃生标志，告诉孩子火灾发生时按照逃生标志的指示逃离火场。

父母要教育孩子，平时不管是在家里还是在学校，或者和父母去超市、餐厅等地方逗留，如果突然闻到烧焦东西的糊味，要尽快告诉大人并且尽早离开。

如果发生了火灾，要大声叫喊，赶紧通知其他家庭成员或学校的老师、同学。不要慌张乱跑，更不要躲在衣柜里或者床下面，要注意观察火源方向，如果火源较远或自己离出口很近，就要尽快逃离火场，不要留恋室内的贵重物品。

如果屋里充满了烟，要赶紧捂住口鼻，有条件的话可以利用水杯或饮水机里的水把毛巾、衣服弄湿，用湿毛巾或衣服捂住口鼻蹲低身体离开房间到屋外。

提醒孩子在火灾发生时有楼梯的绝不使用电梯，如果楼梯已经被火封锁，就要寻找有窗口的房间，利用绳索或被单连接起来，从窗口滑到地面逃生，不能盲目跳窗。如果孩子不会连接绳索逃生，要让他明白，跑到阳台大声呼救或是甩动颜色鲜明的衣物或毛巾也能够被人发现获得救助。

父母要教孩子学会拨打110、119、120等急救电话，叮嘱孩子如果发生火灾要拨119给消防员叔叔打电话。并且指导孩子镇定地在报火警的时候讲清着火的地方，说清楚什么东西着火，大概描述火势到了什么程度，让接警员能够在很短的时间内掌握必要信息尽快发动救援。

对于小学阶段的孩子来讲，即使他们已经在课堂或生活中学到了什么东西着火了该用水扑灭，什么东西着火了又必须用沙土扑灭，但由于孩子正处于成长发育期，不具备成年人的思维和体力，缺乏自我保护能力和经验，一般不主张孩子参与救火。孩子作为需要被保护的人群应当第一时间撤离火场，然后报告大人，由大人进行相关的灭火工作。